**오징어 게임과
콘텐츠 혁명**

오징어 게임과 콘텐츠 혁명

세계를 열광시킨 K-콘텐츠의 비밀

정길화

서정민

홍경수

임종수

이성민

김윤지

유건식

지음

인물과
사상사

OTT 시대를 선도하는 킬러 콘텐츠

"KBS는 왜 〈오징어 게임〉 같은 콘텐츠를 생산하지 못하느냐?"

2021년 10월 12일 열린 KBS 국정감사에서 한 국회의원이 제기한 질문이 한동안 논란이 되었다. 'OTT 시대를 읽지 못한 질문이다', '방송 심의 규제가 문제다' 등의 댓글이 달렸다. 하지만 '올해의 질문상' 같은 것이 있다면, 이 질문이야말로 콘텐츠 분야 대상을 받아 마땅하다고 생각한다. 영향력이 약해지는 공영방송에 세계 수준의 콘텐츠를 만들 수 있는 해법을 모색할 기회를 제공했기 때문이다.

하지만 "〈오징어 게임〉은 KBS 같은 지상파가 제작할 수 없는 수위의 작품이다. KBS가 할 수 있는 것들을 해야 한다고 생각한다"는 KBS 사장의 답변은 이 질문의 탁월성을 살리지 못했다. KBS가 세계적인 콘텐츠를 만들 수도 있지 않느냐는 애정 어린(?) 질문에 KBS는 불가능하다며 소극적인 답변을 내놓고 말았다. 미디어 환경의 변화를 보여주는 이 대화는 지상파의 시대가 저물고 OTT 시대가 활짝 열렸다는 사실을 명징하게 보여주는 장면이다.

한 미디어가 지배적인 미디어가 되는 데에 이바지한 콘텐츠를 킬러 콘텐츠라고 한다면, 〈오징어 게임〉은 OTT 시대를 선도하는 킬러 콘텐츠다. 역사 이래로 한국인이 만든 콘텐츠를 세계인이 이토록 많이 공유한 적은 없었다. 〈오징어 게임〉은 넷플릭스가 콘텐츠를 서비스하는 83개국에서 시청률 1위를 기록했고, 각종 권위 있는 상을 수상했다. 〈오징어 게임〉이 구축한 'K스러움'이라는 특성은 이후 〈지옥〉, 〈지금 우리 학교는〉 등을 통해 진화를 거듭하고 있고, 한국적 생활방식이 세계인의 일상에 스며들게 하는 데 일조하고 있다. 콘텐츠 혁명이다. 〈오징어 게임〉의 등장을 미디어 학자와 콘텐츠 연구자들이 의미 있게 보는 까닭이기도 하다.

2021년 가을 인물과사상 강준우 대표의 제안으로 〈오징어 게임〉에 대한 저술 논의가 시작됐다. 한국국제문화교류진흥원 정길화 원장을 필두로 학계의 전문가들이 뜻을 같이했다. '한국이 만든 콘텐츠를 한국의 전문가들이 분석한다.' 이것이 이번 저술의 콘셉트라 하겠다. 저자들은 〈오징어 게임〉이라는 콘텐츠를 서사 및 텍스트 비평, 수용 양식과 미학, 플랫폼 자본주의, 프로덕션 비교, 산업적 효과 분석, 생산자 인터뷰라는 렌즈를 통해 다각적으로 분석하고자 했다. 이 과정을 통해서 독자들은 〈오징어 게임〉이라는 콘텐츠의 좌표를 확인하고 콘텐츠 산업의 미래를 예측할 수 있을 것이다. 플랫폼이 많은 것을 결정하는 플랫폼 자본주의 시대에 영상 콘텐츠를 해독하는 능력을 기를 수 있다면 더욱 바랄 것이 없겠다.

「서사적 관점에서 본 〈오징어 게임〉」을 쓴 정길화 원장은 오랫동안 다큐멘터리를 제작했고, 중남미 한류 연구로 박사학위를 받은 연구자로 한국의 국제문화 교류진흥을 책임지고 있다. 그는 이엔 앙이 제안한 감정적 리얼리즘, 김주옥의 퀄리티 텔레비전, 양성희의 콘텐츠 성공의 공식, 홍석경의 문화 국가로서의 한국의 역할론 등을 통해 〈오징어 게임〉의 의미를 톺아보았다. 왜 상금이 456억 원이었는지 데이터를 통해 추적하고, 먹는 오징어가 5대 수출품이었던 한국이 〈오징어 게임〉으로 세계적 콘텐츠 수출국이 된 아이러니를 비교하기도 했다. 특히 각 화의 스토리를 압축적으로 보여줌으로써 서사적 특징을 포착하고자 했다.

「세계는 〈오징어 게임〉을 어떻게 해석했나?」를 쓴 홍경수 교수는 방송 콘텐츠 제작 경험을 바탕으로 콘텐츠 분석을 해온 연구자겸 교육자다. 현실 반영에서 오는 공감론과 '무언가 이상하고 기이한데 진심이 담긴 한국적인 혼종'을 뜻하는 'K스러움'이라는 두 가지 요소로 〈오징어 게임〉의 인기를 해석했다. 그는 〈오징어 게임〉을 하나의 텍스트로 보고 사회 규범 비평, 페미니즘 비평, 신화·이데올로기 비평, 기호학적 비평, 스타 비평 등을 통해 비평의 여지를 확장했다. 그는 영상 비평이 갖는 콘텐츠에 함몰할 위험을 제시하며, 플랫폼 자본주의야말로 진정한 비평 지점이 될 것이라고 제안했다.

「플랫폼 리얼리즘의 세계」를 쓴 임종수 교수는 미디어 철학과 수용자 미학에 깊이 천착하는 미디어 연구자로 넷플릭스 관련 책을 번역하기도 했다. 그는 일방적이고 동시적인 힘이 구현해내던 '텔레비전 리얼리즘'이 아닌 '플랫폼 리얼리즘'을 제시한다. 서사적 복잡성, 일괄 출시, 시즌제, 몰아보기 등 기존의 미니시리즈를 넘어서는 넷플릭스의 독특성이 있었기에 OTT 특유의 '서사극적 시청epic viewing'이 가능했다는 것이다. 그는 넷플릭스 복잡계의 요소로서의 특성, 신자유주의하의 플랫폼적 특성, 게이밍적 특성 등을 〈오징어 게임〉과 연결시켰다.

「〈오징어 게임〉은 한국 드라마를 어떻게 바꿀까?」를 쓴 이성민 교수는 IP와 팬덤 키워드로 콘텐츠 산업을 해석하는 학자다. 그는 대형 작품을 만들 수 있는 한국 영상 문화의 역량과 넷플릭스 플랫폼이 만난 결과로 〈오징어 게임〉의 성공을 설명한다. 〈오징어 게임〉의 흥행은 전통적인 '국가' 구분을 넘어선 '취향'을 중심에 두는 수용자의 등장으로 가능해졌다는 주장이다. 즉, 국가로는 소수지만, 전체 가입자로 보면 다수인 장르 팬덤을 생산의 글로벌화와 결합했다는 것이다. 취향을 토대로 한 IP 팬덤이라는 키워드가 앞으로 한류의 방향을 결정짓게 될 것이라고 예측한다.

「〈오징어 게임〉의 경제 효과 1조 원이 말하지 않는 것들」을 쓴 김윤지 박사는 '콘텐츠 경제 효과'라는 개념을 처음으로 적용한 콘텐츠 산업 연구자로 넷플릭스가 발표한 경제 효과의 문제점을 예리하게 포착했다. 생산 유발 효과에 포함되는 부가가치 유발 효과를 중복으로 합산한 것과 외국 기업인 넷플릭스의 구독료 수입을 합산한 것은 산업의 가치나 투자 가치를 확대시키고 싶은 욕망 때문이라고 분석했다. 그는 외부 효과보다 내부 경제성이 더 중요하며, 최고의 부가가치는 기획·개발과 핵심 부품·소재 생산, 마케팅에서 나온다는 자명한 공리를 환기하며 한국이 넷플릭스의 단순한 제작기지화가 될 위험성을 경고한다.

「드라마 산업적 관점에서 본 〈오징어 게임〉」을 쓴 유건식 박사는 드라마 프로듀싱 경험이 있는 한국 최고의 넷플릭스 전문가로, 넷플릭스와 한국의 드라마 제작을 다양한 측면을 통해 비교했다. 넷플릭스 드라마가 한국의 드라마와 다른 점은 제작자에게 주어진 표현의 창의성과, 콘텐츠 제작 분량 등에서 자율성을 제공한다는 것이다. 또한 장르에 관계없이 최고의 전문가들이 영상, 음향, 디자인을 맡고, 사전 제작 시스템과 시즌제 등을 바탕으로 제작하며, 자막을 넣어 전 세계적으로 유통한다고 분석했다. 그는 〈오징어 게임〉이 가진 성과와 더불어 한계를 언급하며, 넷플릭스가 한국의 제작자와 공생을 모색하기를 제안했다.

「〈오징어 게임〉 신드롬 취재기」와 「황동혁 감독 인터뷰」를 쓴 서정민 기자는 일간지 대중문화 데스크로 감독과의 인터뷰와 취재기를 풀어냈다. 직접적인 인터뷰와 간접적인 인터뷰를 통해 감독의 육성을 들을 수 있고, 작가의 의도를 가늠할 단초를 제공했다. 〈오징어 게임〉에 대한 쌍용자동차 해고 노동자의 감사 인사와 사건 당사자의 감상을 '정답'으로 간주할 위험성을 언급한 영화평론가의 주장을 대비한 점이 돋보인다. 앞으로 무수히 등장할 실재한 참사를 가져온 오락물을 어떻게 소비할 것인가에 대해 숙고하는 것은 플랫폼의 공정성이나 영상 노동자의 권리 회복만큼이나 중요한 일이라는 암시를 준다.

책을 읽고 난 뒤 〈오징어 게임〉이라는 콘텐츠가 동그란 입체의 공 모양으로 보인다면 저자들의 의도가 성공한 것이라 여길 것이다. 집필 도중에 유럽 어디에선가 〈오징어 게임〉을 소재로 책을 출간한다는 소식을 들었다. 한국에서 만든 콘텐츠에 대한 분석서는 한국에서 가장 먼저 출간되어야 한다는 출판사의 취지에 부합하기 위해 저자들이 고군분투했음을 밝힌다. 원고에서 보이는 사소한 실수는 온전히 저자들의 탓이며 개정판을 통해 수정할 것이다. 새로운 콘텐츠나 연구를 기획하기 위해 서점에 들러 어떤 책이 나왔나 살펴보았던 저자들의 오래된 습관처럼 이 책이 독자 여러분의 서점 나들이에서 눈에 띄길 희망한다. 그 우연한 만남을 통해 작은 인사이트를 줄 수 있기를 담대하게 희망해본다.

2022년 2월 19일
필자들을 대신하여 홍경수 씀.

머리말   OTT 시대를 선도하는 킬러 콘텐츠   05

001   서사적 관점에서 본 〈오징어 게임〉   정길화 ———— 015

넷플릭스 52일간 세계 1위의 위엄
〈댈러스〉와 〈오징어 게임〉 그리고 퀼리티 텔레비전
〈오징어 게임〉의 성공 방정식은?
〈오징어 게임〉의 온상은 한국 사회
너무나도 진솔한 '저자 직강'
〈오징어 게임〉 톺아보기
〈오징어 게임〉 참가자가 456명인 이유…456명을 찾아서
"이게 머선 129"
에필로그

002   〈오징어 게임〉 신드롬 취재기   서정민 ———— 071

한국 문화, 주류가 되다
믿고 보는 감독, 그러나 아쉬움 반 재미 반
호평 일색인 외국과 달리 엇갈린 국내 반응
'〈오징어 게임〉과 쌍용차 해고 노동자, 그리고 함께 살자'
실재한 참사 다룬 오락물을 어떤 태도로 소비할 것인가
'〈오징어 게임〉의 빛과 그림자'
엄청난 성공의 후폭풍, 불공정 계약 논란
K-콘텐츠는 거대한 흐름이 될 수 있을까?

003   세계는 〈오징어 게임〉을 어떻게 해석했나?   홍경수 ——— 103

한국 영상 문화의 역사를 새로 쓴 〈오징어 게임〉
〈오징어 게임〉은 왜 세계적인 인기를 끌었을까?
〈오징어 게임〉은 'K스러움'의 혼합물
사회 규범 비평: 왜 한국의 학부모 단체는 잠잠할까?
페미니즘 비평: 서사의 풍요로움 vs 빈약함
신화 이데올로기 비평: 공정하다는 믿음, 과거는 좋았다는 믿음
기호학적 비평: 왜 지독하게 폭력적인 영상이 판타지로 느껴질까?
스타 비평: 누구의 연기가 가장 뛰어난가?
영상 리터러시와 플랫폼 자본주의

004   플랫폼 리얼리즘의 세계:
넷플릭스 〈오징어 게임〉 읽기   임종수 ——————— 145

〈오징어 게임〉, 플랫폼 리얼리즘의 미학
〈오징어 게임〉, 신자유주의의 플랫폼, 규칙이라는 적
〈오징어 게임〉, 서사극과 낯설게 하기
〈오징어 게임〉, 비루함의 게이밍
플랫폼 리얼리즘, 서사극적 시청의 정동
디지털 자본주의 품 속의 자율예술

005   〈오징어 게임〉은 한국 드라마를 어떻게 바꿀까?   이성민 — 179

〈오징어 게임〉은 기존의 드라마 한류와 무엇이 다를까?
아시아 중심의 셀러브리티 한류를 넘어 새로운 이야기 한류로
글로벌 텔레비전 넷플릭스, 영상 생산과 소비를 바꾸다
취향 중심 콘텐츠의 성공 가능성을 보여준 〈오징어 게임〉
〈오징어 게임〉의 글로벌 팬덤이 말해주는 것
글로벌 미디어스케이프의 변동과 새로운 시청자의 성장
드라마 한류는 어디를 향해 가는가

006 **〈오징어 게임〉의 경제 효과**
1조 원이 말하지 않는 것들 김윤지 ──────── 207

산업이 된 문화, 숫자가 된 콘텐츠 가치
콘텐츠의 경제 효과 추정은 왜 어려울까?
경제 효과를 이토록 강조했던 이유
그토록 필요하다면, 직접 추정 방식을 만들어보자
넷플릭스가 얻은 1조 원+알파, 시청 1인당 약 8,000원
넷플릭스가 발표한 한국 투자의 경제 효과, 접근 방식은 우수했으나
생산 유발과 부가 가치 유발 중복 계산, 30퍼센트 이상 부풀린 경제 효과
경제 효과 부풀리기의 덫에서 벗어나는 길
이제는 콘텐츠 산업 '내부'의 경제성을 이야기할 때
OTT 등장으로 달라진 제작비 조달 구조, 그 명과 암
국내 투자 구조 정착해 콘텐츠 산업의 '스마일 커브' 살려야
2012년 〈강남 스타일〉 1조 원 vs 2021년 〈오징어 게임〉 1조 원

007 **드라마 산업적 관점에서 본 〈오징어 게임〉** 유건식 ─────── 247

최초, 최장 1위, 〈오징어 게임〉의 화려한 등장
〈오징어 게임〉이 나오기까지, 10년 사이 달라진 시선
넷플릭스와의 조율
〈오징어 게임〉은 어떻게 만들어졌나?
〈오징어 게임〉의 성과
〈오징어 게임〉의 한계
넷플릭스와 한국 창작자들의 공생을 기대하며

008 **황동혁 감독 인터뷰** 서정민 ──────────── 281

넷플릭스가 공개한 인터뷰
한겨레 인터뷰 기사와 인터뷰 전문

서사적 관점에서 본 〈오징어 게임〉

정길화

한국국제문화교류진흥원 원장

넷플릭스 52일간 세계 1위의 위엄

아마도 2021년 9월 17일은 한국 드라마, 나아가 한류의 역사에서 기념비적인 날로 기록될 것이다. 주지하다시피 이날은 OTT 플랫폼 넷플릭스가 〈오징어 게임〉 9부작을 전 세계에 론칭한 날이다. 이후 나타난 현상은 익히 알고 있는 바와 같다. 〈오징어 게임〉 열풍이 지구촌을 강타했다. 동영상 집계 사이트 플릭스패트롤flixpatrol에 따르면 〈오징어 게임〉은 개봉한 지 4일 만에 국내 드라마로는 최초로 미국에서 1위와 글로벌 넷플릭스 순위 2위를 차지하더니, 6일 만인 9월 23일부터 전 세계에서 1위에 올랐다. 한류 역사상 초유의 일이다.

한류 드라마의 연보를 정리해보면 〈사랑이 뭐길래〉(1997), 〈겨울연가〉(2003), 〈대장금〉(2005) 등은 가히 '명예의 전당'이라고 할 만한 자리에 올라 있다(해외 방송일 기준). 〈대장금〉 이래 한동안 소 강상태를 보이다가 〈별에서 온 그대〉(2013), 〈태양의 후예〉(2016) 로 '한드 붐'을 재점화했다. 이때까지만 해도 아시아권을 중심으 로 한 국지적인 성공이었다고 할 수 있다. 그러다가 영화 〈기생충〉 (2020)이 아카데미 4관왕으로 한국 영화사에 새로운 지평을 열었 다. 이후 2021년에 〈오징어 게임〉이 전대미문의 지위에 올랐다. 이 전에 어떤 '한드', '한영'도 달성하지 못한 기록이다.

　방송 콘텐츠는 시청률이나 시청자 수로 흥행성과 대중성을 평 가하고 그 연장선에서 성공 여부를 측정한다. 이와 달리 영화는 누 적 관객 수 또는 박스 오피스의 액면가로 정량적定量的 평가를 하거 나, 전문가들이 영화사적 의미나 완성도에 따라 평점을 매기는 방 식으로 정성적定性的 평가를 해왔다. 그런데 OTT 플랫폼은 완전히 새로운 측정 지표의 출현을 가져왔다. 넷플릭스가 사업하는 나라별 로 순위를 매기는 것이 가능해졌고, 이를 집계하게 된 것이다. 바로 플릭스패트롤이다.

　이 사이트는 전 세계의 VOD, OTT 드라마나 영화의 시청률 을 순위로 매겨 점수로 집계하는 사설 웹사이트다. 플릭스패트롤은 80~90여 개 국가별 가입 가구 수에 따른 차별성을 부여하지 않고 똑같이 10~1점을 배당한다. 1위면 10점, 2위면 9점을 주는 식으 로 수치가 나온다. 83개국이면 830점이 만점이 된다. 물론 '얼마나 많은 사람이 시청했나'가 아니라 '얼마나 많은 국가가 시청했나'를

집계하는 방식으로,▲ 정확한 규모를 파악하기에는 일정한 한계가
있다.

〈오징어 게임〉은 콘텐츠를 서비스한 83개국 모두에서 정상을
차지하는 기록을 세웠다. 특히 자국 콘텐츠가 강세를 보이는 '발리
우드의 나라' 인도에서도 1위를 차지해 화제가 되었다. 〈오징어 게
임〉은 이전 1위이던 〈퀸스 갬빗〉을 물리쳤고, 통산 52일간 전 세계
1위라는 대기록을 수립했다. 이후 〈지옥〉, 〈아케인〉, 〈종이의 집〉,
〈에밀리 파리에 가다〉 등 도전 작들이 나왔으나 현재까지 〈오징어
게임〉이 세운 기록은 난공불락이다. 한때 플릭스패트롤 톱10에 〈오
징어 게임〉을 필두로 〈마이 네임〉, 〈갯마을 차차차〉 등 한국 드라마
가 세 편이나 오르기도 했다. 〈오징어 게임〉은 1위에서 물러난 11월
19일 이후에도 톱10을 계속 유지하다가 2022년 들어 106일 만에
물러났다. 어떻든 사상 초유의 기록이다.

넷플릭스의 등장은 전 세계 영상 사업자와 제작자들을 당혹스
런 상황에 빠뜨렸다. 이것은 마치 내로라하는 감독이나 배우를 한
곳에 몰아넣어 동일한 종목으로 주특기MOS 경기를 하거나 동시에
경마 게임을 하는 것과 같은 양상이다. 적어도 흥행과 시청률이라
는 정량적 측면에서는 꼼짝할 수 없게 만든 것이다. 그 결과로 나온
수치는 압도적이고 전복적이다. 범접할 수 없는 대기록의 위엄 앞

▲ 플릭스패트롤은 기존에는 83개국 순위만 반영해 830점 만점이었으나, 2021년 11월
기준으로 반영 국가가 90개국으로 늘어났다. 이후 넷플릭스에서도 2021년 11월에 시
청 시간을 기준으로 거의 모든 글로벌 인기 순위를 공개하기로 결정했다. 나무위키 참조.

에 유구무언이다. 전무후무前無後無란 말이 있다. 기록은 깨어지기 위해 있는 것이라고 하니 '후무'는 몰라도 '전무'는 명백하다. "전 세계에서 52일간 1위를 한 콘텐츠 있으면 나와 보라 그래!" 아무도 없다.

<댈러스Dallas>와 <오징어 게임> 그리고 퀄리티 텔레비전

지금으로부터 40여 년 전 <댈러스>라는 미국 드라마가 전 세계를 강타했다. 1982년 네덜란드의 이엔 앙Ien Ang은 『댈러스 보기의 즐 거움Watching Dallas : Soap opera and the melodramatic imagination』이라는 책 을 통해 "하나의 방송 프로그램이 인기가 있다는 것은 정확히 무슨 의미일까, 사람들은 텔레비전을 시청하며 어떻게 즐거움을 경험하 게 될까, 그리고 시청 과정에서 사람들은 어떤 의미들을 도출하는 가" 등에 대해 진지한 질문을 던졌다.[▲] 당시에는 수용자들을 '행위 성과 주체성이 결여된 익명의 군중'으로 여기곤 했는데, 이엔 앙은

▲ <댈러스>는 1978년 첫 방송을 시작으로 한 세기를 풍미하고 1991년에 막을 내린 CBS TV의 전형적인 통속 드라마다. 석유재벌 유왕가 일가가 전개하는 애증극 시리즈 로, 시청자의 말초적인 흥미를 자극하면서 공전의 시청률을 올렸다. 미국은 물론 전 세 계적으로 인기가 드높은 가운데 다수의 시청자는 호기심과 민망함이 교차하면서 이 드 라마에 대한 양가적 태도를 취하고 있었다. 이엔 앙은 이것을 주목하고 연구를 시작했던 것으로 보인다. 그녀는 인도네시아에서 태어나 네덜란드로 이주한 중국계 네덜란드인으 로, 『댈러스 보기의 즐거움』은 그녀가 20대에 완성한 석사 논문이다. 이엔 앙, 박지훈 옮 김, 『댈러스 보기의 즐거움』, 나남, 2018.

이러한 지적 편견에 반대하는 시도를 했던 것이다. 『댈러스 보기의 즐거움』은 이 분야에서 기념비적이고 선구적인 저작물로 남아 있다. 〈댈러스〉보다 이 책이 더 유명하고 중요하다면 지나친 말일까.

그로부터 40년이 지났다. 이엔 앙이 제기했던 감정적 리얼리즘emotional realism, 텍스트 중심 연구에서 수용자 중심 연구로의 전환, 조롱적 시청ironic viewing, 질적 방법론의 부상 등은 여전히 유효하다. 13년간 방송된 〈댈러스〉 시리즈와 9부작을 한 번에 넷플릭스 플랫폼에 론칭한 〈오징어 게임〉을 단순 비교할 수는 없을 것이다. 〈댈러스〉 시리즈는 B2B(기업 간 거래) 방식으로 전 세계 90여 개국에 수출하고 방영해, OTT 방식과는 근본적인 차이가 있다. 다만 『댈러스 보기의 즐거움』 이후로 "문화에 관한 비평은 수용자들이 대중문화와 관계를 맺는 적극적인 방식을 고려해야 한다"는 이엔 앙의 주장은 이제 보편적인 관점이 되었다.

특히 이엔 앙의 시대에서 달라진 것은 '조롱적인 시청법'의 종언이다. 이제 누구도 TV 시청에 대한 부정적인 인식으로 드라마를 조롱하고 비꼼으로써 자신의 드라마 시청을 정당화하지 않는다. 이 거대한 대중문화 시대에 TV를 보면서 수치심과 즐거움 사이에서 줄타기하는 '인지 부조화적' 태도는 불필요해졌다. 결정적으로 넷플릭스의 랭킹은 자신의 시청 행위가 전 세계에서 공인받고 있음을 확인시켜 준다. 우리 시대의 시청자는 적극적으로 이를 향수하고 SNS로 공유하거나 밈meme을 만들어낸다. 이를 '주도적 시청법 voluntary viewing' 혹은 '자기만족적 시청법complacent viewing'이라고 명명할 만하다. 시청자들은 '판관의 의자'에서 내려와 적극적으로 콘텐츠를 즐기려 한다.

1982년 이엔 앙은 『댈러스 보기의 즐거움』으로 수용자가 텍스트를 통해 즐거움을 얻는 이유를 심층 분석해 미디어 수용자 연구에 이정표를 세웠다. 그로부터 40년이 지나는 동안 드라마의 제작, 유통, 수용의 메커니즘에 상전벽해의 변화가 일어났다. 세계적인 신드롬을 일으킨 드라마라는 점에서 〈댈러스〉에 대한 질문은 〈오징어 게임〉에도 유의미하다. 이엔 앙의 연구는 넷플릭스 시리즈 〈오징어 게임〉 집단 시청이 일어나고 있는 전 지구적인 시청 공동체의 반응을 이해하는 데 유의미한 통찰을 제공한다.[1]

그리고 여기서 한걸음 더 나아갈 수도 있다. 가령 김주옥의 논문 「퀄리티 텔레비전: 한류 담론의 확장 혹은 관점의 전환」이 그것이다.[2] 김 교수는 한류가 방송 프로그램의 퀄리티 담론 구성에 어떻게 연계되는지 살펴봄으로써 한류 현상이 한국 미디어 콘텐츠에 대한 인식을 어떻게 변화시키고 있는지를 논한다. 이어서 이러한 전환이 콘텐츠의 질적인 가치와 정체성 확립으로 이어질 때 한류 현상의 지속성을 다른 차원으로 끌어올릴 수 있다는 관점을 제시했다. 김 교수는 "한국 문화 콘텐츠가 '문화적 유사성'이라는 전제 조건을 넘어 인류 보편의 문제를 탐구하는 문화 텍스트로서의 기능을 발견해가고 있다"고 설명한 바 있는데, 이는 〈오징어 게임〉에도 적용된다.

요컨대 요즘 〈오징어 게임〉은 콘텐츠의 '자기 주도적 시청법'에 이어, '퀄리티 텔레비전'이라는 개념으로 한류 담론을 확장하는 견인차 역할을 한다고 할 수 있다. 그 다음 단계는 아마도 왜 그 드라마를 시청하는지, 어떠한 기제로 재미를 느끼게 되는지, 다시 말해 시청자들의 즐거움을 불러일으키는 드라마의 재현 방식이 될 것이다. 어떤 드라마는 대중에게 외면 받거나 쉽사리 잊히고, 어떤 드라마는 인기를 끌며 국내는 물론 세계적인 히트를 친다. 전 세계가 OTT로 연결되는 시대에 이런 일은 드물지 않다. '대박 콘텐츠'가 나오면 공명의 파장 속에 드라마의 노하우를 찾으려는 업계와 학계의 소환이 뒤따른다. 프로그램을 어떻게 기획하고 만들었기에 이와 같은 흥행이 이루어졌는가 하는, 즉 성공 방정식에 대해 천착하는 것이다.

⟨오징어 게임⟩의 성공 방정식은?

『파워 콘텐츠 공식』의 매트릭스matrix

콘텐츠 제작 업계에서는 하나의 흥행작이 나오면 그 성공 방정식을 찾으려고 한다. 무릇 흥행작에는 어떤 공식이 있어 이를 재현하면 비슷한 결과가 나올 것이라는 기대감이 조성된다. 그 비결대로 하면 또 하나의 대박을 만들 수 있으리라는 '매트릭스' 혹은 '도깨비 방망이' 같은 것이다. 그러나 대체로 성공 방정식은 결과론인 경우가 많고, 또 그중 대부분은 '하이 리스크, 하이 리턴high risk, high return'이나 '대중에게서 반 발짝만 앞서 가라'는 식의 일반론을 담고 있기가 십상이다. 그럼에도 모색은 계속된다. 이를 통해 시행착오를 줄이거나 최소한 '성공 신화'라도 만들 수 있기 때문이다.

이와 같은 시도 중 양성희의 『파워 콘텐츠 공식』은 한류라는 이름의 글로벌 흥행작들로부터 공통적인 요소를 잘 추출한 사례로 생각한다.[3] 문화부 기자와 드라마 기획자의 경험을 두루 거친 양성희는 "흥행에는 답이 없다지만 흥행작을 분석해보면 거기에 어떤 공통적인 요소가 작용하고 있음을 확인할 수 있다"고 전제하고, 파워 콘텐츠의 공식을 아홉 가지 내외로 정리했다. 흥행은 그 누구도 점칠 수 없는 것이지만 성공적인 콘텐츠 기획을 위해 고려할 요소를 살펴볼 수 있다는 것이다.

그가 도출한 '파워 콘텐츠 공식'에서 특별히 눈에 띄는 몇 가지를 꼽아본다. 한류 흥행작들은 첫째, 내수용으로 기획했다가 드높은 완성도와 보편성으로 해외 팬들에게 사랑을 받았다. 둘째, 국적을 뛰어넘는 초국적성·탈국적성으로 세계 시장에서 유통되고 소비된다. 셋째, 싸이의 〈강남 스타일〉을 비롯한 K-팝 등은 유튜브라는 새로운 미디어 환경을 만나면서 강력해졌다. 넷째, 파워 콘텐츠의 승리는 결국 스토리, 즉 이야기의 승리로, 흥행의 동력은 캐릭터와 스토리에 있다. 다섯째, 한국에서 문화 콘텐츠 흥행 요소 중의 하나는 '사회적 정의감'이다.

그로부터 7년이 지난 뒤에 나온 〈오징어 게임〉을 보면 상당 부분 여기에 일치하는 점을 발견한다. 일찍이 내수용 영화로 시나리오를 구상했고, 빈부격차 등 한국의 현실을 다루었지만 전 세계를 휩쓴 신자유주의로 이미 한국만의 얘기가 아니라는 보편적 소구력이 그렇다. K-팝과 유튜브의 관계와 같은 새로운 미디어 환경은 〈오징어 게임〉과 글로벌 OTT 플랫폼의 관계로 정확히 등치된다. 〈오징어 게임〉의 캐릭터와 스토리, 그리고 휴머니즘에 바탕을 둔 사회적 정의감도 그러하다.

물론 〈오징어 게임〉의 제작자가 기획에 앞서 양성희의 『파워 콘텐츠 공식』을 보고 참고하지는 않았을 것이다. 황동혁 감독이 최초로 시나리오를 구상한 것은 2008~2009년이라고 하니 시기적으로도 맞지 않다. 『파워 콘텐츠 공식』은 흥행작에 대한 결과론적 상식을 잘 정리했는데, 콘텐츠 업계에서 새로운 이야기는 아니다. 〈오징어 게임〉에서도 보편적인 상식에 부합하는 공식을 읽어낼 수 있다. 〈오징어 게임〉 역시 결과적으로 이 길을 잘 찾아간 것임을 알 수 있다. 과연 매트릭스는 살아 있는가?

『히트 메이커스』의 '마야MAYA' 법칙

'도깨비 방망이'를 찾는 모색은 계속된다. "세상을 사로잡은 히트작은 어떻게 만들어졌는가"와 같은 질문이 그것이다. 이번의 주인공은 미국의 비즈니스 저널리스트 데릭 톰슨이 쓴 『히트 메이커스Hit Makers』이다.[4] 이 책 역시 문화 콘텐츠 시장에서 히트 상품을 만들어내는 비결이나 인기의 근원을 분석하는 내용이다. 하지만 이 책에서도 "어떤 작품이 히트하면 그 즉시 기자들은 '성공의 핵심 요인'을 분석해대지만 그런 한두 가지 요인이 결정적 영향을 끼치는 경우는 없다"거나 "히트작을 낳는 것은 모두 우연적 요소들이 만나는 0.1퍼센트의 순간에 좌우되기도 한다"는 등 다 아는 얘기를 하고 있는 것처럼 보인다.

『히트 메이커스』의 핵심적인 내용은 '마야MAYA 법칙'이다. "Most Advanced Yet Acceptable", 즉 '가장 진보적이되 사람들이 받아들일 수 있는' 것이 히트작의 공식이다. 이는 한마디로 '친숙한 놀라움'이다. 이 책에 따르면, 마야 법칙의 선구자는 미국의 디자이너 레이먼드 로위Raymond Fernand Loewy다. 그는 스포츠카, 현대식 기차, 그레이하운드 버스에 '새 옷'을 입히는 등으로 현대 산업디자인의 아버지로 평가받는다. 그의 핵심은 가장 진보적이면서도 수용할 수 있는 제품을 만들어야 한다는 것이다. 한마디로 친숙함에 안주하려는 욕구와 새것을 찾으려는 욕구, 즉 전형성과 새로움의 조화를 설파했다.

그런 점에서 '데스 게임'과 같은 포맷에 기초한 〈오징어 게임〉은 마야 법칙을 성공적으로 구현한 사례로 꼽을 만하다. 데스 게임은 기존의 리얼리티reality · 서바이벌survival 포맷으로 우리에게 익숙하다. 경쟁 구조와 참가자 탈락 구조가 이 포맷의 특성이다.[5] 1990년대 말 큰 성공을 거둔 TV 프로그램 〈서바이버Survivor〉, 〈빅브라더Big Brother〉 등은 포맷 산업을 전 세계에 확산시키는 데에 결정적인 역할을 한 것으로 평가받는다. 미션이 주어지고 이를 통과하지 못한 참가자가 하나씩 탈락해가는 '서바이벌' 형식의 리얼리티 포맷이 〈오징어 게임〉에서는 극단적인 방식으로 설정되어 있다.

이 포맷에 대한 비판은 '오직 승자만이 사회에서 존경 가치를 인정받고, 모든 것은 경쟁을 통해 획득해야 하는 신자유주의 이데올로기를 확대 재생산한다'는 것이다. 〈오징어 게임〉에서는 이것이 비정한 데스 게임을 거치면서 역설적으로 하나의 주제 의식으로 승화되고 있다. 이는 리얼리티 프로그램과 드라마라는 장르상의 차이에서 오는 것으로 보인다. 〈오징어 게임〉은 데스 게임이라는 형식으로 주제를 견인한다. 형식이 곧 내용이다.

데스 게임이라는 서바이벌 포맷이 〈오징어 게임〉에서 친숙한 요소라면, 새로운 요소는 무엇일까? 대개 우리가 아는 데스 게임은 느닷없이 부조리한 배틀 상황에 놓인 등장인물들이 기를 쓰고 살아남으려는 설정이다(영화 〈큐브Cube〉 등). 〈오징어 게임〉은 2화에서 "참가자의 과반수가 동의할 경우 게임을 중단할 수 있다"는 규칙에 따라 1라운드의 생존자들이 투표를 하고, 결과에 따라 게임장을 나온다. 기존 데스 게임의 클리셰를 통렬하게 깨고 있다. 이후 이들은 자발적으로 '재입소'를 한다. 지금까지 이런 방식의 데스 게임은 없었다.

딱지치기, 무궁화 꽃이 피었습니다, 뽑기(달고나), 줄다리기, 구슬치기 등은 어떤가. 한국 시청자들에게는 추억과 향수를 불러일으키는 친숙한 대상이다. 해외 시청자들에게는 이국적인 호기심을 유발하는 장치다. 게임 규칙의 단순성은 그들에게 빠른 이해와 몰입을 제공한다. 어린 시절 골목길과 운동장에서 하던 놀이가 일확천금과 생사의 갈림길에 놓이게 한다. 소름끼치는 반전이다. 마지막 대미를 장식하는 여섯 번째 라운드인 '오징어 게임'은 이 드라마의 전체 제목이 되었고, 〈오징어 게임〉이 만들어낸 일련의 신드롬 전체를 표상하고 있다.▲

『히트 메이커스』에는 여러 번 거절당하다가 그 작품의 진가를 알아본 사람 덕분에 마침내 빛을 보는 이야기도 소개하고 있다. 조앤 롤링의 베스트셀러 『해리 포터』가 단적인 예다. 이 시리즈도 여러 출판사에서 거절당하다가 겨우 출판했다. 블룸스버리 출판사의 CEO 나이젤 뉴턴은 '이 이야기가 다른 것보다 훨씬 재미있다'는 자신의 여덟 살짜리 딸아이 말만 믿고 단돈 수천 파운드에 이 원고를 샀다고 한다. 그 이후 『해리 포터』 시리즈는 전 세계적으로 초대박 상품이 되었다.[6]

〈오징어 게임〉도 2009년에 시나리오를 완성했으나 투자자를 구하지 못하고 캐스팅도 되지 않아 작품을 접었다. 12년이 지난 후 비로소 넷플릭스의 투자를 받아 작품을 제작하고 전 세계에서 초대박을 이루었다. 자신의 아이디어에 대한 신념과 설득력 그리고 실현 의지가 없는 한 아이디어 자체는 큰 의미가 없다.[7] 황동혁 감독이

▲ 이에 대해 황동혁 감독은 "아이들 게임은 목숨을 걸거나 삶이 뒤바뀌는 게임은 아니다. 그런 순수한 게임이 가장 극단적인 경쟁이 되면 어떨까 상상했다. 그 아이러니를 가져오고 싶었다. … 수백 명이 한 장소에 모여 동시에 가고 서는 걸 반복하는 비주얼로 큰 충격을 주고 싶었다. 탈락과 동시에 수많은 사람이 죽을 수 있다는 설정이다"라고 설명하고 있다. 이선필, 「상금 456억ㆍ키즈 카페…〈오징어 게임〉 감독이 밝힌 떡밥」, 『오마이뉴스』, 2021년 9월 30일.

십수 년 만에 뜻을 이루기까지의 와신상담과 간난신고는 시쳇말로 '안 봐도 유튜브'다. 〈오징어 게임〉도 이만하면 성공 신화라는 서사의 조건을 갖추었다고 하겠다.

〈오징어 게임〉의 온상은 한국 사회

나는 〈오징어 게임〉이 나온 뒤 초반에는 이를 볼지, 말지 망설였다. 세계 1위라니 올림픽으로 치면 금메달감인데…, 국민 된 도리(?)로 아니 볼 수는 없고…. 사실 그 얼마 전에 나왔던 장안의 화제작 〈D.P.〉는 중도에 시청을 포기했다. 〈D.P.〉가 추구하는 극도의 리얼리즘은 왕년의 트라우마를 끊임없이 소환했고, 그 때문에 드라마 시청을 마무리할 수가 없었다(지금까지도…). 세계적 화제작이 된 〈오징어게임〉도 그런 소지가 다분할 것으로 생각했다. 특히 1화 '무궁화 꽃이 피었습니다' 게임에서 돌연한 대량 학살극은 충격적이었다. 급기야 페이스북에 이런 심경을 토로하기도 했다.

이 대목에서 드라마를 계속 시청할지, 말지를 곤혹스러워한 사람은 나만이 아니었을 것이다. '페친'인 상지대 홍성태 교수의 '격려'로 힘을 얻었다. 그는 내 글에 댓글로 "〈D.P.〉가 '현실적 허구성'으로 우리를 괴롭게 한다면, 〈오징어 게임〉은 '허구적 현실성'으로 재미있게 즐길 수 있다. 사회적 독해를 하게 되더라도 '휴먼 드라마'의 성격이 더 강하다. 여기서 나오는 게임들은 한국의 50대 이상이 유년기에 매일 했던 놀이들인데, 2030 세대나 심지어 외국인들도 좋아할 수 있는 건 이미지와 스토리가 다 기이한 호소력을 갖기 때문"이라고 지적했다. 시청이 끝난 후 다시 보니 매우 적확한 진단이었다.

이렇게 정주행을 재개했지만 계속해서 한국 사회의 가혹한 현실을 끊임없이 떠올려야 했다. 이런 드라마를 만들어내는 '온상' 혹은 '태반胎盤'은 결국 한국 사회의 '헬현상화' 또는 '흑화黑化'일 것이다. 드라마는 현실을 반영하고 재구성한다. '국가불행시인행國家不幸詩人幸'이라는 옛말이 있다고 하더니, 한국 사회의 불행은 콘텐츠 제작자의 행복인가. 그럼에도 이를 세계인이 공감하는 스토리로 만들어낸 것은 시나리오와 연출의 힘이라고 해야 할 것이다.

한편 〈오징어 게임〉의 선풍과 함께 외신들의 보도도 늘어났다. 그들에게도 '넷플릭스 세계 1위'는 간과할 일이 아니었을 것이다. 해외 언론들은 먼저 한국 콘텐츠의 저력과 성과에 의미를 부여했다. 대표적으로 미국 『뉴욕 타임스』는 아이돌 그룹 방탄소년단BTS과 넷플릭스 드라마 〈오징어 게임〉을 대표 사례로 제시하며, 한국의 문화 콘텐츠 산업을 집중 조명했다. 이 매체는 특히 한국이 '문화적 거물Cultural Juggernaut'▲이 되었다고 보도했다.[8]

영국 BBC는 「〈오징어 게임〉은 TV 혁명의 새벽인가」라는 기사

▲ 저거노트(Juggernaut)는 인도 신화에서 유래한 말로 '멈출 수 없는 것'을 상징적으로 나타내는 단어다. 한국의 문화적 소구력이 하나의 대세가 되었다는 것을 비유적으로 표현하려는 것으로 보인다.

를 통해 〈오징어 게임〉이 TV 문화에 엄청난 변화를 유발할 수 있다고 보도했다.[9] BBC는 또 서구 TV 문화의 역사는 2021년 방영된 〈오징어 게임〉 이전과 이후로 나뉠 것이라고 전망했다.

그런 뉴스 사이사이에 간혹 〈오징어 게임〉에서 묘사하는 한국의 현실에 주목하는 기사도 출몰했다. 드라마의 높은 완성도에서 오는 리얼리티 때문인지 〈오징어 게임〉의 배경적 서사, 즉 한국의 부동산 가격 폭등과 청년 실업, 개인 부채 등 한국의 현실 문제를 드라마와 연결하는 보도였다. 가령 '한국 자본주의의 실패'(『가디언』), '한 나라의 경제적 불안'(『포브스』) 등이다.[10] 물론 틀린 말은 아니다. 〈오징어 게임〉은 황동혁 감독이 경험하고 인식한 한국적 신자유주의의 문제를 리얼하게 반영하고 투사했기 때문이다.

그러나 이를 한국의 문제만인 듯 몰고 가는 것에는 거부감이 있다. 달을 가리키는데 손가락만 보는 처사일 뿐 아니라 마치 자신들은 그런 현상이나 문제가 없는 것처럼 가장하는 것으로도 보인다. 〈오징어 게임〉은 한국을 무대로 한국의 현실을 다루고 있지만 보편적으로 공감할 수 있는 문제를 다룸으로써 세계인의 호응을 얻었다. 이들 기사는 이를 제대로 설명하지 못하는 것으로 귀결된다. 반대로 해석하면 드라마의 세팅과 묘사가 너무나 그럴싸한 바람에 이 작품의 풍자성을 망각하거나 고의로 외면한 것일까.

황동혁 감독은 언론과의 인터뷰에서 다음과 같이 말하고 있다. "처음 〈오징어 게임〉을 만들 때 글로벌 시장을 목표로 해야겠다는 생각으로 하긴 했습니다. '가장 한국적인 게 가장 세계적일 수 있다'는 말은 누구나 해왔죠. 봉준호 감독의 〈기생충〉도, 방탄소년단도, 싸이의 〈강남 스타일〉도 그랬습니다. 저 역시 이 게임이 단순한 한국의 옛날 놀이지만 세계적으로 어떤 소구력이 있을지 모른다는 가능성을 보고 넷플릭스와 작업했죠."[11]

시작하기 전에 이미 글로벌 시장을 염두에 두었고, 세계적인 소구력이 있을 것이라고 본 대목은 눈길을 끈다. 작품의 배경인 신자유주의의 모순이 이미 도도한 세계적인 현상임을 전제하고 있기 때문이다.

너무나도 진솔한 '저자 직강'

황동혁 감독의 소회는 미디어와의 화상 인터뷰 기사나 유튜브에 올라와 있는 2021년 9월 15일에 진행한 제작 발표회 동영상을 통해 접할 수 있다. 말하자면 일종의 '저자 직강'인 셈인데, 감독의 기획 의도와 함께 저간의 비하인드 스토리를 들을 수 있는 좋은 기회다. 너무 솔직해서 듣기가 미안할 정도다. 가령 다음과 같은 대목이다. "제가 이걸 쓸 당시는 2008년에서 2009년, 저도 너무 힘들게 살았어요. 그때 빚만 있던 상황이라 차라리 이런 게임 있으면 한번 해보고 싶다, 이런 마음으로 시작을 했습니다. 2008년에 데뷔작인 〈마이 파더〉▲란 작품을 찍고, 이후 제가 만화 가게를 많이 다녔어요. 이런 서바이벌 만화들을 많이 보다가 이런 것을 한국식으로 해보면 어떨까 하는 생각에 처음 구상을 하게 됐고, 그래서 2009년에 사실 대본을 완성했었습니다."

데뷔작의 실패와 그로 인한 채무와 생활고 와중에 서바이벌 데스 게임을 구상하기에 이르렀다는 것에서 생활인과 창작인의 고통과 고민을 적나라하게 엿볼 수 있다. "그 당시만 해도 (데스 게임이) 낯설고 어렵고 뭔가 생경하고 잔인하고 그래서 '이게 상업성이 있겠나' 하는 말씀들을 많이 하셨고, '작품이 어렵고 난해한 것 같다'는 얘기들도 많이 하셨어요. 그래서 투자도 잘 안 됐고 캐스팅도 안 되어서 1년 동안 준비하다가 서랍 속에 넣어뒀던 작품입니다." 말하자면 '시대와의 불화'다. 시대를 너무 앞서가는 바람에 제작이 안 되거나 혹은 제작하더라도 '망작'이 되는 사례는 업계에 흔하다. 이것으로 끝났다면 2021년 〈오징어 게임〉 신드롬은 출현하지 않았을 것이다.

"이게 10여 년이 지나 다시 이야기를 꺼내 보니까, 어떻게 보면 되게 슬픈 얘긴데… 말도 안 되는 것 같은 일확천금을 노리는 살벌한 게임이 현재 우리가 살고 있는 세상에서도 이미 일어나고 있는 (코인 열풍이라든지…) 게임물이 어울리는 세상이 되어 있었던 것 같아요. 그래서 작품을 다시 사람들에게 보여주니 이제는 '너무 재미있고 지금 얘기 같다', '현실감이 든다'라는 그런 얘기들이 막 나와

▲ 〈마이 파더〉는 2007년 개봉한 영화로, 실존 인물인 애런 베이츠의 실화를 바탕으로 한 것으로 알려져 있다. 인물에 대한 미화 시비 등의 요인으로 손익 분기점 이하인 90만 내외의 관객이 들었다고 한다.

서, 지금이 이걸 만들 적기가 아닌가 하는 생각에 재작년쯤(2019년)에 다시 시나리오를 좀 확장을 해서 만들게 되었습니다." 대박에는 다 때가 있다는 얘기다.

그 사이에 무슨 일이 일어났을까. 2008년은 이명박, 박근혜 9년 체제가 시작되는 해와 정확히 일치한다. 이후 시민사회의 열망으로 촛불 혁명을 통해 정권을 교체했지만, 우리 사회는 아직도 당대의 관성과 질곡에서 벗어나지 못하고 있다. 지난 10여 년간 가속화된 우리 사회의 '헬조선화'는 〈오징어 게임〉을 위한 전주前奏였단 말인가. 예의 '국가불행시인행'을 환기하자면, '사회불행감독행社會不幸監督幸'이 되는 것이다. 그런데 그 10여 년 사이에 황동혁 감독도 달라졌다. 그는 〈도가니〉(2011), 〈수상한 그녀〉(2014), 〈남한산성〉(2017) 등으로 흥행작을 만들 줄 아는 중견 감독으로 입지를 굳혔다.

또한 영상 산업계에는 넷플릭스라는 글로벌 OTT 플랫폼이 등장했다. 기존에 접근 가능한 영역은 지상파, 케이블, 영화 등이었다. "〈오징어 게임〉은 기본 설정이 서바이벌 데스 게임이다. 탈락하는 순간 목숨을 잃는 잔인한 요소들은 빠질 수 없다"고 본 황동혁 감독이 현실적으로 어떤 선택을 했는지 우리는 알고 있다. 그는 "넷플릭스가 표현 수위에 제약을 두지 않고 있어서 만드는 창작자 입장에서는 자유롭고 편하게 작업을 했다"고 토로했다. "폭력이나 잔인함 그것 자체가 이 안에서 경쟁의 결과물이기 때문에 '저럴 수밖에 없었구나'라는 식으로 이해가 되도록 했다는 것이다.

그는 이 작품에서 무엇을 추구한 것일까? "실제로 살면서 우리가 격렬한 경쟁을 하면서 매일 삶을 살아가고 있는데요, 작품에서는 배우들, 인물들이 가상의 세계에서 하는 경쟁처럼 보여서 아마 부담 없이 극한의 경쟁을 즐기실 수 있을 것 같습니다. 그런데 보는 즐거움뿐만이 아니라 이 작품을 다 보시고 나면 '이들은 왜 이렇게 경쟁해야 했는가, 우리는 또 왜 이렇게 매일 살면서 치열하게 목숨을 걸다시피 한 경쟁을 하면서 살아가야 하는가, 과연 이 경쟁은 어디서부터 시작됐고 어디로 가야 하는가'라는 좀 그런 근본적인 질문을 같이 던져볼 수 있는 작품이 되었으면 합니다."

보도를 통해 잘 알려진 것처럼 〈오징어 게임〉은 황동혁 감독이 대본을 쓰고 연출을 했다. 최초 구상 이후 10여 년을 갈무리하고 오랫동안 곱씹다가 넷플릭스를 만나 세계적인 흥행작으로 거듭났다. 극장 개봉작으로 소위 입봉한 황 감독의 '필모그래피'는 두말할 나위 없이 영화가 기반이다. 〈오징어 게임〉의 장르는 일단 넷플릭스에서 'TV 쇼', 즉 드라마로 분류하고 있다. 아홉 편의 에피소드가 단회로 끊어지지 않고 연속으로 이어지는 등 시리즈 구성을 하고 있다. 황 감독은 영화적인 강점과 TV 드라마적인 특성을 효과적으로 잘 살린 것으로 본다.

〈오징어 게임〉을 전체적으로 보면 영상의 스펙터클보다는 작품의 깊이와 내면성에 역점을 두는 가운데 치밀한 구성, 차분한 속도감, 점층적인 몰입 등을 구사하는 느낌을 준다. 인물에 초점을 맞추고 인물을 통해서 사건으로 들어가는데, 이는 TV 드라마적 연출의 강점인 인물 자체에 대한 매력과 친근감을 살리는 방식에 가깝다.[12]

〈오징어 게임〉은 영화인가 TV 드라마인가의 구태의연한 구분을 뛰어넘고 있는 것이다.

이 과정에서 돋보이는 것은 서사의 힘이다. 흔히 내러티브 narrative로 알려진 서사의 일차적 의미는 '사건의 서술'이다. 나아가 '일정한 시간의 흐름에 따라 인물의 행동이 전개되는 것'을 말한다. 또한 서사는 이야기story와 담화discourse로 구성된다. 이야기는 사건들의 내용과 그 연쇄, 사물적 요소라고 부를 만한 것이 합쳐진 것이고, 담화는 표현 혹은 내용이 전달되는 방식을 말한다.[13] 〈오징어 게임〉은 데스 게임이라는 설정 위에 등장인물의 개인적인 배경과 그들의 행위가 엮이면서 치열하게 이야기를 구축해 나간다.

바로 이것이 세계적인 공감대와 소구력을 가져오게 한 〈오징어 게임〉의 힘이라고 봐야 할 것이다. 이를 구체적으로 알아보기 위해 〈오징어 게임〉의 구성과 서사에 대해 톺아보고자 한다. 론칭한 지 이미 수개월이 넘은 시점이라서 스포일러에 대한 고려는 하지 않기로 한다. 1화에서 9화까지 부제와 영어 번역, 러닝 타임은 다음과 같다.[14]

각 에피소드별로 특기할 만한 내용을 중심으로 정리해본다.

〈오징어 게임〉 톺아보기

에피소드 목록(회수 – 부제/영어 번역/러닝타임)

1화 – 무궁화 꽃이 피던 날/"Red Light, Green Light"/59분

2화 – 지옥/"Hell"/62분

3화 – 우산을 쓴 남자/"The Man with the Umbrella"/54분

4화 – 쫄려도 편먹기/"Stick to the Team"/54분

5화 – 평등한 세상/"A Fair World"/51분

6화 – 깐부/"Gganbu"/61분

7화 – VIPS/"VIPS"/57분

8화 – 프론트맨/"Front Man"/32분

9화 – 운수 좋은 날/"One Lucky Day"/55분

1화 – 무궁화 꽃이 피던 날 "Red Light, Green Light"

등장인물의 배치와 복선

충격의 대량 학살과 '절단 신공'

시작은 흑백 화면이다. 어린 시절 학교 운동장에서 오징어 게임을 하는 장면이 나온다. 아마도 쌍문동 소재 어느 초등학교라야 맞지만 실제 촬영지는 강화도 교동초등학교다. 이때 성기훈의 내레이션이 이어진다.

"우리 동네에서는 그 놀이를 '오징어'라고 불렀다. 오징어를 닮은 그림 때문에 붙은 이름이었다. 규칙은 간단하다. … 최후의 전투를 할 준비가 되면 공격자들은 오징어의 입구로 모인다. 승리하기 위

해선 공격자는 오징어 머리 위의 작은 선 안을 발로 찍어야 한다. 이때 수비자에게 밀려 선을 밟거나 밖으로 나가면 죽는다. 그래, 죽는다. '만세', 결승점을 밟으면 '만세'라고 외친다. 그 순간 나는 세상을 다 가진 것처럼 행복했었다."

여기서 가장 중요한 키워드는 "그래, 죽는다"다. 들머리의 이 대목에서 이것이 엄청난 복선이라는 것을 눈치 챈 시청자가 얼마나 있었을까. "그래, 죽는다"라니…. 2분 20초의 프롤로그가 지나고 타이틀백이 시작된다. 통상 1화에는 주요 등장인물이 나오고 그들의 대략적인 갈등 관계를 그리며, 이들이 움직일 공간에 동선을 배치한다. 〈오징어 게임〉 1화는 여기에 충실한 가운데 촘촘히 복선을 깔아놓는다. 화상경마장에서 돈을 탕진하는 기훈을 통해 그가 처한 몰락을 보여준다. 특히 탈북자 출신 소매치기 강새벽과의 조우는 매우 중요한 단서가 된다.

성기훈은 화상 경마장에서 우여곡절 끝에 456만 원을 벌고 창구 여직원에게 1만 원의 팁을 준다. 이는 나중에 456명이 참석해 한 명만이 살아남는 〈오징어 게임〉 전 과정을 통해 복선으로 확인된다. 강새벽에게 455만 원을 털린 성기훈은 여직원에게 팁으로 준 1만 원을 도로 받아낸다. 그리고 인형 뽑기 가게에서 딸에게 줄 선물을 구하는 등 '찌질함'의 극치를 보인다. 인형 뽑기 달인(?) 어린이의 도움으로 그나마 건진 것은 장난감 권총(라이터)이다. 이 선물은 '금색 리본으로 장식한 검은색 박스'에 담겨 있다. 바로 데스 게임에 사용하는 총과 관을 미리 보여준 것이다.

이후 허탈하게 귀갓길에 오른 그는 지하철역에서 정장 차림의 말쑥한 남자(공유 분)를 만난다. 그는 기훈에게 "선생님, 저랑 게임 한번 하시겠습니까? … 이런 거 며칠만 하면 큰돈을 벌 수가 있습니다. 한번 해보시지 않겠습니까?"라고 제안한다. 긴가민가한 기훈에게 정장 남자는 신체 포기 각서를 비롯해 기훈이 전직 드래곤모터스 조립1팀 직원이었으며, 구조 조정 당시 희망퇴직 후 치킨집 분식집 모두 실패하고 이혼한 뒤 사채에 허덕이고 있는 기훈의 신상을 다 꿰고 있음을 보여준다.

기훈은 동네 시장의 상우네 엄마 가게에서 고등어를 사서 집에 들어간다. 이때 기훈은 집 앞의 길고양이에게 생선 한 토막을 주면서 "고양아"라고 부르는데,▲ 이 장면은 어쩐지 이혼한 부인에게 가 있는 딸을 부르는 '가영아'와 겹쳐 들린다. 측은지심과 가족애는 휴머니즘을 바탕으로 한다.

이후 퇴로가 없는 상황에 처한 기훈은 낮에 받았던 괴상한 명함에 적힌 번호로 전화를 걸어 게임에 참가하겠다는 의사를 표명한다. 기훈은 456번째 참가자로 데스 게임을 하는 섬(인천 선갑도라고 한다)으로 들어가고 만다. 9부작의 1화 치고는 깔아놓는 분량이 많다.

게임장에 강새벽, 조상우, 오일남, 장덕수, 한미녀, 알리 등이 속속 등장하면서 주요 출연자의 라인업이 이루어진다. 그들에게 운영

▲ 길고양이에게 고등어를 주는 장면: 이정재가 아이디어를 낸 장면이라고 한다.

진은 "이 자리에 모인 참가자 여러분들은 모두 감당할 수 없는 빚을 지고 삶의 벼랑 끝에 서 있는 사람들이며, … 여러분은 우리를 따라 어떠한 강압도 없이 자발적으로 이 게임에 참여했습니다"라고 일갈한다. 이어서 "지금 다시 선택의 기회를 드리겠습니다. 남은 인생을 빚쟁이들에게 쫓기며 쓰레기처럼 사시겠습니까, 아니면 마지막 기회를 잡으시겠습니까? 선택하십시오"라고 압박한다.

참가자들은 다음과 같은 단서가 붙는 참가 동의서를 작성하고 게임에 임해야 한다. 첫째, 참가자는 임의로 게임을 중단할 수 없다. 둘째, 게임을 거부하는 참가자는 탈락으로 처리한다. 셋째, 참가자의 과반수가 동의할 경우 게임을 중단할 수 있다. 이 중 셋째 항목은 딱 보기에도 예사롭지 않다. 나중에 어떤 식으로 나타날까 궁금해졌다. 이후 첫 번째 게임인 '무궁화 꽃이 피었습니다'가 시작되면서 집단 학살(255명)로 유혈이 낭자한 살육극이 벌어진다.

1화에 등장한 '무궁화 꽃이 피었습니다' 게임은 이 프로그램의 성패를 좌우하는 요소가 되었다. 데스 게임으로는 지나치게 단순하고, 영희 인형은 일견 유치하다. 그런데 센서와 센트리 건▲으로 하는 조준 사격은 경악과 의외성의 요소로 작용한다. 어린 시절의 놀이가 결과에 따라 죽고 사는 문제가 되어버렸다. 생존한 201명이 허탈해하는 가운데 게임장의 뚜껑이 닫히면서 1부는 끝난다. 도대체 무슨 얘기인지, 일이 어떻게 돌아가는지 궁금증이 곤두서게 만

▲ 센서가 감지한 대상을 자동으로 조준하고 발사하는 무기.

드는 '절단 신공'으로 2화 시청을 견인한다.

2화 – 지옥 "Hell"
지금까지 이런 데스 게임은 없었다.
기로에 선 참가자들, 그리고 시청자들

제1라운드 '무궁화 꽃이 피었습니다' 게임 이후 생존자들은 패닉 상태가 된다. 탈락자는 글자 그대로 제거되었다. 그제야 자신들이 처한 상황을 알게 된 참가자들은 읍소하거나 반발하면서 게임을 중단하고 나가겠다는 의사를 밝힌다. 이때 1화에 나온 참가 동의서 제3항 "참가자의 과반수가 동의할 경우 게임을 중단할 수 있다"는 조항이 효력을 발휘한다.

주최 측은 곧 투표에 들어가는데, 그 직전에 현재까지 쌓인 상금을 보여준다. 참가자 한 명당 걸려 있는 상금은 1억 원으로, 총 456억 원이다. 첫 게임에서 255명이 탈락했으므로, 현재 255억 원의 상금이 적립되었다는 것이다. 이어서 "여러분께서 지금 게임을 포기하시면 상금은 유가족에게 전달되고, 여러분은 빈손으로 돌아가시게 될 것입니다"라는 멘트가 나온다.

255억 원의 현금 다발을 보면서 투표하는 참가자들. "나가면 뭐가 달라. 어차피 나가도 생지옥이야. x발" 또는 "여기선 희망이라도 있지. 나가면 아무것도 없어. 난 나가서 개처럼 살다 죽느니 여기서 뭐라도 해보다 죽을 겁니다"라는 사람들과 "제발 이러지들 마세요.

집에 가야죠" 혹은 "죽으려면 너 혼자 죽어. 다 끌어들이지 말고…"라는 사람들. 참가자들의 찬반이 엇갈리는 가운데 투표가 진행되고 결국 한 표 차이로 게임은 중단된다.

이 대목은 〈오징어 게임〉을 다른 콘텐츠와 차별화하는 결정적인 장면이다. 내가 아는 어떤 데스 게임 포맷에서도 이런 설정은 없었다. 대부분 일단 게임이 시작되면 참가자에게 상상도 할 수 없는 가혹한 시련이 가해지고, 여기서 어떻게 벗어나 살아남는지가 관건이 된다. 그야말로 서바이벌 게임이다. 그런데 〈오징어 게임〉은 게임 초반에 참가자들의 '민주적'인 다수결 투표로 진퇴를 결정한다. 특히 마지막 투표자인 1번 오일남이 반대하면서 게임 중단을 확정한다. 오일남의 반대 한 표는 게임의 공정성과 자발성을 확인하는 주요한 장치였다.▲

간신히 게임장 바깥에 나온 그들 앞에 놓인 세상은 어땠는가. 암담한 현실이 기다리고 있을 뿐이었다. 기훈의 노모는 병환이 깊어지고, 딸 가영이는 이혼한 전처와 함께 미국으로 떠날 판이다. 탈북 브로커에게 사기당한 강새벽, 악덕 사장과 체불 임금을 놓고 몸싸움을 하는 외국인 노동자 알리, '특정 경제 범죄 가중 처벌 등에 관한 법률' 위반 사범이 되어 경찰에 쫓기는 쌍문동 천재 조상우, 조직

▲ 2021년 10월 10일 에펨코리아 등 온라인 커뮤니티에 '외국인들이 가장 놀라는 〈오징어 게임〉 장면'이라는 글이 올라왔다. 이에 따르면 세계 시청자들이 〈오징어 게임〉에서 가장 충격적인 장면으로, 과반수 찬반 투표에서 오일남이 반대표를 던져 게임을 중단하는 장면을 꼽았다는 것이다. 안준영, 「드라마 〈오징어 게임〉이 영화 〈배틀 로얄〉 〈헝거 게임〉을 제압한 결정적인 장면」, 위키트리, 2022년 1월 26일.

을 배신하고 부하를 살해한 뒤 필리핀 폭력배에게 위협을 받는 장덕수, 뇌종양을 앓는 오일남 등 주요 출연자의 개인 스토리가 전개된다. 이들의 공통어는 '지옥'이라고 할 만하다. 이는 밖에 나온 그들이 처한 실상을 가리키는 말이었다.

한편 쌍문동 편의점에서 우연히 기훈을 만난 오일남(실제로 쌍문동에서 촬영한 것으로 알려져 있다)은 "이렇게 죽을 날만 기다리다가 가고 싶지 않다"며 "밖에 나와 보니 그 사람들 말이 다 맞더라고…. 여기가 더 지옥이야"라는 주옥같은 멘트를 날린다. 이는 〈오징어 게임〉 제2화 '지옥' 편의 핵심 대사라고 할 만하다. 게임장을 나왔던 참가자들이 다시 들어갈 수밖에 없음을 압축해주는 것이다. 귀 밝은 시청자라면 여기서 드라마 〈미생〉(2014)을 떠올릴 것이다.

"회사가 전쟁터라고? 밖은 지옥이야."▲

지옥보다는 전쟁터가 나은가 보다. 이들은 지옥을 벗어나 데스 게임을 하는 전쟁터로 다시 돌아간다. 아무렴, 이들에게는 나락奈落의 운명이 정해져 있는 지옥보다 만에 하나 생존 가능성이 있고, 재수 좋으면 일확천금이 가능한 전쟁터가 더 나은 선택지일 것이다. 일찍이 조지프 나이Joseph Samuel Nye Jr. 박사는 "불타는 5층 건물에서 뛰어내리면 살 수 있는 확률이 5퍼센트라고 할 때 급박한 상황

▲ 드라마 〈미생〉에서 해당 장면의 대사는 다음과 같다.
"회사가 전쟁터라고? 밖은 지옥이야. 밀어낼 때까지 그만두지 마라."
"전쟁을 하러 가봐야 할 거 같습니다."
"그래. 그럼 나는 지옥으로 돌아가야지."

이 되면 대부분의 사람들은 뛰어내린다"고 보았다.[15] 100퍼센트의 소사 또는 질식사보다 5퍼센트 생존 확률(95퍼센트 추락사)이 그들에게는 희망인 것이다. 재소집에 응한 187명은 이때부터 심기일전해(?) 데스 게임에 적극적으로 임한다. 기로에 선 참가자들은 게임장으로 돌아가고, 시청자들 역시 '다음 회'를 선택하게 된다.

2화에서는 이외에도 실종된 형 인호를 찾고 있는 경찰 준호가 등장하면서 이야기의 한 축을 구성한다. 형 황인호 역시 경찰 출신인데 실종 상태였다. 동생 준호가 형이 살던 고시원에 찾아갔을 때 책상 위엔 '보란 듯이' 자크 라캉의 『욕망 이론』과 르네 마그리트의 〈빛의 제국〉이 담긴 화집이 놓여 있었다. 서가에는 알베르 카뮈의 『이방인』, 프리드리히 니체의 『차라투스트라는 이렇게 말했다』 등이 꽂혀 있다. 눈 밝은 시청자는 여기에 더해 빈센트 반 고흐, 파블로 피카소 관련 책을 볼 수도 있다. 특히 라캉과 마그리트는 형 인호의 심리 상태를 암시하면서 〈오징어 게임〉 전체의 세계관을 들여다보는 장치로 화제를 불러일으켰다.

3화 – 우산을 쓴 남자 "The Man with the Umbrella"

살아남으려면 무슨 짓을 못해.

"명심해, 우리가 누군지 알게 되면 죽는다."

이제는 돌아와 게임장으로 들어가는 참가자들. 기훈의 탑승지는 전과 동일하다(실제 촬영지는 여의도 증권 타운). 차를 타면 수면 가스가 살포되어 방독면을 쓴 요원을 제외한 참가자들은 잠에 빠져든다. 차량들은 남해안고속도로를 거쳐 무진항으로 간다. 이 지명은 아마도 소설가 김승옥의 『무진기행』(1963)을▲ 오마주한 것으로 추정된다. 한자로는 '霧津', 즉 '안개나루'가 될 텐데 황동혁 감독의 〈도가니〉(2011)에도 무진시가 등장한다고 한다. 『무진기행』은 "안개로 상징되는 허무와 (…) 사회조직 속에서 소외당한 현대인의 고독과 비애를 그리고 있는 것"으로 평가를 받는다.[16] 혹시 이는 무진항을 거쳐 '오징어 게임'을 하러 가는 이들에게 보내는 감독의 시그널일까?

제2라운드에서 참가자들은 옛날에 어린애들이 하던 놀이가 게임 종목인 것을 알아차리기 시작했다. 조개탄 난로가 등장하고 양은 도시락이 소환된다. 기훈은 딱지치기, 다방구, 땅따먹기, 비석치기, 술래잡기, 돈가스, 얼음땡에 이어 여자애들이 하던 공기놀이, 고무줄, 실뜨기 등을 소환하기에 이른다. 황동혁 감독은 "잔인한 서바이벌 게임에 어릴 적 즐기던 놀이를 접목한 발상은 직관적으로 떠오른 것"이라고 말했다. "단순하지만 드라마틱한 재미를 느끼게끔 게임의 진행 과정을 만드는 작업이 중요했고, 글로벌 플랫폼을 통해 공개되는 만큼 외국인도 단박에 게임의 규칙을 이해할 수 있도록 만들어야 했다"는 것이다.[17]

▲ 『무진기행』의 무진은 실제로는 존재하지 않는 가공의 장소다. 문단에서는 김승옥이 태어나고 자란 전남 순천시가 영감을 준 것으로 보고 있다. 안개가 많이 끼는 순천만 인근 대대포구라는 설이 있다.

이렇게 해서 두 번째 게임인 설탕뽑기(달고나)가 진행된다. 그리고 이것은 우리가 잘 알다시피 전 세계적인 '달고나 열풍'을 일으켰다.

게임이 본격적으로 진행되면서 인간 군상들의 생생한 면모가 드러나기 시작한다. 사람은 좋으나 덜떨어진 듯하면서도 인간적인 면모가 있는 성기훈, 머리 좋고 샤프하지만 영악하게 사는 조상우, 억세고 강한 생존 본능의 화신 강새벽, 살아남기 위해 무슨 짓이든 하는 한미녀,▲ 폭압적인 힘을 앞세우는 악역 장덕수, 인간에 대한 믿음으로 당하기만 하는 착한 외국인 노동자 알리, 뇌종양에 걸린 칠순 노인으로 설정되었으나 알고 보니 이 게임의 호스트로 결정적인 순간에 게임의 방향을 정리하는 오일남 등이 그들이다.

한편 실종된 형을 쫓는 경찰 준호가 잠입하면서 향후 전개에 대한 긴장감을 유발한다. 다만 준호가 잠입해 진행요원을 가장해 게임장 이곳저곳을 비밀리에 탐문하는 과정은 리얼리티 측면에서 부족한 부분이 없지 않다. '드라마니까…'라고 봐줘야만 하는 상당한 '설득력 할인'을 요구한다. 게임이 계속되면서 동그라미, 세모, 네모 등 진행요원과 프론트맨의 권력관계 그리고 게임 규칙을 둘러싼

▲ 한미녀의 "조선 놈들은 악을 써야 귓구녕이 열려"라는 대사는 막말녀로서의 설정에 충실하려는 의도로 보인다. 말투 역시 시중에 흔한 상투적 표현으로 볼 수 있으나, 이 드라마가 넷플릭스를 통해 세계에 공개됨을 고려할 때 굳이 이런 대사를 부여해야 했는지 불편함을 주었다. 그래서인지(?) 영어 번역에서도 "Damn people never listen until you scream into their ears"라고만 나온다. Damn people은 '빌어먹을 사람들'이라는 뜻이다.

공정성 시비 등이 본격적으로 촉발하기 시작한다. "명심해, 우리가 누군지 알게 되면 죽는다"는 가면이 벗겨져 얼굴이 드러난 진행요원을 즉결 처분하면서 프론트맨이 하는 말이다.

4화 – 쫄려도 편먹기 "Stick to the Team"

만인에 대한 만인의 투쟁

"이러다간 우리 다 죽어."

3화에 이어 4화, 5화는 본격적인 게임의 전개에 해당한다. 2라운드 설탕뽑기(달고나), 3라운드 줄다리기 등의 게임이 이어진다. 2라운드와 3라운드 사이에 야밤의 살육전이 있다. 이른바 '솎아내기 스페셜 게임'이다. '약한 것 솎아내기도 게임의 일부'라는 것이다. '만인에 대한 만인의 투쟁'과 같은 아비규환이 벌어지면서 피살자가 속출한다. 일대가 아수라장이다. '밤의 제왕'은 덕수 패거리다. 조명은 스타카토로 명멸하고 야음을 틈타 상상할 수 없는 폭력이 가해진다. 이때 오일남이 높은 곳에 올라가 공격을 멈출 것을 호소한다. "제발… 그만해…! 나… 무서워…. 이러다가는 다 죽어! 다 죽는단 말이야. 나… 너무 무서워…. 그만해! 이러다간 다 죽어!" 처참한 살육전으로 이날 밤 총 27명이 탈락한다.

사실 이때쯤 오일남의 정체에 의문이 싹틀 만했다. 456명에 구색으로 노인 한두 명이 들어가는 것은 충분히 개연성이 있는 설정으로 보인다. 그런데 '지나가는 과객' 정도로 생각했던 이 할아버지가 중요한 대사를 많이 하고, 느낌 있는 원 샷 커트를 너무 많이 받고 있다. 비중이 떨어지는 단순한 조연이 아닌 것이다. '무언가 있다…'고 생각해야만 했다. 그러나 박진감 있게 전개되는 게임의 진행과 반전의 스토리에 나를 포함한 시청자 대다수는 이를 간과한다. 이러한 노인 경시(?)는 6화 '깐부' 편에 이를 때까지 계속된다.

아무튼 나중에 〈오징어 게임〉으로 만들어진 대표적인 '밈' 중의 하나로 부각되는 오일남의 "이러다간 다하 죽어!"가 터져 나오자 심야의 유혈 육박전은 그제야 중단된다. 프론트맨이 게임 종료를 선언하는 것인데, 사실상 오일남이 게임을 통제하고 연출한 것이다. 그것도 모르고 대다수의 시청자는 프론트맨이 '자비'를 베풀었거나, 주최 측이 보기에 '이만 하면 됐다'고 판단한 것으로 보았다. 성공적으로 짜인 대본의 힘과, 속도를 적절하게 당기고 늦추는 연출의 결과다.

3라운드 줄다리기는 자신이 살기 위해서는 남을 죽여야만 하는 게임이다. 1라운드 '무궁화 꽃이 피었습니다'와 2라운드 '달고나 뽑기'가 개인전이라면, 3라운드 줄다리기는 단체전이다. 자기만 잘하면 되는 1, 2라운드와 달리 3라운드는 '너 죽고 나 살기'의 본격적인 서바이벌 게임이다. 우여곡절 끝에 성기훈, 조상우, 오일남, 알리, 강새벽 등이 속한 4조는 힘으로 승부가 결정되는 녹다운 토너먼트 앞에서 기겁을 한다. 이때 오일남이 다시 전면에 등장해 그만의 오랜 줄다리기 노하우를 설파한다.

"먼저 맨 앞에는 기 싸움에 눌리지 않는 기세 좋은 사람이, 맨 뒤에는 가장 굳건한 사람이 서야 한다. 다음으로 줄을 기준으로 교차로 서서 발을 11 자로 벌리고 줄을 겨드랑이 사이에 끼워 잡는다. 그리고 시합이 시작되면 힘을 쓰지 말고 몸을 최대한 뒤로 젖혀서 버틴다. 마지막으로 상대의 자세가 흔들리는 순간 당긴다"가 그것이다. 연기자들의 후일담을 들어보면 오일남으로 출연한 배우 오영수는 이미 리허설 때 4분 30초가량의 이 대사를 한 번에 처리하는 집중력과 기량을 선보였다고 한다. 골든글로브 남우 조연상은 그냥 이루어진 것이 아니었다.

5화 – 평등한 세상 "A Fair World"

게임의 법칙, 게임의 재원

"당신들은 유일하고 절대적인 가치인 '평등'이라는 규칙을 어겼다."

주요 출연자가 망라된 4조는 줄다리기 게임에서 초반은 오일남의 노하우로, 막판에는 조상우의 궁즉통窮則通의 기지로 극적으로 살아남는다. 이날 또다시 심야의 육박전이 벌어질까 봐 불침번을 서던 기훈은 비몽사몽 중에 최루탄과 시위대의 환영을 본다. 그는 격렬한 파업 현장에 있던 노동자였던 것이다. 1화에 나왔던 '드래곤모터스 조립1팀 직원'이라는 그의 이력이 치밀한 복선으로 되살아난다. 몽환적인 회상 신이 도리어 현실과 유사한 느낌을 부여한다. 2009년 1월 용산 참사, 5월 쌍용차 파업, 2015년 백남기 농민 사건 등을 목도한 한국의 시청자들에게는 참담한 데자뷔를 불러일으킨다.

9부작 드라마의 중반을 넘어가는 단계에서 여기까지 온 시청자들은 초반의 당혹감을 딛고 재미에 몰입할 것으로 보인다. 사실 스토리보다 게임의 양상 그 자체에 주목하는 것이 데스 게임의 특징이다. 4화나 5화쯤 되면 게임의 주최자는 어떤 세력이며, 이 게임을 통해서 무엇을 얻는지, 또한 드라마 속이지만 이와 같은 게임을 가능하게 하는 동력이 무엇인지 등 의문이 뭉게구름처럼 피어난다. 바로 이때 등장하는 장기 매매 장면은 눈길을 끈다.

아직 숨이 넘어가지 않은 탈락자의 몸에서 장기를 적출하는 장면에서 이 게임의 재원 조달 시스템이 장기 매매인 것으로 보였다. 그런데 그것이 아니었다. 타락한 의사와 진행요원 사이에 혈투가 벌어졌을 때 돌연 프론트맨이 등장한다. 그리고 "이 게임 안에서는 모두가 평등해, 참가자들 모두가 같은 조건에서 공평하게 경쟁하지. 바깥세상에서 불평등과 차별에 시달려온 사람들에게 평등하게 싸워 이길 수 있는 마지막 기회를 주는 거야. 너희들이 그 원칙을 깼어"라면서 이들을 제압한다.

여기서 강하게 드는 의문. 배식配食에 불만을 품게 해 참가자들끼리 야밤의 살육전을 벌이도록 조장한 것은 과연 평등한 게임의 규칙이었던가. 명시적으로 밝힌 6라운드 게임이 아닌 번외의 야간 살육전에서 약육강식을 통해 솎아내기를 한 것은 공정한 게임의 규칙이었을까. 드라마를 보면서 다소 납득이 되지 않는 전개로 다가왔다. 하긴 탈락하자마자 바로 제거되는 이 게임 전체가 어차피 납득이 안 될 일이다. 의아스런 설정에 의문이 들어도 스피디한 전개로 플레이 버튼을 계속 누를 수밖에 없다. 〈오징어 게임〉의 힘은 이처럼 계속 볼 수밖에 없도록 만드는 '절단 신공'의 구성과 편집이다.

한편 시청자가 잊을 만하면(?) 실종된 형을 찾아 섬에 잠입한 대한민국 경찰 황준호가 나타난다. 준호의 등장은 말하자면 시청자들에게 끊임없이 〈오징어 게임〉의 몰입을 방해하는 역할을 한다. 일종의 거리두기를 시연하는 것이다. 그는 프론트맨의 집무실과 아카이브에까지 침투하는 데 성공한다. 이에 따르면 '오징어 게임' 한국판 제1회 대회는 1988년에 열렸고, 황인호는 2015년 제28회 대회의 우승자다. 황준호의 형 황인호는 실종되기 전 이 게임에 132번 참가자로 우승까지 했던 것이다.

여기서 왜 1회 대회 개최 시점을 1988년으로 삼았는지 잠시 생각해보았다. 그보다는 1997년 외환 위기 직후가 더 리얼리티를 부여하지 않을까 한다. 이 무렵이 구조 조정, 실업 등 신자유주의로 인한 양극화가 본격적으로 등장한 시점으로 볼 수 있다. 어쩌면 이때 '오징어 게임'이 가능하지 않았을까 하는 것이다. 어차피 가공의 시점이지만 말이다. 작가는 한국 사회에 만연한 '너 죽고 나 살기'식 카니발리즘의 기원을 서울 올림픽이 열린 1988년이라고 보는 것일까? 내가 보기에 제1회 대회는 1988년보다 10년 뒤인 1998년이 더 그럴듯해 보인다. 그냥 해보는 말이다.

6화 – 깐부 "Gganbu"

믿는 도끼에 발등 찍기

여성 서사

게임은 이제 4라운드에 접어든다. 바로 구슬치기다. 개인전과 단체전을 두루 거친 이들에게 2인 1조의 조건이 주어지자 짝을 만드는 것이 중요해졌다. 서로 자신들이 믿고 좋아하는 사람과 같은 조를 형성한다. 그런데 알고 보니 1 대 1의 '데스 매치'를 해야 하는 것이었다. 상우와 알리, 새벽과 지영, 기훈과 일남 등이 피할 수 없는 대결을 벌이게 된다. 특히 일남은 기훈에게 서로 구슬을 공유하는 '깐부'▲를 제안하지만 살아남아야 하는 단두대 매치에서 기훈은 일남을 속인다. 깐부보다 생존이 먼저다. 믿는 도끼로 일남의 발등을 찍은 것이다.

한편 탈북자 새벽은 가출 소녀 지영과 한 조를 이루었다. 그들은 마지막 한 판에서 승부를 가리기로 하고, 그동안 대화를 나눈다.

"왜 내려왔어?"

"여기가 나을 줄 알고."

"여기가 나아?"

▲ 깐부는 내 팀, 짝꿍, 동지 등을 뜻하는 말로, '동네에서 구슬이랑 딱지를 네 것 내 것 없이 같이 쓰는 관계'로 풀이한다.

…(무응답).

'(탈북 했더니) 한국이 나은가?'를 묻는 질문에 탈북자 새벽은 응답하지 않는다. 대본에는 아마도 '말없음표(…)'가 쓰여 있었을 것이다. 이 말없음표에 2021년 한국 사회의 현실이 100마디 이상의 말로 담겨 있다면 지나친 것일까.

브로커에게 사기당하고 남동생을 보육원에 둔 탈북자 새벽과 가정 내 성폭력 피해자이면서 존속 살인 가해자인 지영. 기구한 이들의 개인사는 동병상련을 넘어 연대에 이른다. 이윽고 벽에 가장 가깝게 굴리는 사람이 이기는 것으로 규칙을 정하는데, 지영은 자기 차례에 구슬을 떨어뜨린다. "어떻게 해서든 이기게 해주겠다"는 약속을 지킨 것이다. 그리고 새벽에게 "(나갈) 이유가 있는 사람이 나가는 게 맞잖아"라며 "고마워, 나랑 같이 해줘서"라고 작별 인사를 한다.

"10년 전 영화 대본으로 〈오징어 게임〉을 쓸 때는 새벽이란 여성 캐릭터가 없었어요. 이후 대본 수정을 거쳐 새벽이 탄생했을 때도 그의 파트너는 지영이 아닌 남성 캐릭터였죠. 넷플릭스 측과 논의하면서 '여성 캐릭터들을 부각시켜줬으면 좋겠다'는 말을 듣고 여성 연대를 떠올렸어요. 그렇게 새벽과 지영의 서사를 써놓고 보니 늘 봐오던 남녀 그림보다 신선했고 설득력이 있어 보였죠."[18] 황동혁 감독의 말이다. 여성 연대에서 여성 서사로. 이렇게 해서 제6화는 가장 소구력이 높은 에피소드로 어필했다. 이는 최대의 조회 수와 댓글, 리액션 캠 등으로 확인된다.

7화 – VIPS "VIPS"
깍두기?
강화 유리의 교훈

5라운드가 끝난 이후 17명이 남지만 부부 데스 매치에서 살아남은 남편이 자살하면서 생존자는 16명이 된다. "여기 지옥이야. 지옥에 규칙이 어디 있어." 이 대목에서 '지옥'이라는 말이 다시 소환된다. 2021년 9월 〈오징어 게임〉 이후 넷플릭스를 강타한 한드 신작이 〈지옥〉이다. 그리고 2022년 들어 다시 한드 선풍을 일으킨 〈지금 우리 학교는〉에서도 '지옥'이란 말이 무시로 등장한다. 코리아 디스토피아는 넷플릭스에서 수시로 반복되고 소환되고 있다. 역시 사회불행감독행社會不幸監督幸인가….

드디어 7화에는 〈오징어 게임〉의 '물주物主'들이 등장한다. 이 황당하고 거대한 게임의 재원은 장기 밀거래가 아닌 VIP라고 불리는 백인 거부들이 그들의 구경거리를 위해 지불한 돈이었다. 무료한 그들에게는 한 판의 경마 게임과 같은 것이었다. 마침내 VIP들이 섬에 도착하고, 이들은 기괴한 동물 가면을 쓰고 관람석에서 술을 마시며 게임을 즐긴다. 이들의 관람석은 브라질 카니발에서의 카마로치camalote를 연상하게 한다.▲ 실종된 형을 찾기 위해 선갑도에 잠입했던 한국 경찰 황준호는 마침내 VIP 관람석의 진행요원으로 위장한다.

VIP가 등장하는 이 장면은 일부 외국인 연기자의 이른바 '발연기' 등으로 세간에 화제가 되었다. 〈오징어 게임〉의 전체적인 완성도 면에서 이 대목은 다소 어설프고 난삽해 보인다. 그럼에도 드라마 전개상 꼭 필요한 구성으로 생각한다. 베일 속의 '오징어 게임' 배후의 실세가 드러나기 때문이다. 시청자로서는 화면 밖의 조건과 상황을 알 수 없고, 사실 알 필요도 없다. 아마도 코로나19 등의 여러 요인으로 배역, 연출, 촬영 등이 여의치 않았을 것으로 추정한다. 잘은 모르지만 제작진이 할 수만 있다면 다시 찍고 싶은 대목이 아닐까 한다.

각설하고 다섯 번째 라운드는 '징검다리 게임'이다. 황동혁 감독이 가장 상징적이라고 말한 게임이다. 앞선 이의 희생 덕에 결과적으로 후발 주자가 통과한다. 이때 상우와 기훈이 다투는 대목이 있다. 다음은 황 감독의 말이다. "기훈은 그 사람 덕에 왔다고 하고, 상우는 죽도록 노력해서 여기까지 왔다고 한다. 상우는 내가 승자라고 생각하고 기훈은 내가 루저들의 헌신과 노력으로 끝까지 왔다고 관점의 차이를 보인다. 그것이 가장 큰 차이인 것 같다. 어떤 영웅이나 승자도 없는 루저의 이야기라는 점이 가장 큰 차이다."[19]

황동혁 감독은 이 징검다리 게임을 어릴 때 개천을 건널 때 어

▲ 카마로치는 삼보드로모(sambodromo, 카니발 전용 경기장)에서 카니발 퍼레이드를 잘 볼 수 있는 특별 전용 관람석이다. 주로 대형 스폰서 기업이나 VIP 귀빈들에게 제공한다. 정길화, 「체제와 자본에 포섭된 초대형 쇼, 카니발」, 『인물과사상』, 2018년 11월호.

떤 돌을 밟으면 흔들려서 빠지곤 했던 것에서 착안했다고 한다. 앞 사람이 죽어서 길을 터줘야 뒷사람이 끝까지 갈 수 있는 게임. 패자의 시체를 넘고 넘어야 승자가 될 수 있다. 황 감독은 "승자가 패자들을 기억해야 한다는 의미로 주제와 맞닿는 게임으로 생각한다"고 말했다. 성기훈과 조상우는 격렬하게 맞부딪힌다. 불후의 명대사들이 작렬한다.

"우리 되돌리기엔 너무 멀리 왔어."
"네가 죽였어, 네가 죽인 거야!"

8화 - 프론트맨 "Front Man"
최후의 만찬
아저씨 그런 사람 아니잖아

5라운드 징검다리 게임에서 성기훈, 조상우, 강새벽 등 3인만이 살아남는다. 456명 중 453인이 '유고'로 처리되었다. 생존자 3인은 정장을 입고 만찬장으로 향한다. '최후의 만찬'이다. 이들에게 토마호크 스테이크 코스 요리 등 호화스런 식사가 제공된다. 만찬장은 동그란 바닥, 세모난 식탁, 네모로 이루어진 체크무늬 등 오징어 게임에 나오는 모양들이다. 식사를 끝낸 이들에게는 극비리에 나이프가 주어진다. 이는 살아남은 3인이 최후의 1인이 되기까지 치러야 할 유혈 낭자한 격전을 극명하게 예시하는 것이다.

한편 그 사이 경찰 황준호는 정체가 탄로 나고 추격전이 벌어진다. 마침내 섬의 벼랑 끝에서 프론트맨과 맞선다. 마지막 순간 가면을 벗은 프론트맨은 자신의 얼굴을 보여준다. 그는 바로 황준호의 실종된 형 황인호였다. 2015년 '오징어 게임' 우승자가 지금은 프론트맨이 되어 있다니…. 충격을 받은 준호는 "형이 왜…"라는 말과 함께 프론트맨, 즉 형 인호가 쏜 총알을 맞고 낭떠러지로 떨어진다. 그의 생사는 알 수 없는 것으로 그려진다. 시즌2를 위한 복선으로 보였다.

숙소로 들어간 최후의 생존자 3인. 이들에게 남은 것은 극도의 경계와 생존 본능뿐이다. 다만 기훈과 새벽에게는 인간적인 동정과 연대가 싹튼다. 특히 새벽은 "둘 중 하나가 살아서 나가면, 서로 남은 가족을 챙겨주기로 약속해줘"라고 부탁하기도 한다. 보육원에 있는 동생 철이를 생각한 것이다. 기훈은 상우가 졸고 있는 모습을 발견하고 그를 죽이려 접근한다. 그러나 새벽이 그를 만류한다. 살의에 찬 기훈을 주저하게 만든 것은 "아저씨, 그러지 마. 아저씨 그런 사람 아니잖아"라는 새벽의 말이다.

황동혁 감독은 〈오징어 게임〉을 통해 전하고자 했던 메시지로 이 장면을 꼽았다. 대담 형식의 한 인터뷰에서 황 감독은 "모두에게 '우리는 그런 사람이 아니잖아'라는 말을 이 작품을 통해서 하고 싶었다"고 밝혔다. 그는 또 "경쟁이 심해져 누군가를 밟고 올라서고 싶은 욕망을 부추기는 사회지만, 우리 가슴 속에는 어찌 보면 아직도 '누군가를 꼭 그렇게 죽이고, 밟고 올라갈 필요는 없는 사회가

돼야 한다'는 인간에 대한 믿음이 남아 있다고 믿는다"고 말했다.[20]

9화 – 운수 좋은 날 "One Lucky Day"

"경마 좋아하시죠? 당신들은 말입니다."

"나는 말이 아니야. 사람이야."

신파는 한드의 경쟁력?

드디어 6라운드는 '오징어 게임'이다. 〈오징어 게임〉 9부작은 바로 이 마지막 '오징어 게임'을 위해 지금까지 달려왔다. 1화의 시작과 9화의 시작이 같은, 수미쌍관首尾雙關식 구성이다. 기훈과 상우 최후의 2인이 운동장에서 맞대결을 펼친다. 혈투 끝에 기훈이 승기를 잡지만 막판에 게임 포기를 제안한다. 즉, "게임 규칙 3. 참가자의 과반수가 동의할 경우 게임을 중단할 수 있다"의 소환이다. 그러나 패색이 짙은 상우는 이에 불응하고 어머니를 부탁한다고 말하며 자살한다. 기훈의 선의를 믿었던 것일까. 마침내 기훈은 최후의 1인이 되었다.

그는 비오는 심야에 456억이 든 계좌의 카드가 입에 물린 채, 여의도 종합상가 앞 횡단보도 앞에 떨구어진다. 이 장면에서 금수저, 은수저, 흙수저 생각이 났다. 흙수저를 물고 태어난 기훈은 데스 게임에서 최후의 승자가 되어 '456억 원 카드를 물고' 새롭게 태어난다. 21세기는 수저 대신 카드다. 실버, 골드에 이어 플래티늄도 있지만 456억 원 앞에서는 '껌값'이다. 그러나 빙허 현진건의 걸작 단편소설 「운수좋은 날」을 오마주한 부제가 암시하는 것처럼 기훈의 집에는 어머니가 숨진 채로 있었다.

세상으로 돌아온 기훈이 미용실에서 머리를 빨갛게 염색하는 장면도 눈길을 끈다. 황동혁 감독은 "사실 빨간 머리는 직관적으로 떠올렸다. 이 작품을 찍을 무렵 '기훈은 다시 예전으로, 정상으로 돌아갈 수 있을까?' 내가 기훈이라면 평소에 절대 하지 않았을 것 같은 머리를 했을 것 같았다. 그 전의 기훈과는 다른 사람…. (그래서) 빨간 머리였다. 기훈의 분노가 안에 내재되어 있다고 생각했다"고 밝혔다.[21]

드라마는 점차 엔딩을 향한다. 기훈은 여의도 강변에서 꽃 파는 여인에게 '깐부'의 초대장을 받는다. '깐부'라는 단어를 보는 순간 올 것이 왔다는 느낌을 받았다. 설마설마했는데 오일남이 이 모든 게임을 설계한 장본인이었다니. 오일남은 병상에 누워 기훈을 맞이한다. 그는 "돈이 너무 많은 사람과 돈이 없는 사람의 공통점은 삶이 재미가 없다는 것"이라며, 재미를 위해서 게임을 만들었다고 말해 기훈을 분노하게 한다. 6화 '깐부' 편, 구슬치기 마지막 장면에서 오일남이 죽은 것으로 생각했던 시청자들은 당혹감 속에서 비로소 앞뒤를 맞추게 된다.

일남은 병상에서 생사를 다투는 경각의 와중에도 기훈에게 내기를 제안한다. 9화에서 오일남과 성기훈이 벌이는 마지막 게임 대목은 다소 장황하고 신파적이다. 기실 〈오징어 게임〉은 도처에서 간헐적으로 발견되는 작위성과 반복성으로 신파적이라는 평가를 받고 있는 것이 사실이다. 이영미는 일찍이 자학과 자기연민, 죄의 식과 피해의식을 신파성의 특질로 설파한 바 있다.[22] 〈오징어 게임〉의 경우 구슬치기 장면에서 두 여성 사이나 오일남과 기훈 사이의 서사 등이 대표적인 사례로 거론된다. 작품 전반에 걸쳐, 생존에 노력하면서도 가능한 한 인간성을 지켜보려는 성기훈의 태도 때문에 지속적으로 신파적인 상황들이 만들어진다는 것이다.[23]

또한 여의도 IFC 빌딩 인근에서 촬영한 것으로 알려진 이 장면은 화면상 소구력이 약해 보였다. 홀로 있는 병실 그리고 여기서 내려다본 어떤 빌딩 앞의 노숙자 등이 그려지고 있는데, 미장센이 약하고 리얼리티가 떨어져 보였다. 다른 장소를 물색했다면 어땠을까. 어떻든 마지막 승부에서 기훈이 승리하고 일남은 숨을 거둔다. 이후는 새벽의 남동생, 상우의 어머니 등에게 기훈의 인간미를 보여주는(?) 엔딩의 수순이 전개된다.

마지막 장면. 기훈은 딸 가영을 만나기 위해 미국 로스앤젤레스로 떠나려 한다. 공항으로 이동하는 도중 지하철역에서 '정장 차림의 말쑥한 남자'와 다시 조우한다. 1화에서 만난 바로 그 사람이다. 그는 오늘도 '루저'들을 대상으로 게임 참가자를 모으는 영업 행위 중이다. 그를 보자마자 단숨에 '오징어 게임'의 악몽을 소환한 그는 비행기를 타지 않는다. 그리고 명함의 전화번호로 통화를 시도한다. 기훈과 프론트맨이 주고받는 대사는 강력하고 급박하다. 열린 결말이라고는 하나 이는 시즌2를 강력히 예고하는 시그널로 다가온다.

"나는 말이 아니야. 사람이야."

"456번, 지금 그냥 그 비행기를 타는 게 신상에 좋아."

"너희들은 도저히 용서가 안 돼…."

〈오징어 게임〉 참가자가 456명인 이유...456명을 찾아서

〈오징어 게임〉에는 456명이 서바이벌 게임에 참가해 최후의 1인이 승리한다. 455명이 탈락하고 한 명이 살아남는다는 이야기다. 456명의 숫자는 어디에서 온 것일까? 2021년 9월 말에 진행한 미디어와의 인터뷰에서 황 감독은 "2008년 각본을 썼을 때는 1,000명에 상금은 100억이었다. 10년 후 제작하려고 보니 이제 100억은 작은 돈이 되어버려서 상금을 올려야겠다고 생각하고 로또 가장 큰 당첨 액을 찾아보니 초창기에 400억 정도였다. 그래서 400억대로 책정한 뒤 가장 기억하기 좋은 중간에 있는 쉬운 번호인 456으로 정했다"고 설명했다.

　〈오징어 게임〉은 한국의 현실을 비판 의식 속에서 바라보면서 풍자하고 조롱하고 그러면서도 대안을 모색하는 냉혹한 리얼리즘에 근거하고 있다. 쌍용자동차 사태, 자영업자의 파산, 경마 도박장, 신체 포기 각서, 외국인 노동자와 탈북자에 대한 차별과 착취 등은 지금 한국 사회를 소름끼치도록 핍진하게 묘사한 사생화寫生畫다. 그러면서도 〈오징어 게임〉은 동시에 알레고리이면서 판타지다.

약자와 낙오자들에게 서사를 부여하고, 여성들의 연대를 모색한다. 시나리오는 정교하게 이들의 관계를 설계하고 설정하고 있다. 그런 맥락에서 456명은 어떤 상징일까?

이 드라마가 우리 현실을 드라마적으로 반영하는 '우화'임을 부인하지 않으면서 굳이 한국의 현실에서 비슷한 수치를 찾아본다. 먼저 산재 사망자다. 현대중공업 산재 사망자가 47년 동안 471명이었다는 기사가 눈길을 끈다. 이 회사에서는 창사 이래 47년 동안 471명의 노동자가 목숨을 잃었다고 하는데, 국내 단일 사업장에서 가장 많은 노동자의 죽음이라고 한다.[24] '중대재해 처벌 등에 관한 법률'에서 쟁점이 된 5인 미만 사업장은 어떨까? 통계에 따르면 2019년 한 해에만 5인 미만 사업장의 산재 사망 사고자가 494명이라고 한다. 감독의 인지 여부와 무관하게 456명 언저리에는 '드래곤모터스 퇴직 노동자' 성기훈이 내몰렸던 한국 사회의 현실과 유사한 수치가 도처에 있다.

다음으로 자살자 통계다. 한국 사회에서 자살이 '사회적 타살'임을 감안하면, 최후의 승자 성기훈 외 455명은 '사실상의 자살자'로 해석할 수도 있다. 물론 〈오징어 게임〉에서 사망자는 정확히 440명이다. 눈 밝은 이들의 계산에 따르면, 456명 가운데 1라운드 '무궁화 꽃이 피었습니다' 게임 이후 투표에 따라 배틀장을 나갔다가 재입소를 선택하지 않은 이가 14명이다. 그리고 나중에 밝혀지는 게임의 호스트 오일남은 게임에서가 아니라 성탄 전야에 자연사해 게임의 사망자로 볼 수 없으니 440명이 맞기는 하다.

이 정도는 호사가들의 'TMI'라고 치부하고, 자살자 수로 440~455명 전후에 해당하는 근사치를 찾을 수 있는지 알아보니 너무 많다. 2019년 자살 사망자 수는 1만 3,799명이다. 전년 대비 129명(0.9%) 증가했고, 1일 평균 자살 사망자 수는 37.8명이라고 한다. 자살률(인구 10만 명당)은 26.9명으로, 전년 대비 0.2명(0.9%) 증가했다.[25] 다음으로는 실종자 수에 대한 통계를 찾아봐야만 할까.

그러다가 결정적인 내용을 발견했다. 바로 '쌍용자동차 사태'다. 이른바 '쌍차 사태'는 2009년 쌍용자동차 노조원들이 회사 측의 일방적인 구조 조정에 반발해 5월 22일부터 77일 동안 벌인 파업을 말한다. 당시 회사가 인력 감축안을 발표하자 노조는 조합원의 84퍼센트 찬성으로 부분 파업에 돌입했고, 마침내 5월 21일 총파업에 돌입했다. 이후 노사 대치가 가속화했다. 사측의 직장 폐쇄에 이어 법원이 평택 공장 압수 수색 영장을 발부했고, 본격적으로 공권력이 투입되었다. 8월 4일과 5일 이틀 동안 경찰이 진압 작전을 펼치면서 거의 모든 공장을 장악했고, 특히 특공대를 태운 컨테이너를 이용해 옥상에 진입했다.

결국 8월 6일 노조와 사측이 마지막 협상을 타결하면서 77일간의 공장 점거 총파업이 끝났다. 이때 공장에 끝까지 남은 노조원 수는 대략 400명에서 450명 선이라고 한다.[26] 〈오징어 게임〉에서 탈락하거나 사망한 인원수와 거의 일치한다. 〈오징어 게임〉에서 성기훈은 드래곤모터스 사태 당시 희망퇴직자로 설정되어 있다. 드라마에는 공권력의 진압 장면이 플래시백으로 나온다. 성기훈은 공장에서 마지막까지 남은 450여 명 가운데 한 사람인지도 모른다. 황동혁 감독은 설마 이것까지 감안해서 456명과 456억 원을 설정했던 것일까.

"죽음의 게임을 하면서도 사람에 대한 사랑과 연민을 내려놓지 않는 주인공의 태도는 무척 감동이었고 그것이 우리 해고 노동자였다는 점이 좋았다. 고통 받고 힘든 이들을 대신했던 이름만으로도 고마웠다. 우리는 파업 당시 '함께 살자'라는 주장을 폭력적으로 진압당하고 경찰에 끌려가면서까지 외쳤는데 그것에 대한 응답이 아닌가 생각한다." 2009년 정리 해고 당시 전국금속노동조합 쌍용자동차 지부장이었던 한상균 전 민주노총 위원장은 〈오징어 게임〉에 대한 독일 언론과의 인터뷰에서 황동혁 감독에게 고마움을 전했다고 한다.[27]

"이게 머선 129"

〈오징어 게임〉의 논의 과정을 지켜보다가 재미있는 것을 발견했다. 우리나라의 역대 10대 수출 상품을 비교한 기사와 도표였다. 여기에서 보면 1961년 10대 수출 상품 가운데 오징어가 단일 품목으로 당당 5위를 차지하고 있다. 〈오징어 게임〉의 그 오징어다. 물론 수출 품목으로서의 오징어는 '말린 오징어'다. 60년 전 건어물 오징어를 수출했던 나라가 2021년 문화 콘텐츠 〈오징어 게임〉으로 전 세계를 뒤흔들고 있다. 도대체 '이게 머선 129!' 문명사적으로 말하자면 "'아톰 오징어(건어물)'가 '비트 오징어(OTT 콘텐츠)'로 진화하는 데 딱 60년 걸린 것이다.[28]

1977년 6월 미국의 『뉴스위크』는 「한국인이 온다The Koreans are coming!」는 제목의 커버스토리에서 "세계에서 제일 부지런한 국민은 일본인으로 돼 있지만 한국인에 비하면 일본인마저 게을러 보인다"고 호들갑(?)을 떨었다. 아닌 게 아니라 1977년 그해에 한국은 수출 100억 달러에 1인당 국민소득 1,000달러를 달성했다. 그리고 40년 후인 2017년에 1인당 국민총소득GNI 3만 달러를 돌파하고, 이듬해 2018년에는 수출 6,000억 달러를 돌파했다. 1989년 9월 미국 『워싱턴 포스트』는 "샴페인을 너무 일찍 터뜨렸다"며 한국을 조롱한 적도 있는데, 그들은 이제 무슨 말을 할지 궁금하다. 게다가 지금은 문화 콘텐츠다.

2021년 10월 18일 영국의 『타임스』는 「대한민국이 온다South Korea is coming」는 제목의 기사를 보도했다. 〈오징어 게임〉이 넷플릭스 망으로 전 세계에 동시 론칭한 지 한 달 하루 만의 일이다. 이 기사는 〈오징어 게임〉이 K-팝, 뷰티, 패션, 음식 등 광범위한 한류의 일부분이라고 말하고 있다. 또한 "소셜 미디어 플랫폼과 인플루언서들의 활약이 한류를 전 세계로 확산시키고 있다"면서 "뷰티 제품부터 K-팝, 패션 스타, 음식 문화까지 한국은 뉴 블랙new black이다"라고 지적했다. 뉴 블랙은 돌풍, 대세를 뜻한다.

1977년 『뉴스위크』의 「한국인이 온다!」에서 2021년 『타임스』

의 「대한민국이 온다」로의 변화도 인상적이다. 1977년 당시 『뉴스위크』 표지 일러스트를 보면 TV 등 전자 제품을 앞세운 상사의 세일즈맨을 선두로 철강, 어업, 섬유 산업에서 일하는 노동자들이 줄을 잇고 있다. 뒤를 이어 건설, 조선, 타이어 산업 노동자들이 보인다. 요컨대 1차, 2차 산업 종사자와 제품들이다.

2021년 10월 18일 『타임스』 기사에는 정호연과 이유미가 나오는 〈오징어 게임〉의 한 장면이 보인다. 『타임스』는 이미 10월 10일 기사에서 "한류가 세계를 정복했다Hallyu! How Korean culture conquered the world"며 태극기를 배경으로 봉준호 감독, BTS, 블랙핑크 그리고 〈오징어 게임〉을 대표적인 한류 콘텐츠로 묘사한 일러스트를 선보인 바 있다. 생산 제품에서 문화 콘텐츠로, 극명한 변화를 보여주는 것이다.

거칠게 요약하면 1960년대에는 원자재를 그대로 수출했고, 1970년대에 이르러 몸으로 때우면서 제품(물건)을 생산하다가, 2020년대에는 K-콘텐츠로 국가 브랜드, 국가 이미지를 수출한다는 얘기다(사실 한류는 1990년대부터 등장했다). 원자재, 공산품 등 물건의 수출에서 이제는 문화 상품을 통해 한국의 매력(소프트 파워)을 수출하는 것으로 차원이 바뀌었음을 말해준다. 1977년 「한국인이 온다!」에서 2021년 「대한민국이 온다」까지. 그야말로 상전벽해 경천동지의 변화다. 앞으로의 과제는 이와 같은 성과를 '국뽕'이 아닌 한국 문화의 발현과 세계적인 수용의 결과로 설명하는 것이다.

홍석경 교수는 "과거의 식민 주체, 다른 국민의 착취로 원초적

부를 축적하지 못한 나라도 문화적 역량을 지닐 수 있고, 자력으로 쟁취한 민주화를 통해 개화한 문화적 내용으로 다른 나라를 매혹할 수 있는 문화적 주체가 될 수 있음을 보여줘야 하는 임무"가 한국에 주어졌다고 말한다.[29] 한국은 제국주의에 신음했던 다른 모든 나라에 '당신들도 이룰 수 있다'는 실현 가능한 미래의 꿈을 선사하고 있는 것이다. 이것이야말로 향후 한국에 주어진 '명백한 운명 Manifest Destiny'이자 '한국몽韓國夢'이 아닐까 한다.

에필로그

목하 〈오징어 게임〉의 후속작 논의가 부산하다. 최근 보도에 따르면 시즌2는 물론이고 시즌3까지 논의되고 있다고 한다. 황동혁 감독은 2021년 말 KBS와 한 인터뷰에서 "시즌2에서 성기훈이 돌아와 세상을 위해 뭔가 할 거라는 건 확실하다. (시즌2는) 성기훈이 풀어 나가는 이후의 이야기가 위주가 될 것이다. 그래서 기훈의 이야기와 기훈이 만나게 되는 사람들, 쫓게 되는 사람들에 대한 이야기가 시즌2의 큰 줄거리가 될 것이다"는 정도만 말씀드릴 수 있다고 언명했다.[30] 그는 이 자리에서 "넷플릭스와 시즌2와 3에 대해 같이 논의하는 중"이라고 밝혔다. 시즌1이 이른바 열린 결말로 끝났기 때문에 시즌2는 기본이라고 보았다. 분위기가 마치 싸이가 〈강남 스타일〉 이후 후속곡의 압력을 받는 상황과 비슷한데, 그보다는 준비가 잘 되기를 바란다.

그런 점에서 감히 제안을 해본다. 즉, 바로 시즌2로 가지 말고 '프리퀄'을 만드는 것이다. 1편의 대박으로 '세계적인 셀럽'이 된 조상우(박해수), 오일남(오영수), 강새벽(정호연), 장덕수(허성태), 한미녀(김주령) 그리고 알리 압둘(아누팜 트리파티), 지영(이유미). 이들은 시즌1에서 장렬히 '전사'했다. 명목상 이들이 시즌2에 나오기는 어렵다. 회상 장면이라면 몰라도…. 너무 아쉽지 않은가.

그래서 이들이 오징어 게임장에 들어가기까지의 사전 스토리를 다루는 프리퀄을 만드는 것이다. 그렇다면 이들이 시즌1에서 사망했더라도 계속 기용할 수 있다. 화이트 칼라형 범죄자 상우, 게임의 호스트이면서 참가자인 오일남, 탈북자 강새벽, 폭력배 장덕수, 외국인 노동자 알리 등 각각의 스토리와 서사가 만만치 않은 이들을 중심으로 해서 능히 프리퀄을 만들 수 있다고 본다. 아니, 이 내용을 아예 시즌2로 할 수도 있다. 말하자면 물이 들어왔을 때 노를 젓는 것이다.

또 하나는 '재소집 불응자'에 대한 이야기다. 시즌1에서 게임을 중단하고 퇴소한 이들은 '바깥이 더 지옥'이라면서 제 발로 게임장으로 돌아온다. 그런데 201명 중 14명을 제외한 187명만 재입소했다. '재참가율'은 93퍼센트다. 프론트맨은 이들 미참가자들을 계속 모니터하라고 지시한다. 동태를 파악하는 셈인데 이유가 궁금하다. 이들은 왜 재입소에 불응했을까? 무한한 상상의 날개를 펼칠 수 있다.

데스 게임 따위는 한때의 악몽으로 잊어버리고 행복하게 살고 있을까? 게임장을 나간 후에 자살하거나, 어떤 사건에 휘말려 피살당하거나, 아무도 찾지 않는 이 없이 고독사하는 사람도 있을 수 있다. 경찰에 신고하러 갔다가 기훈처럼 무시당하는 사람도 당연히 있을 것이다. 이들 14명에 대한 이야기가 궁금하다. 말하자면 시즌 1의 스핀 오프가 될 것이다. 요컨대 바로 시즌2로 가지 말고 '프리퀄'이나 '스핀 오프'로 〈오징어 게임〉 시즌1의 임팩트와 효과를 충분히 우려냈으면 하는 제안이다. 아마 이 정도는 이미 충분히 검토를 했겠지만….

각주 ─────────────────────────────

1) 최선영, 「〈오징어 게임〉 시청자를 보는 즐거움」, 「한겨레」, 2021년 10월 19일.

2) 김주옥, 「퀄리티 텔레비전 : 한류 담론의 확장 혹은 관점의 전환」, 한국방송학회 2021 봄철 정기학술대회, 2021년 6월.

3) 양성희, 「파워 콘텐츠 공식」, 커뮤니케이션북스, 2014.

4) 데릭 톰슨, 이은주 옮김, 「히트 메이커스」, 21세기북스, 2017.

5) 이하 리얼리티 · 서바이벌 포맷 대목은 은혜정, 「텔레비전 프로그램 포맷」, 커뮤니케이션북스, 2013, 17~24쪽.

6) 데릭 톰슨, 이은주 옮김, 「히트 메이커스」, 21세기북스, 2017, 384~385쪽.

7) 데릭 톰슨, 이은주 옮김, 「히트 메이커스」, 21세기북스, 2017, 10쪽

8) Choe Sang-Hun, 「From BTS to 'Squid Game': How South Korea Became a Cultural Juggernaut」, 「The New York Times」, November 3, 2021.

9) Al Horner, 「Is Squid Game the dawn of a TV revolution?」, BBC, December 7, 2021.

10) 박은하, 「 '빛' 나는 한국…〈오징어 게임〉에 드러난 '부채의 덫'」, 「경향신문」, 2021년 10월 13일.

11) 이정현, 「〈오징어 게임〉 황동혁 감독 "세계적 인기 비결은 심플함"」, 「연합뉴스」, 2021년 9월 28일.

12) 최상식, 「TV 드라마 작법」, 제삼기획, 1997, 159~160쪽.

13) 홍경수, 「창의적인 콘텐츠 기획의 8가지 비밀」, 한국콘텐츠진흥원, 2010, 70~71쪽.

서사적 관점에서 본 〈오징어 게임〉

14) 나무위키, 「오징어 게임」 참고.

15) 하버드대학교 케네디스쿨 엮음, 서재경 옮김, 「한반도 운명에 관한 보고서」, 김영사, 1998에서 재인용.

16) 한국민족문화대백과사전.

17) 이주현, 「황동혁 감독의 코멘트로 재구성한 넷플릭스 오리지널 시리즈 〈오징어 게임〉」, 「씨네21」, 2021년 9월 17일.

18) 이유진, 「Z세대, X세대에 열광하다···황동혁 감독 "각자 자기 일 잘하면 세대갈등 무엇?"」, 「경향신문」, 2021년 12월 18일.

19) 김현록, 「감독이 밝힌 〈오징어 게임〉 A to Z」, 「스포TV뉴스」, 2021년 9월 28일.

20) 강애란, 「〈오징어 게임〉 황동혁 "인간에 대한 믿음 남아 있다고 믿어」, 「연합뉴스」, 2022년 1월 12일.

21) 태유나 「〈오징어 게임〉 황동혁 감독이 밝힌 #빨간머리 #공유·이병헌」, 「한경」, 2021년 9월 28일.

22) 이영미, 「한국대중예술사, 신파성으로 읽다」, 푸른역사, 2016.

23) 최영균, 「〈오징어 게임〉 세계적인 대박의 두 축, 신파와 신자유주의 저격」, 「엔터미디어」 2021년 9월 27일.

24) 이태진, 「노동자의 무덤 된 현대중공업」, 「매일노동뉴스」, 2021년 10월 7일.

25) 중앙자살예방센터 자료.

26) 나무위키에는 450여 명이라고 적시하고 있다. 또한 경찰 진압 이후 462명 무급휴직, 353명 희망퇴직, 165명 정리 해고가 이루어졌다고 한다.

27) 함상희, 「"〈오징어 게임〉의 쌍용차? 대부분의 국민은 애써 외면"」, 「오마이뉴스」, 2021년 11월 30일.

28) IT애널리스트 민경진(PlanetSizeBrain 대표) 페이스북.

29) 홍석경, 「한류의 세계화: 이해와 오해」, 서울대학교 아시아연구소 「아시아 브리프」, 1권 23호(2021년 9월 6일).

30) '〈오징어 게임〉 황동혁 감독', KBS 뉴스, 2021년 12월 28일.

〈오징어 게임〉 신드롬 취재기

서정민

『한겨레』 문화부 기자

한국 문화, 주류가 되다

나는 22년 차 기자다. 그중 3분의 2 정도 되는 기간 동안 문화 분야를 담당했다. 이 일을 꽤 오래 했는데도 최근 2년 새 이전에는 겪어보지 못한 신기한 경험을 하는 중이다. '언젠가 그런 날이 올까?' 상상만 했던 일들이 연이어 현실화되는 걸 지켜보며 격세지감을 느낀다.

'드림스 컴 트루Dreams Come True', 꿈이 이루어지는 문을 가장 먼저 열어젖힌 첫 번째 주인공은 봉준호 감독의 영화 〈기생충〉이다. 〈기생충〉이 2019년 프랑스 칸영화제에서 최고 영예인 황금종려상을 받은 건 물론 놀라운 일이었지만, 그럴 수도 있다고 생각했다. 이전에도 임권택, 박찬욱, 이창동 감독의 영화들이 상을 받았고,

아시아 영화가 황금종려상을 받은 사례도 꽤 있었기에, 이제는 한국 영화가 최고 자리에 오를 때도 됐다는 생각이 은연중에 있었다.

하지만 미국 아카데미는 다른 차원이었다. 세계 영화 산업의 중심을 자부하는 미국이 자국 위주의 영화 시상식에서 최고 영예인 작품상과 감독상을 한국 영화에 몰아줄 거라고는 상상도 못했다. 그런데 그게 현실이 됐다. 2020년 2월 아카데미 시상식을 생중계로 지켜보면서 〈기생충〉이 국제장편영화상, 각본상, 감독상에 이어 작품상 수상작으로 호명되는 순간, 한동안 멍해졌던 기억이 또렷하다. 물론 곧바로 정신을 차리고 손이 안 보일 정도로 노트북 자판을 두드려댔지만 말이다. 이후 일주일 내내 정말이지 〈기생충〉 기사만 썼다.

두 번째 주인공은 그룹 방탄소년단BTS이다. 해외에서의 인기가 여느 아이돌 그룹과는 차원이 다르다는 사실이야 이미 알았지만, 어릴 적 팝 음악 들을 때 지표로 삼았던 빌보드 '핫 100' 차트 꼭대기까지 오를 줄은 몰랐다. BTS에 앞서 정상 문턱까지 간 가수가 있었다. 〈강남 스타일〉의 싸이다. 2012년 무려 7주 연속 2위를 하다 내려왔다. 당시 매주 순위가 공개될 때마다 '혹시 1위를 하지 않을까' 기대하며 기사를 준비했다. 하지만 당시 인기 최정상의 밴드 마룬 파이브는 끝내 1위 자리를 내주지 않았다. 사실 마룬 파이브보다 보수적인 미국 음반 업계와 방송 업계가 변방의 아시아 가수에게 자존심을 내주지 않았다고 하는 게 더 정확하겠다.

8년 뒤, BTS가 굳건한 장벽을 무너뜨렸다. 〈다이너마이트〉가

2020년 9월 빌보드 '핫 100' 정상에 오른 것이다. 한국 가수 최초의 기록이다. 이제는 미국 대중음악계 전체가 BTS를 메인스트림으로 받아들였을 뿐 아니라, 침체된 음반 업계에 막강한 팬덤 문화를 이식해 활기를 불어넣어 주는 존재로까지 떠받드는 분위기다. 이후로는 BTS가 발표하거나 심지어 피처링으로 참여한 컬래버레이션 곡까지 죄다 1위에 오르는 진기록을 쓰고 있다.

서설이 길었다. 이제는 세 번째 주인공이자 이 책의 주인공을 소개할 차례다. 넷플릭스 오리지널 시리즈 〈오징어 게임〉이다. 황동혁 감독이 극본을 쓰고 연출한 9부작 시리즈로, 추석 연휴 직전인 2021년 9월 17일 넷플릭스를 통해 전 세계 190여 개국에 동시 공개됐다. 얼마 안 가 놀라운 일이 벌어졌다. OTT 콘텐츠 집계 사이트 플릭스 패트롤 기준으로, 9월 23일 넷플릭스 TV 쇼 부문 1위에 오른 것이다. 한국 드라마로는 최초다. 이후 46일 동안 정상을 지키다가 게임 '리그 오브 레전드League of Legend'를 기반으로 한 애니메이션 시리즈 〈아케인〉에 잠시 1위를 내줬으나, 이틀 만에 정상을 되찾아 최장 기간 1위 기록을 세웠다.

〈오징어 게임〉이 두 번째로 1위 자리를 내준 상대는 흥미롭게도 연상호 감독의 넷플릭스 오리지널 시리즈 〈지옥〉이다. 11월 20일 한국 콘텐츠끼리 1위 자리를 두고 경쟁하는 진기한 광경이 벌어졌다. 〈지옥〉이 공개 하루 만에 정상으로 직행한 데는 〈오징어 게임〉으로 K-콘텐츠에 대한 전 세계인의 관심이 높아진 점이 영향을 끼쳤다는 사실은 분명해 보인다. 한국 영화, K-팝에 이어 K-콘텐츠가 세계 대중문화 산업의 메인스트림으로 들어서는 진입로를 뚫은 것이다.

사실 〈오징어 게임〉이 이렇게 될 거라고는 나뿐 아니라 그 누구도 몰랐다. 그래도 〈오징어 게임〉에 대한 개인적인 기대감은 상당했다. 우선 넷플릭스라는 플랫폼부터 분위기를 탄탄하게 다져가고 있었다. 넷플릭스가 국내에 처음 들어온 게 2016년이다. 처음엔 이용자가 그리 많지 않았다. 이른바 얼리어답터나 미드(미국 드라마)를 좋아하는 사람들 중심으로 서서히 이용자가 늘어갔다. 〈하우스오브 카드〉, 〈기묘한 이야기〉, 〈나르코스〉 같은 넷플릭스 오리지널시리즈가 입소문을 타면서 사람들의 호기심을 불러 일으켰다.

그러다 2019년 초 〈킹덤〉이 나왔다. 넷플릭스의 첫 한국 오리지널 시리즈였다. 조선 궁궐과 좀비를 엮은 김은희 작가의 이야기에 사람들은 열광했다. 넷플릭스 국내 가입자들이 크게 늘었고, 해외에서의 반응도 상당했다. 극 중 인물들이 쓰고 나온 갓이 해외 시청자들 사이에서 인기를 끌기도 했다.

2020년 들어 코로나19가 전 세계를 덮쳤다. 극장가와 영화계는 커다란 위기를 맞았지만, 넷플릭스에는 기회였다. 사람들은 집에서 OTT로 영화나 드라마를 즐기는 데 익숙해졌고, 넷플릭스 이용자는 급증했다. 〈인간 수업〉, 〈보건 교사 안은영〉, 〈스위트 홈〉 같은 한국 오리지널 시리즈들이 잇따라 인기를 끌면서 웬만한 TV 드라마보다 더 큰 주목을 받았다.

믿고 보는 감독, 그러나 아쉬움 반 재미 반

황동혁 감독이 넷플릭스 오리지널 시리즈를 준비한다는 얘기를 들었다. 황동혁 감독은 내가 믿고 보는 감독 가운데 한 명이다. 실화를 소재로 한 사회 고발성 영화 〈도가니〉(2011)부터 유쾌하게 웃고 나면 결코 가볍지 않은 여운이 남는 코미디 영화 〈수상한 그녀〉(2014)까지 다양한 장르의 영화를 웰메이드로 빚어내는 솜씨를 지닌 연출자다.

특히 2017년 개봉한 〈남한산성〉은 그의 최고작으로 꼽을 만하다. 김훈 작가의 소설을 원작으로 한 영화에서, 병자호란 당시 잠깐의 치욕을 견디고 나라와 백성을 지켜야 한다는 이조판서 최명길(이병헌)과 청의 치욕스런 공격에 끝까지 맞서 싸워 대의를 지켜야 한다는 예조판서 김상헌(김윤석)이 펼치는 '말'의 전쟁은 '몸'의 전쟁보다 더한 긴박함과 긴장감을 자아냈다.

이 영화의 제작자가 바로 김훈 작가의 딸이자 영화 제작사 싸이런픽쳐스의 대표 김지연이다. 이때 인연을 맺은 김지연 대표와 황동혁 감독이 다시 손잡고 이번엔 영화가 아니라 넷플릭스 오리지널 시리즈를 준비한다고 하니 관심을 갖지 않을 도리가 없었다. 믿음직한 배우 이정재, 박해수가 주연이라는 점도 구미를 당겼다. 게다가 제목이 〈오징어 게임〉이라니! 어린 시절 죽마고우들과 하던 추억의 놀이 아니던가. 처음엔 코미디나 〈응답하라〉 시리즈 같은 휴먼 드라마인 줄 알았다. 그런데 알고 보니 〈배틀 로얄〉 같은 '데스 게임' 장르물이라 했다. 기대가 더욱 커졌다. 국내에 좀처럼 없던 장르에 우리 놀이 문화를 접목한다 하니 어떤 신선한 결과물이 나올지 궁금증이 치솟았다.

드디어 그날이 왔다. 공개 당일은 회사에 출근해서 일하느라 못 봤고, 다음날부터 시작된 추석 연휴에 정주행을 시작했다. 기대치가 너무 높아서였을까? 엄청난 걸작이라는 생각까지는 들지 않았다. 몇몇 신선한 설정들이 눈에 띄긴 했지만, 이야기 전개는 대체로 익숙하고 예상 가능한 흐름을 크게 벗어나지 않았다. 등장인물도 입체적이기보다 다소 전형적이고 평평한 이가 많았다.

그럼에도 재미 면에선 합격점이었다. 무엇보다 다음 회를 반드시 보게 만드는 힘이 있었다. 영화만 만들어온 감독으로서 쉽지 않은 지점이었을 텐데, 황동혁 감독은 잘 해냈다. '슈퍼 갑'들은 틀 바깥에서 전체적인 구조를 짜고, 그 안에서 '을'들끼리 서로 속이고 짓밟아야 살아남는 죽음의 게임을 펼치는 이야기를 통해 현대 자본주의 사회를 꼬집은 주제 의식도 공감할 만했다. 다만 오락물로서의 매력에 치중하다 보니 묵직한 주제의식을 좀 더 깊이 있게 파고들지 못한 점이 다소 아쉬웠다.

가장 직접적으로 다가온 것은 독특하고 강렬한 시각적 요소였다. 게임 참가자들이 입은 초록색 트레이닝복과 그들을 관리 감독하는 요원들이 입은 분홍색 점프슈트의 대비, 동심의 상징인 테마파크를 연상시키는 알록달록 아기자기한 세트장, 위압감을 줄 정도로 거대한 블록처럼 쌓아 올린 침대 구조물 등은 하나같이 범상치 않았다. 개인적으로 받은 첫 인상은 너무 인위적이고 과해 보인다는 점이었다. 나는 가급적 실제에 가까운 비주얼을 선호하기 때문이다.

하지만 애초에 이 작품은 한쪽 발은 현실 세계를 디디면서도 다른 한쪽 발은 비현실적인 세계를 딛는 이중적인 구조를 취하고 있었기에, 나름 설득력을 지닌 비주얼 콘셉트였다. 결과적으로 이런 요소는 강력한 무기가 됐다. 〈오징어 게임〉이 전 세계적인 신드롬을 일으킨 데는 독특한 시각적 요소가 꽤나 큰 구실을 했음을 누구도 부인하기 힘들 것이다.

호평 일색인 외국과 달리 엇갈린 국내 반응

〈오징어 게임〉은 공개 뒤 곧바로 국내 넷플릭스 순위 정상에 올랐다. 공개 전부터 워낙 기대를 모아온 터라 이는 예상된 수순이었다. 놀라운 건 다른 나라에서 보인 반응이다. 극 중 게임에 걸린 최종 상금 456억 원은 비교도 안 될 정도로 '잭팟'이 터졌다. 전 세계 넷플릭스 TV 쇼 부문 1위에 오른 것이다. 한국 영화 〈승리호〉와 〈#살아있다〉가 전 세계 넷플릭스 영화 부문 1위를 차지한 적은 있지만, 한국 드라마가 정상에 오른 것은 처음이었다.

단순히 순위만이 아니었다. 외국에서의 평가 또한 대단히 우호적이었다. 영상 콘텐츠 평점 사이트 '로튼 토마토'에서 〈오징어 게임〉의 신선도 지수는 당시 100퍼센트였다. 일반 관객의 평점을 보여주는 팝콘 지수도 88퍼센트나 됐다. 또 다른 평점 사이트 'IMDb'에서 〈오징어 게임〉은 10점 만점에 8.3점을 기록하고 있었다. 8점대면 상당히 높은 수준이다.

그런데 국내에서의 분위기는 좀 달랐다. 호평 일색인 외국과 달리 국내 반응은 적잖이 갈렸다. 긍정적으로 평가한 이들은 국내에서 좀처럼 시도하지 않았던 데스 게임 장르를 한국적 정서로 변주했다는 점을 높이 샀다. 목숨을 건 승부의 긴장감에다 무궁화 꽃이 피었습니다, 뽑기(혹은 달고나), 구슬치기, 오징어 게임 같은 어린 시절 추억의 놀이와 절절한 사연을 지닌 인물들의 애틋한 정서가 어우러져 차별화된 재미와 공감을 안겼다는 것이다.

김효정 영화평론가에게 전화를 하니 이렇게 평가했다. "데스 게임 형태의 콘텐츠가 새로운 건 아니지만, 그 안에 담은 캐릭터가 차별점을 지닌다. 외국인 노동자, 탈북자, 노인 등 주로 잉여 집단이나 낙오자로 그려온 소수자들을 주요 인물로 설정한 것도 극찬 받아 마땅하다." 외국인 노동자를 대표하는 알리(아누팜), 탈북자를 대표하는 새벽(정호연), 노인을 대표하는 일남(오영수)에 대한 언급이었다. 남을 밟고 올라서야 하는 극한 경쟁에 내몰린 현대인들에게 공정이란 무엇인지를 곱씹게 만드는 주제 의식에 공감한다는 의견도 많았다.

반면에 아쉬움을 나타내는 목소리도 만만치 않았다. 죽음의 게임을 다룬 일본 영화 〈신이 말하는 대로〉와 〈배틀 로얄〉, 만화 『도박묵시록 카이지』 등의 요소들을 짜깁기한 것 같다는 목소리가 SNS에 퍼져 나갔다. 속도감 있게 사건 위주로 쭉쭉 진도를 뽑는 미드와 달리 인물들의 구구절절한 'K-신파' 사연에 너무 집착한 나머지 극의 전개가 늘어진다는 의견도 나왔다. 누가 봐도 나쁜 놈인 덕수(허성태) 등 일부 캐릭터의 과장된 연기와 틀에 박힌 대사, 특히 목적을 위해 몸으로 상대를 유혹하는 여성 캐릭터 미녀(김주령)에 대한 비판이 거셌다. 여혐(여성 혐오)을 부추기는 캐릭터라는 것이다. 황동혁 감독은 언론과 한 인터뷰에서 덕수와 미녀가 화장실에서 정사를 나누는 장면에 대해 "인간이 가장 최악의 상황에 놓였을 때 무슨 짓이든 할 수 있다는 걸 보여주기 위한 것일 뿐 여성 비하나 혐오 의도는 없었다"고 말했다.

하지만 현직 방송사 기자이자 공식 등단한 영화평론가인 송형국은 이런 의견을 나타냈다. "여성(미녀)이 생존을 위해 근력 센 남성(덕수)에게 스스로 자신의 성을 내준다는 설정은 철저하게 '수컷 판타지'에서 나온 것이다. 여기서 실제로 그런 일이 일어날 법한지 여부는 논의의 초점이 될 수 없다. 중요한 건 인류의 진화 과정에서 폭력을 통해 우위를 점한 수컷이 암컷을 차지하면서 개체 유지와 종족 번식을 해온 '수컷의 유전자'가 해당 장면에 작동하고 있다는 점이다."

논개 설화를 차용한 미녀의 최후와 관련해서도 그는 이렇게 짚었다. "종족 간 폭력이 벌어졌을 때 자신의 성을 활용해 적의 알파 개체를 죽임으로써 우리 편 종족의 승리를 도모한다는 것이 '논개'

이야기라는 점을 떠올리면, 폭력의 성패에 모든 것을 건 수컷이 승리를 위해 여성을 제물로 바치는 남성 판타지 속에서 창조된 이야기가 〈오징어 게임〉에 차용된 점은 쉽게 봐 넘겨서는 안 될 지점이다."

'〈오징어 게임〉과 쌍용차 해고 노동자, 그리고 함께 살자'

주인공 기훈(이정재)은 자동차 회사 '드래곤모터스'의 공장 노동자로 일하다 회사를 나온 뒤 점차 나락으로 떨어진 인물로 나온다. 기훈은 자신이 다니던 회사에서 파업이 있었다고 얘기한다. 그때 펼쳐지는 경찰의 폭압적인 진압 장면은 대번에 쌍용차 사태를 떠올리게 한다. 그렇다. 〈오징어 게임〉은 대놓고 쌍용차 사태를 소환한다. 이에 대해서도 의견이 갈렸다. 상당수는 어느새 대중의 기억에서 잊힌 쌍용차 사태를 불러들임으로써 사회적 환기를 일으켰다는 점을 긍정적으로 평가했다. 실제 쌍용차 해고 노동자인 이창근 씨가 대표적이다. 그는 자신의 페이스북에 '오징어 게임과 쌍용차 해고 노동자, 그리고 함께 살자'라는 제목의 글을 올려 이렇게 밝혔다(길어도 꼭 읽어봤으면 해서 전문을 옮긴다).

"〈오징어 게임〉을 모두 봤다. 추석 연휴에 주변 동료들이 '꼭 보라' 해서 봤다. 그들이 주목한 장면은 '경찰에 두들겨 맞는 장면'이다. 그 짧은 영상을 보면서 드라마 볼 생각이 싹 가셨다. 쌍용차 해고 노동자들의 문제를 다뤘던 영화도 단편도 책도 심지어 동화책도 있다. 그러나 두 번 다시 읽지 않고 보지 않는다. 시간이 지나 잊었다 생각했던 기억이 다시 살아나는 것도 괴롭고 중3이 된 아이가 어떻게 생각하는지도 걱정이 된다. 아내는 물론 가족들 또한 쌍용차 동료들의 폭행 장면의 반복적 재생이 우리 삶이 다시 시작하는데 있어 어떤 도움도 되지 않는다는 걸 잘 안다. 그래서 볼 생각이 없었다. 그러다가 신세계 정용진이 〈오징어 게임〉 시청 후 어떤 글을 올렸다기에 봐야겠다는 생각을 했다. 그래서 일주일 동안 쪼개 모두 봤다. 많은 사람들이 지적하는 부분에 대해서는 언급할 내용이 별로 없다. 잘 모르는 부분이고 평가할 수 있는 능력이 없기 때문이다.

내가 주목하는 부분은 딱 하나. 왜 성기훈(이정재 분)이 쌍용차 해고 노동자였냐는 거다. 감독은 어떤 이유로 주인공을 쌍용차 해고 노동자로 설정했을까였고, 그것으로부터 어떤 메시지를 주고자 했냐는 부분이다. 그것이 드라마 처음부터 끝가지 궁금했고 모두 보고 나서도 그 궁금증은 사라지지 않았다. 여전히 궁금함이 있다. 그럼에도 뜨겁게 고맙다는 생각을 한다. 커다란 위로를 받은 느낌이라고 할까. 감독에게 우선 감사의 인사를 드린다.

성기훈은 16년 차 해고 노동자로 나온다. 나이 또한 74년생이니까 내 또래다. 해고 이후 통닭집이나 대리 기사를 전전한다. 쌍용차 해고자 2,646명 가운데 한 명이다. 동료들의 삶이 그랬다. 30명이 넘는 해고자와 가족이 목숨을 끊고 죽었다. 성기훈이 자기 눈앞에서 동료가 진압 경찰에 맞아 죽는 장면을 떠올리는 건 그래서 결코 비약이 아니다. 어쩌면 다가올 죽음에 대한 복선이리라. 그렇게 공권력에 의해 인생이 잘렸고 결국 목숨 줄까지 잘렸으니까. 무리는 아니라 생각한다. 그럼에도 왜 해고 노동자였고 하필 쌍용차 해고 노동자였는가다.

내가 주목했던 점이 이것이다. 성기훈은 얕은 수를 쓰지만 인간에 대한 존엄은 버리지 않는다. 극단의 상황, 목숨이 오가는 그 순간에도 연민과 연대와 도움과 격려를 잊지 않는다. 답답할 수 있지만 성기훈은 그 역설적 선택으로 산다. 모사꾼이나 전문직이 머리 굴리고 온갖 잡술을 써보지만 무용지물이다. 그저 사람에 대한 믿음이 이 모든 얕은 수를 넘어선다. 마지막 순간에도 성기훈은 돈 대신 사람을 선택한다. 그리고 살자고 한다. 나는 이 대목에서 감독의 생각을 읽었고 눈물이 났다. 쌍용차 해고 노동자들이 외쳤던 '함께 살자'라는 주장을 감독은 이 드라마에서 응답했다고 생각한다. 함께 살자는 주장을 쌍용차 해고 노동자들은 경찰의 방패와 곤봉, 테이저건과 폭력적 진압 속에서도 외쳤고 주장했다. 극단적 상황에서 성기훈의 태도는 그 사람 본연의 본성이라기보다 그가 지나온 가장 고통스러운 사회적 관계와 지점에서 그가 표현하는 사회 관계적 존재로서의 주장이라 생각한다. 이렇게 해석하는 것이 오버가 아니라 당사자로서 충분히 생각할 수 있는 대목이라 생각한다.

〈오징어 게임〉에서 다양한 인간 군상이 등장하지만 사람으로 가장 따뜻하고 온기 넘치고 인간 존엄을 죽음 문턱에서도 내려놓지 않는 사람이 해고 노동자다. 나는 이 지점을 생각한다. 감독의 생각이 궁금하다. 관련되는 분들이 있다면 감독님과의 대화를 주선해주셨으면 고맙겠다. 감독님의 생각을 더 듣고 싶다. 그러고 싶다. 그리고 감사하다는 얘기도 꼭 드리고 싶다."

이창근 씨의 이 글은 100회 넘게 공유되며 SNS에서 큰 반향을 일으켰다. 나는 황동혁 감독과의 화상 인터뷰에서 이창근 씨의 글을 전하며 '성기훈을 쌍용차 해고 노동자로 설정한 이유는 무엇이며, 이창근 씨와 만나 대화를 나눌 의향이 있는지'를 물었다. 그에 대한 황동혁 감독의 대답은 이랬다.

"기훈은 드래곤모터스라는 가상의 회사 해고자다. 쌍용차를 레퍼런스로 삼은 게 맞다. 평범했던 기훈이 어떻게 바닥까지 갔는지를 그 사건을 레퍼런스 삼아서 만들면 어떨까 하고 생각했다. 누구나 어느 순간에 자본주의 사회에서 기훈과 같은 입장에 놓일 수 있다. 잘 다니던 직장이 도산하거나 해고 위기에 처한 이는 지금도 많다. 이후 자영업자가 되어 치킨집 같은 걸 하다 망한 거다. 지금도 코로나로 자영업자들이 위기다. 그런 사람들을 대표하는 인물로 기훈을 그리고 싶었다. 여기까지가 아티스트로서 제가 할 수 있는 거고, 실제 이창근 씨를 만나서 얘기하는 건 다른 차원이다. 창작자로서 적당한 일인지 말씀드리긴 어렵다."

요컨대 지금과 같은 현대 자본주의 사회에서는 평범한 직장인 누구나 하루아침에 해고 노동자가 되어 결국엔 기훈처럼 인생 막장

과도 같은 죽음의 게임을 거부할 수 없는 처지가 될 수 있음을 전하기 위해 우리가 다 아는 쌍용차 사태를 차용했다는 것이다. 일견 수긍할 만한 이유다.

실재한 참사 다룬 오락물을 어떤 태도로 소비할 것인가

하지만 일각에서는 심각하고 아픈 실제 사건을 오락물에서 이처럼 가볍게 소비해도 되는 것인지 의문을 제기하기도 한다. 기자로서 쌍용차 사태를 가까이에서 지켜보며 취재했던 송형국 평론가는 나에게 이런 글을 보내왔다(이창근 씨의 글과 마찬가지로 이 또한 충분히 곱씹을 만한 것이어서 전문을 옮긴다).

> "쌍용차 사태는 한국 노동사에서 자본이 '을들의 전쟁'을 획책해 그것이 가장 잔혹한 형태로 재난화한 극단적인 사례다. 이로 인한 자살자만 30명가량에 이르는 참사였다. 널리 알려지지 않았지만 당시 '산자와 죽은 자'(비해고자와 해고자) 사이에서 목숨이 위태로울 만큼의 격렬한 물리적 충돌이 빚어진, 비통한 상황이 있었다. 을들의 갈등이 표면화하는 순간 진짜 책임자인 사측은 뒷짐 져도 되는 구조가 만들어진 것이다. 이후 최저임금을 둘러싼 '자영업자-알바생'이나 최근 택배 업체들끼리의 갈등을 비롯해 '을들의 전쟁'이 우리 사회에 구조화된 측면이 있다. 그러는 동안 정작 책임

겨야 하는 자는 책임 안 져도 되는 방향으로 착취 구조가 형성됐다. 이는 다르덴 형제의 〈내일을 위한 시간〉이나 봉준호의 〈기생충〉의 핵심 테마이기도 하다.

이 뼈아픈 사건을 일대일 대응의 직접적인 상징 체계를 만들어 가져온 것이 〈오징어 게임〉이라는 점을 생각하면, '실재한 참사를 소재로 한 작품을 소비하는 우리의 태도'에 대해 진지하게 고민하는 사람도 있어야 한다. 기훈은 쌍용차에서 '산 자'도 '죽은 자'도 아닌 희망퇴직자(극 초반 '딱지남'으로 등장한 공유가 정확히 이렇게 설명한다)인데, 이는 당시 '을들의 전쟁을 피한 자'의 성격을 갖는 것으로 볼 수 있다. 극 중에서도 싸움의 한복판에 서지 못하거나 남을 죽이지 못하는, 가장 인간적인 인물이다. 산 자와 죽은 자 어느 편에도 속하지 않고 시청자의 감정이입 주체로 기능한 캐릭터라는 점 또한 주목할 대목이다.

실제 쌍용차 해고 노동자인 이창근 씨가 〈오징어 게임〉에 위안 받았다는 감상은 충분히 공감되는 지점이다. 세월호 유가족들도 세월호를 소재로 한 상업 영화가 개봉했다는 점 자체가 고마울 수 있다. 우리 기억 속에서 잊히는 것이 가장 안타까운 분들이기 때문이다. 따라서 대중이 이런 작품을 어떻게 소비할 것인가에 대한 문제는 사건 당사자가 작품을 어떻게 봤는지와는 별개의 문제로 다뤄져야 한다. '실화 소재 작품에 대한 관객 윤리'와 관련해 재난 당사자의 감상을 '정답'으로 간주하는 순간 이 사회에 유통돼야 할 담론의 방향은 그만큼 일방적이 돼버리는 측면을 간과해선 안 될 것이며, 이렇게 되면 우리 사회 문화에 '옥석을 가리는 눈'이 어두워질 우려가 크다. 노동자의 입장이라든지 어떤 하나의 정체성을 초월해 세상을 바라봐야 우리의 눈이 밝아질 수 있다.

요컨대 실재한 참사를 직접적으로 가져온 오락물을 어떤 태도로 소비할 것인가에 대한 성찰의 시선이 풍부해져야 한다고 생각한다. 물론 이는 쌍용차 사태를 모르는 외국인 시청자들이 고민할 문제는 아니다. 그럼에도 우리 사회에서 유통되는 〈오징어 게임〉 관련 담론은 '세계 1등'이라는 데 취해버린 측면이 강해 보인다. 〈겨울연가〉 같은 한류 열풍이 불기 시작한 시기가 벌써 언제인데, 이제는 '두 유 노 강남 스타일?' 수준에서 한 단계 나아간 담론이 형성될 때도 됐다."

송형국 평론가가 짚은 마지막 대목은 특히 곱씹어볼 만한 지점이다. 〈오징어 게임〉이 공개된 지 얼마 안 됐을 때만 해도 재미가 있네, 없네부터 시작해서 다양한 이야기가 오갔다. 기존 데스 게임 장르 작품들과의 비슷한 점과 다른 점, 여혐이냐 아니냐 등을 두고 서로 충돌하는 의견들을 심심찮게 볼 수 있었다. 내가 「세계 1위 〈오징어 게임〉, 국내선 호불호 갈리는 이유」라는 제목으로 쓴 기사에는 700개 가까운 댓글이 달렸다. 모두들 각자의 감상과 생각을 다양하게 쏟아냈다.

'〈오징어 게임〉의 빛과 그림자'

그런데 어느 순간부터 〈오징어 게임〉에 열광하는 해외 시청자들과 외신의 평가 등이 전면에 나오면서 작품 자체를 둘러싼 담론은 거의 사라지다시피 했다. 사실 거기에는 나도 일조했음을 고백한다. 나도 〈오징어 게임〉이 일으킨 세계적인 신드롬에 대한 기사를 집중적으로 썼다. 언론들 사이에선 〈오징어 게임〉 찬가가 넘쳐났다.

그런 와중에 문득 다른 지점을 짚어봐야겠다는 생각이 들었다. 그렇게 해서 쓴 글이 '한겨레 프리즘'이란 칼럼에 쓴 「〈오징어 게임〉의 빛과 그림자」다. 〈오징어 게임〉이 넷플릭스 세계 1위를 했다는 사실과 성공 요인에 대한 갖가지 분석을 간략하게 언급한 뒤, 그보다 더 근본적인 얘기를 꺼냈다. 바로 플랫폼의 힘이다.

사실 한국 드라마가 외국에서 바람을 일으킨 사례는 이전에도 있었다. 한류의 도화선이 된 〈겨울연가〉가 대표적이다. 하지만 이는 일본 등 아시아에 한정된 국지적 현상이었다. 각 나라 방송국을 통해 전파됐기 때문이다. 이와 달리 〈오징어 게임〉은 전 세계 190여 개국에 동시 공개됐다. 글로벌 플랫폼 넷플릭스 덕이다.

따지고 보면 한국 대중음악사를 새로 쓴 BTS의 성과도 유튜브와 트위터 같은 글로벌 플랫폼이 없었다면 불가능했을 것이다. 문제는 누구에게나 열려 있는 유튜브와 달리 넷플릭스는 아무나 올라탈 수 없다는 점이다. 소수의 선택된 작품만이 190여 개국 시청자와 만날 기회를 얻는다.

이런 이유로 요즘 국내 콘텐츠 제작자들이 협업을 원하는 1순위는 넷플릭스다. 넷플릭스에 기획안을 내고 잘 안 되면 다른 곳으로 방향을 돌리는 게 일반적인 수순이다. 빛이 있으면 그림자도 있는 법이다. 넷플릭스에서 채택하면 제작비를 보전하고 안정적인 수익을 올릴 순 있겠지만, 〈오징어 게임〉처럼 '대박'을 터뜨려도 추가 수익이 없는 게 보통이다.

넷플릭스 성공 공식에 맞춘, 자극 수위가 높은 장르물 쏠림 현상이 강화될 것이라는 우려도 제기된다. 그렇다고 구세주처럼 나타난 넷플릭스의 손을 안 잡을 수도 없다. 정답은 나도 모른다. 그래서 '글로벌 플랫폼이 우리 콘텐츠를 잘 이용하듯이, 우리도 중심을 잃지 않고 플랫폼을 잘 활용하는 지혜가 필요한 때'라고 하나 마나 한 얘기로 글을 마무리 지었다.

이 고민은 여전히 풀리지 않았다. 사실 넷플릭스가 없었으면 〈오징어 게임〉은 제작되기 어려웠을 것이다. 황동혁 감독이 이 이야기를 구상한 건 10년 전이다. 그는 별다른 일이 없어 힘들어하던 당시 만화방에서 시간을 자주 보냈다고 한다. 거기서 일본 만화 『라이어 게임』, 『도박묵시록 카이지』 같은 걸 보고 영감을 떠올렸다고 했다. 우리가 어릴 적 하던 단순한 게임에 목숨을 걸고 참가하는 사람들의 이야기를 구상했다. 영화감독인 그는 당연히 처음엔 영화로 만들려고 했다. 하지만 그의 기획안을 받아준 제작사는 없었다. 난해하다, 잔인하다, 제작비가 많이 든다는 등 부정적인 반응 일색이었다. 그걸 받아준 곳이 넷플릭스였다.

넷플릭스는 제작비 253억 원(처음엔 200억 원으로 알려졌으나, 나중에 넷플릭스 직원이 내부 기밀을 유출하면서 밝혀졌다. 추정하자면 실제 제작비로 200여억 원이 들고 나머지는 국내 제작사 수익으로 책정됐을 가능성도 있다)을 기꺼이 투자했다. 국내에서 영화에 100억~200억 원을 투자한 사례는 제법 있지만, 드라마에 이렇게까지 거액을 투자한 사례는 넷플릭스 말고는 없었다. 넉넉한 제작비를 확보할 수 있었기에 컴퓨터그래픽CG 사용을 최소화하고 실제 세트장을 지어 실감나는 게임 장면을 촬영할 수 있었다.

한편 넷플릭스 입장에서는 253억 원이 큰 액수가 아니었다. 〈오징어 게임〉의 제작비는 회당 28억 원 꼴인데, 할리우드 드라마는 한 회 제작비만 200억 원 넘게 드는 게 보통이다. 10분의 1 정도밖에 안 되는 〈오징어 게임〉의 제작비는 넷플릭스에는 부담 없는 투자인 셈이다.

그런데 그 〈오징어 게임〉이 흥행 '잭팟'을 터뜨렸다. 넷플릭스는 10월 13일 〈오징어 게임〉이 넷플릭스 최고 흥행작 자리에 올랐음을 공식 발표했다. 공개한 지 4주도 채 되지 않아 전 세계 1억 1,100만 넷플릭스 구독 가구가 〈오징어 게임〉을 시청했다는 것이다. 넷플릭스는 현재 190여 개국에서 2억 900만여 가구의 유료 멤버십을 보유하고 있다. 넷플릭스를 보는 두 가구 중 한 가구는 〈오징어 게임〉을 시청한 셈이다. 이전까지 최고 흥행작이었던 미국 드라마 〈브리저튼〉은 첫 4주 동안 8,200만여 가구가 시청했다. 〈브리저튼〉을 완벽하게 뛰어넘은 것이다.

김민영 넷플릭스 아시아·태평양(인도 제외) 콘텐츠 총괄 VP는 "넷플릭스가 한국에 투자하기 시작한 2015년 당시, 세계적인 수준의 한국 콘텐츠를 선보이는 것이 목표였다. 상상만 했던 꿈같은 일을 〈오징어 게임〉이 현실로 만들어줬다"고 밝혔다. 그는 이어 "황동혁 감독이 오랫동안 구상했던 이야기가 어느 곳에서도 만들어지지 못했을 때, 넷플릭스는 〈오징어 게임〉이 지닌 매력이 반드시 한국은 물론 전 세계 팬들의 마음을 흔들어놓을 수 있다고 믿었다"고 덧붙이며 넷플릭스의 선구안을 은근 내세웠다. 결국 〈오징어 게임〉은 넷플릭스 최장 기간 1위 기록까지 세웠다. 〈오징어 게임〉을 본 가구가 더욱 늘어났음은 물론이다.

단순히 시청자 수만이 아니다. 화제성 면에서도 압도적인 바람을 불러일으켰다. 온라인 쇼핑몰에서 극 중에 나오는 뽑기(달고나) 만들기 세트가 불티나게 팔리고, 초록색 트레이닝복과 핑크색 점프슈트도 큰 인기를 끌었다. 2021년 핼러윈데이는 〈오징어 게임〉 코스튬이 점령했다고 해도 과언이 아니다.

한동안 주춤했던 넷플릭스의 주가는 연일 치솟았다. 〈오징어 게임〉이 처음 공개된 2021년 9월 17일 넷플릭스의 시가 총액은 2,600억 달러(약 319조 원)였지만 불과 3주 만에 2,828억달러(약 333조 원)까지 올랐다. 이게 모두 〈오징어 게임〉 때문이라고는 볼 수 없지만, 〈오징어 게임〉이 가져온 경제적 효과가 적어도 1조 원 이상에 이를 것이라는 분석이 나온다. 〈오징어 게임〉 덕분에 넷플릭스 가입자가 국내는 물론 전 세계적으로 상당히 늘었음은 물론이다.

엄청난 성공의 후폭풍, 불공정 계약 논란

넷플릭스가 큰 반사이익을 누리는 동안 〈오징어 게임〉을 기획하고 제작한 황동혁 감독과 김지연 대표에겐 어떤 이익이 돌아갔을까? 금전적 수익은 처음에 제작비 플러스 알파를 받은 게 전부다. 알파는 보통 제작비의 10~20퍼센트 정도로 알려져 있으니, 넷플릭스가 253억 원을 투자했다는 사실을 감안하면 최소 20억 원대에서 많게는 40억 원대로 추정할 수 있다. 결코 적은 돈은 아니지만, 성공한 정도에 비하면 많다고는 할 수 없는 수준이다.

이는 넷플릭스의 계약 방식에 기인한다. 넷플릭스는 제작비 플러스 알파를 한 번에 주고 해당 작품의 판권은 물론 IP(지식재산권)까지 확보하는 식으로 계약한다. 그래서 해당 작품이 아무리 크게 흥행하더라도 제작자에게 추가 수익을 지급하지 않는다. 통상 극장에 걸린 영화가 관객을 많이 모을수록 제작자에게 더 많은 수익을 안겨주는 것과 대비된다.

이는 정액 구독제 방식으로 운영되는 넷플릭스의 특성 때문이다. 넷플릭스는 이용자들에게 월 구독료를 받음으로써 수익을 얻는다. 그렇게 확보한 돈으로 〈오징어 게임〉 같은 콘텐츠를 사들여 서비스한다. 재미있는 콘텐츠가 많을수록 기존 이용자의 이탈을 막고 새로운 이용자를 유입시킬 수 있다. 그럼으로써 계속해서 구독료 수익을 얻는다.

이런 구조 때문에 특정 콘텐츠가 넷플릭스에 어느 정도 수익을 안겨줬는지 명확하게 산출하기 힘들다. 흥행에 따른 러닝 개런티를 책정하지 않는 이유다. 이런 점에 대해 황동혁 감독도 아쉬움을 나타낸 바 있다. 그는 인터뷰에서 추가 수익이 없다는 점에 대해 이렇게 말했다. "아쉬움이 없으면 사람이 아니겠죠. 어차피 알고 시작한 거니, 아쉬워하면 뭐하겠습니까. 그저 제가 얻는 뜨거운 반응, 그것만으로 감사하고 축복받았다고 생각합니다."

더 눈여겨봐야 할 지점은 저작권을 포함한 IP를 넷플릭스가 가져간다는 점이다. 황동혁 감독이 10년 전부터 구상하고 구축해온 〈오징어 게임〉의 IP는 이제 그의 손을 떠나 넷플릭스에 넘어갔다. 〈오징어 게임〉의 후속 이야기를 만들 권리는 물론 초록색 트레이닝복을 판매할 수 있는 권리도 모두 넷플릭스에 있다. 할리우드의 다른 대형 스튜디오들도 IP를 보유하기는 매한가지다. 하지만 스튜디오들은 IP를 자체적으로 또는 창작자와 공동으로 기획 개발하는 경우가 많다. 이와 달리 〈오징어 게임〉은 한국 제작사가 전적으로 알아서 IP를 기획 개발했다. 넷플릭스가 제작비에다 약간의 돈을 더 얹어주고 IP까지 가져가는 건 과한 처사라는 얘기가 나오는 이유다.

이는 백희나 작가의 그림동화 『구름빵』 사태를 떠올리게 한다. 백희나 작가는 신인 시절 출판사에 저작권까지 통으로 넘기는 매절 계약을 했다. 이후 『구름빵』은 엄청난 히트를 하고 캐릭터를 활용한 관련 상품과 애니메이션, 뮤지컬 등 2차 저작물이 왕성하게 제작됐지만, 백희나 작가와는 상관없는 일이 됐다. 심지어 후속편은 백희나 작가가 아니라 다른 작가들이 작업했다. 그런 일이 있어서는 안

되겠지만, 최악의 경우 〈오징어 게임〉의 후속편을 황동혁 감독이 아닌 다른 감독이 맡을 수도 있다.

이와 대비되는 것이 연상호 감독의 〈지옥〉이다. 〈지옥〉의 IP는 연상호 감독과 최규석 작가가 가지고 있다. 두 사람이 먼저 작업한 동명 웹툰이 원작이기 때문이다. 원작의 IP는 두 사람이 계속해서 가지고 있으며, 넷플릭스는 이를 영상화할 권리를 지닌다. 연상호 감독과 최규석 작가는 내년에 〈지옥〉의 후속 이야기를 웹툰으로 먼저 선보일 계획이다. 이후 이를 영상화한다면 넷플릭스가 우선권을 갖는다. 만약 넷플릭스가 영상화 권리를 포기한다면 다른 곳에서 영상화를 진행할 수도 있다. 물론 그럴 가능성은 별로 없어 보이지만 말이다. 반면 〈오징어 게임〉은 처음 나온 넷플릭스 시리즈가 원작이기 때문에 IP가 고스란히 넷플릭스의 소유가 된 것이다.

이런 내용이 알려지면서 국내에 비판 여론이 높아지자 관련 입법이 필요하다는 목소리까지 나왔다. 최진용 국회입법조사처 입법조사관은 2021년 12월 6일 '넷플릭스 등 글로벌 OTT에 대한 입법 및 정책적 개선 과제'를 주제로 한 정기간행물(「이슈와 논점」)에서 "해외 투자와 국내 콘텐츠 산업과의 선순환을 위해서는 EU 지침을 참고하여 저작재산권 계약 체결 후에도 국내 콘텐츠 제작자가 공정한 보상을 받을 수 있도록 수익과 관련된 정보를 콘텐츠 제작자에게 통보하고, 추가 수익을 보장하는 방안을 입법적으로 검토할 필요가 있다"고 제안했다.

최진용 조사관에 따르면, 저작자에 대한 비례적 보상을 보장하는 사례로는 EU의 '디지털 단일 시장 저작권 지침DSM Directive'이 있다. 해당 지침에 따라 EU 회원국은 1년에 한 번 모든 수익과 기대 보상 등에 대한 포괄적 정보를 저작권을 양도받은 자가 저작자에게 제공하도록 보장한다. 또 합의된 보상이 양도에 따른 사후적 이익에 비춰 비례에 맞지 않게 낮을 경우엔 추가적이고 비례적인 공정 보상이 이뤄지도록 보장해야 한다. 우리도 이에 준하는 지침을 만들 필요가 있다는 것이다.

문제는 이런 비판에 대한 반론도 만만치 않다는 것이다. 우선 추가 수익 요구에 대한 반론이 대표적이다. 콘텐츠의 반응이 어떨지 모르는 상황에서 넷플릭스가 위험을 무릅쓰고 거액의 제작비에다 추가 수익까지 보장해줬는데, 결과적으로 흥행이 잘됐다고 해서 추가 수익을 요구하는 게 타당하냐는 것이다. 만약 흥행 실패로 이어져 넷플릭스에 손해를 입히더라도 제작사가 받은 돈을 다시 토해내지 않는 것처럼 반대의 경우도 추가 수익을 받지 않아야 공평하다는 게 핵심 논리다. 이런 의견은 관련 기사에 달린 댓글에서 흔히 눈에 띈다. 콘텐츠 업계 관계자보다 일반 대중의 시각을 대변한다고 볼 수 있다.

당장의 수익보다 근본적이고 장기적인 이익을 생각해야 한다는 목소리도 힘을 얻고 있다. 무엇보다 넷플릭스의 과감한 투자 덕에 이전에는 시도조차 쉽지 않았던 장르물에 도전한 것이 가장 큰 성과라는 주장이다. 〈오징어 게임〉은 물론이고, 조선 시대를 배경으로 한 사극과 좀비물을 결합한 〈킹덤〉, 10대 청소년의 성범죄라는 민감한 소재를 과감하게 풀어낸 〈인간수업〉, 개성 넘치고 기괴한 B급 감성의 판타지 〈보건교사 안은영〉, 한국 최초의 크리처물 〈스위트홈〉, 군대 내 폭력 문제를 정면으로 고발한 〈D.P.〉 등은 넷플릭스가 아니었으면 제작되기 어려웠을 것이다.

K-콘텐츠는 거대한 흐름이 될 수 있을까?

넉넉한 제작비를 대면서도 창작의 자율성을 최대한 보장하는 넷플릭스의 시스템은 국내 창작자들에게 커다란 메리트가 아닐 수 없다. 황동혁 감독은 인터뷰에서 이렇게 말했다. "넷플릭스가 아니었으면 어디서 이런 제작비로 이런 걸 자유롭게 했겠나. 처음에 〈오징어 게임〉 아이디어를 들었을 때부터 전적으로 밀어줘서 감사하게 생각한다. 전 세계에 동시에 공개할 수 있는 것도 커다란 이점이다. 덕분에 일주일 만에 말도 안 되는 반응을 얻을 수 있었다. 넷플릭스와의 작업은 최선의 선택이었다."

황동혁 감독의 말처럼 전 세계 190여 개국에 동시 공개된다는 점은 돈으로 환산할 수 없는 가치를 지닌다. 국내 OTT들이 오리지널 콘텐츠에 아무리 많은 돈을 투자한다 해도 글로벌 유통망에 대한 열세는 어쩔 수 없는 문제다. 감독, 배우 가릴 것 없이 전 세계 시청자들을 만날 수 있는 넷플릭스를 최우선 순위로 놓는 건 당연해 보인다.

실제로 〈오징어 게임〉 덕에 이정재, 정호연 등 배우들은 단숨에 글로벌 스타가 됐다. 이정재, 박해수, 정호연, 위하준은 미국 인기 TV 토크쇼 〈지미 팰런 쇼〉에도 출연해 큰 화제를 모았다. 모델 출신인 정호연은 연기 데뷔작이 넷플릭스 세계 1위에 오르는 엄청난 행운을 거머쥐며 〈오징어 게임〉의 최대 수혜자로 떠올랐다. 〈오징어 게임〉 공개 이후 정호연의 인스타그램 팔로어는 기존 40만 명대에서 2021년 12월 12일 현재 2,300만 명대까지 급증했다. 이들의 다음 작품 개런티는 천정부지로 치솟을 것이 분명해 보인다. 할리우드에 진출할 가능성도 점쳐진다.

황동혁 감독 또한 탄탄한 앞길이 열렸다. 〈오징어 게임〉 다음 시즌 제작과 관련해 넷플릭스에서 시즌1 때와는 비교할 수 없을 정도로 큰 액수를 제안받은 것으로 알려졌다. 이는 앞으로 다른 국내 제작사들에도 하나의 전례가 될 수 있다. 당장 큰돈을 벌지는 못해도 먼저 첫 번째 시즌을 성공시킨 다음 몸값을 높여 시즌을 이어가는 방식이다.

황동혁 감독은 다음 시즌 계획에 대해 몇몇 인터뷰에서 일부 구상을 밝힌 바 있다. 그는 10월 초 미국 CNN 필름스쿨과 한 인터뷰에서 "시즌2를 하게 된다면 어떤 얘기를 할지 열어놓은 구석이 있다. 아직 설명이 안 된 것들에 대한 이야기를 하고 싶다"고 밝혔다. 이어 "프론트맨(이병헌)의 과거, 경찰 준호(위하준)의 이야기 등을 시즌1에서 설명하지 않았다. 시즌2를 하게 되면 이에 대해 설명하고자 한다"고 말했다. 또 "가방에 딱지를 넣고 다니는 남자(공유)의 이야기도 하고 싶다"고 덧붙였다.

이런 이야기들을 하게 된다면 시즌1 이전의 이야기, 다시 말해 프리퀄 시리즈가 될 수 있다. 황동혁 감독은 또 다른 구상도 밝혔다. 그는 11월 초 미국 로스앤젤레스에서 열린 한 행사에서 AP 통신과 한 인터뷰에서 "시즌2에 대한 너무나 많은 압박과 수요, 사랑이 있었다"며 "우리에게는 선택의 여지가 없는 것처럼 느껴진다"고 말했다.

이어 "후속작은 지금 내 머릿속에 있다. 현재 구상 단계"라며 "후속작이 언제 어떻게 나올지를 말하기에는 너무 이르다고 생각한다"고 밝혔다. 그러면서도 "이건 약속하겠다. 기훈이 돌아와 세상을 위해 뭔가를 할 것"이라고 덧붙였다. 시즌1 마지막 장면에서 비행기를 타고 미국으로 가려다 되돌아오는 기훈이 이후 펼치는 이야기를 암시한 것이다. 이는 시즌2가 시퀄 시리즈가 될 수 있음을 시사한다.

이후 황동혁 감독은 시즌2뿐 아니라 시즌3까지 계획하고 있음을 밝혔다. 그는 12월 28일 KBS와의 인터뷰에서 "넷플릭스와 〈오징어 게임〉 시즌2와 3에 대해 같이 논의하는 중"이라며 "조만간 어떤 결론이 나오지 않을까 싶다. 많은 분이 기다리고 있는 걸 알기에 다들 긍정적으로 다음 시즌을 준비하려 노력하고 있다"고 말했다.

앞으로 펼쳐질 전개에 대해 그는 "성기훈이 풀어나가는 이야기 위주일 것"이라며 "기훈이 만나는 사람들, 쫓게 되는 사람들에 대한 이야기가 시즌2의 큰 줄거리"라고 설명했다. 시즌2가 시퀄 시리즈가 될 것임을 밝힌 것이다. 그렇다면 시즌3는 프리퀄 시리즈가 될 가능성도 있다. 뭐가 됐든 〈오징어 게임〉이 장기 시리즈로 이어지면서 감독과 제작자에게 어마어마한 수익을 안길 것은 분명해 보인다.

이제는 〈오징어 게임〉이 쏘아 올린 신호탄이 어디까지 영향을 미칠지에 관심이 쏠린다. 당장 한국 콘텐츠에 대한 전 세계인의 관심이 크게 늘었음을 확인할 수 있다. 그 대표적인 사례가 〈지옥〉이다. 〈지옥〉은 2021년 11월 19일 공개된 지 하루 만에 넷플릭스 세계 1위로 직행했다. 〈오징어 게임〉이 6일 만에 1위를 한 것에 견줘 엄청나게 빨라진 속도다. 〈지옥〉 자체의 매력도 상당하지만, 〈오징어 게임〉 덕분에 한국 콘텐츠에 집중된 관심이 아니면 이런 현상을 설명하기 힘들다.

이뿐 아니다. KBS 드라마 〈연모〉와 tvN 드라마 〈갯마을 차차차〉도 10위권 안에 이름을 올렸다. 바야흐로 한국 드라마 전성시대를 〈오징어 게임〉이 열어젖힌 셈이다. 〈오징어 게임〉과 〈지옥〉처럼 폭력성 수위가 높은 장르물뿐 아니라 〈연모〉와 〈갯마을 차차차〉처럼 순한 로맨스물도 인기를 얻었다는 점이 중요하다. 한국 드라마가 특정 장르에 치우치지 않고 다양한 작품이 전 세계인의 다양한 취향에 어필할 수 있음을 증명했기 때문이다.

앞으로 한국 드라마의 몸값은 더욱 높아질 가능성이 크다. 넷플릭스뿐 아니라 다른 해외 OTT들이 경쟁적으로 한국에 상륙하면서 한국 제작사와 협업하고 있다. 애플 TV플러스는 이선균이 주연하고 김지운 감독이 연출한 시리즈 〈닥터 브레인〉을 선보였고, 디즈니플러스는 드라마는 아니지만 인기 예능 〈런닝맨〉의 스핀오프 〈런닝맨: 뛰는 놈 위에 노는 놈〉을 한국 오리지널 콘텐츠로 선보였다. 애플 TV플러스는 이민호, 윤여정 등이 출연하는 오리지널 드라마 〈파친코〉를 2022년에 공개할 예정이다. 또 HBO 맥스, 아마존 프라임 비디오 등 다른 글로벌 OTT들도 한국 진출을 준비하고 있다. 이번 〈오징어 게임〉의 성공을 보면서 한국 콘텐츠 제작에 공을 들일 것으로 보인다.

수요자(OTT)가 늘면 공급자(한국 제작사)의 목소리가 세지는 법이다. 초기 계약 시 더 많은 돈을 받는 건 물론, IP를 전부 넘기는 대신 이를 공유하며 지속적인 수익을 얻는 방안도 가능해질 것이다. 어느 중견 영화 제작사 대표가 "콘텐츠를 만드는 사람들은 〈오징어 게임〉에 고마워해야 한다"고 말한 이유다.

글로벌 OTT와의 협업 성공 사례는 국내 콘텐츠 제작 관행에도 변화를 가져올 것으로 본다. 기존에는 방송사에 절대적인 힘이 있었다면, 이제는 제작사로 무게 중심이 이동할 것이다. 콘텐츠만 좋으면 방송사든 OTT든 제작자의 선택지가 크게 늘었기 때문이다. 과거 쪽대본을 써가며 거의 생방송처럼 드라마를 제작하던 관행도 점차 사라질 것으로 본다. OTT처럼 방송사들도 사전에 기획을 철저히 하고 100퍼센트 사전 제작을 함으로써 작품의 완성도를 높이는 방식으로 전환될 가능성이 높다.

드라마와 영화의 경계가 허물어지는 현상도 눈여겨봐야 할 지점이다. 과거에는 영화를 만드는 인력과 드라마를 만드는 인력이 확연히 구분됐다. 하지만 OTT가 들어오고 코로나19 사태로 극장가와 영화 산업이 흔들리면서 영화를 만들던 인력이 드라마를 만들기 시작했다. 그동안 한국 영화 산업과 한국 드라마 산업이 쌓아온 역량과 노하우가 한데 어우러져 시너지를 발휘한다면, K-콘텐츠 열풍은 잠깐의 바람이 아니라 거대한 흐름이 될 수 있다. 그 서막을 열어젖혔다는 게 〈오징어 게임〉의 가장 큰 성과가 아닐까 싶다. 자못 궁금하다. 〈오징어 게임〉이 서막을 연 이 거대한 드라마가 어떤 결말로 이어질지가.

세계는 〈오징어 게임〉을
어떻게 해석했나?

홍경수

아주대 문화콘텐츠학과 교수

한국 영상 문화의 역사를 새로 쓴 〈오징어 게임〉

〈오징어 게임〉의 세계적인 흥행은 한국 영상 문화의 역사에서 기념비적 사건이라 할 수 있다. 전 세계인이 한국에서 만든 콘텐츠를 이렇게 많이 시청한 적은 아직까지 없었기 때문이다. 2021년 11월 16일 넷플릭스가 발표한 〈오징어 게임〉 공개 첫 4주 동안의 시청 시간은 총 16억 5,045만 시간(햇수로 따지면 무려 18만 8,000년)으로, 넷플릭스 역사상 영화와 TV 부문 통틀어 최다 시청 시간이라고 한다. 〈오징어 게임〉 시청 시간은 영어권 드라마 1위 〈브리저튼〉 시즌1(6억 2,549만, 2020)과 비교해도 무려 12억 시간을 앞섰다.

어린 시절 〈600만 불의 사나이〉나 〈소머즈〉 등 미국 TV 드라마를 보거나, 007 시리즈 등 할리우드의 영상물을 보면서 자란 한국인들에게 〈오징어 게임〉의 세계적인 인기는 문화 제국주의 논란의 방향을 역전시키는 쾌감까지 제공하고 있다. 1988년 9월 19일 영화인협회 감독분과위원회의 철야 농성으로 시작된 미국 영화 직배 반대 투쟁은 UIP 직배 상영관에 암모니아 통과 뱀 자루를 반입한 사건이 있었고, 극장 안에 최루가스를 살포하거나 불을 지르는 사건까지 있었다.[1]

영화 산업을 보호하기 위해 1년에 몇 편 이상 국산 영화를 상영하도록 한 스크린쿼터 제도 사수 투쟁의 기억도 또렷하다. 1998년 김대중 대통령이 일본의 대중문화를 개방하려고 시도했을 당시에는 일본 대중문화가 한국의 대중문화를 점령하는 것 아니냐는 우려도 거셌다. 우여곡절 끝에 모든 염려와 우려를 불식하고 한국 영상문화는 당당히 자신의 생존권을 지켜냈고, 넷플릭스 시대를 맞아 세계적인 영상 콘텐츠 허브로 주목받고 있다.

한류의 연쇄 효과▲로 드라마나 영화에 등장한 자동차, 전자 제품, 음식, 패션 산업 등이 함께 성장했다는 사실은 새롭지도 않다. 〈오징어 게임〉이 한국 영상 문화의 역사를 새롭게 썼고, 플랫폼과

▲ 전방 연쇄 효과(forward link-age effect)는 어떤 산업이 자기의 생산물을 타 산업의 투입재로 공급함으로써 그 산업의 생산 활동을 촉진하는 파급 효과를 말한다. 반면에 후방 연쇄 효과(backward link-age effect)는 타 산업의 생산물을 투입재로 사용함으로써 어떤 산업이 자기의 생산물을 만들기 위해 타 산업의 생산 활동을 촉진하는 파급 효과를 말한다(박은태, 『경제학 사전』, 경연사, 2010). 한류 드라마가 자국의 소비재를 PPL로 등장시키고, 그 후에 그 소비재의 수요가 늘어난다면, 전방 연쇄 효과와 후방 연쇄 효과가 동시에 일어났다고 볼 수 있다.

콘텐츠의 관계에 대해 함의하는 바가 크다면, 영상의 구성 요소와 그 함의를 풀어보는 것도 의미 있는 일이다.

이 글은 〈오징어 게임〉을 콘텐츠적인 측면에서 분석하는 글이다. 콘텐츠란 다양하게 정의할 수 있지만 '발신자와 수신자를 연결하는 내용'이다.[2] 넷플릭스는 자사 플랫폼을 통해서 〈오징어 게임〉으로 전 세계 2억 이상의 가입자와 연결되었다. 아니, 발신자와 수신자뿐만 아니라 수신자와 수신자끼리도 연결되었다. 그 결과 나는 〈오징어 게임〉에 대한 글을 쓰고, 독자들은 이 글을 읽고 있다. 우리를 연결하는 내용은 바로 〈오징어 게임〉이라는 콘텐츠다.

〈오징어 게임〉을 콘텐츠적인 측면에서 분석하기 위해 나는 다음과 같은 방식을 채택하려고 한다. 먼저, 쏟아져 나온 기존의 비평들을 요약해서 정리하고, 그 후에 텍스트 비평 이론에 근거해서 다양한 비평 접근법을 펼쳐 보이려고 한다. 이 같은 방법을 선택한 이유는 〈오징어 게임〉이 2021년을 대표하는 콘텐츠인 만큼, 기존의 비평 논의들을 정리할 필요가 있고, 아직 논의되지 않은 지점들 또한 정리해봄으로써 〈오징어 게임〉에 대한 콘텐츠 측면의 분석을 어느 정도 매듭지을 수 있기 때문이다. 이와 같은 글쓰기 방식은 〈오징어 게임〉 현상을 더 잘 이해하기 위한 기반을 단단히 하는 작업임과 동시에 영상을 해석하는 영상 리터러시에 관심을 가진 독자(교사와 학생들)에게도 좋은 참고 자료가 되었으면 하는 염원과 연결되어 있다.

〈오징어 게임〉은 왜 세계적인 인기를 끌었을까?

우리는 좋든 싫든 영상이 문자 텍스트보다 더 큰 영향을 미치는 시대에 살고 있다. 이는 '그림의 전환'pictorial turn▲을 넘어서 '영상적 전환'visual turn이라고 이름붙일 수 있다.[3] 이제 영상을 피해서 사는 삶이 불가능해진 시대인 것이다. 그리고 2022년 현재 한국의 지배적인 영상 플랫폼의 패권이 OTT로 넘어가고 있으며, 그 한가운데에 넷플릭스가 만든 〈오징어 게임〉이 있다.

먼저, 〈오징어 게임〉의 세계적인 인기 요인을 다룬 국내외 언론 보도를 살펴보자. 여기에는 독특한 특징이 한 가지 있다. 한국 내의 반응이 호평일색이 아니라 호불호가 갈렸다는 사실이다. 물론 이같은 미지근한 반응은 긍정 일색인 외신의 반응이 나온 뒤에는 덩달아 긍정적인 분위기로 바뀌긴 했다.

한국 내의 반응이 갈렸던 데에는 〈오징어 게임〉의 서사가 가진 시대착오적인 특성과 관련이 있는 듯하다. 일본 영화 〈신이 말하는 대로〉, 〈배틀 로얄〉과 만화 『도박묵시록 카이지』 등의 요소들을 짜깁기한 것 같다거나, 일부 캐릭터의 과장된 연기와 틀에 박힌 대사, 여성 캐릭터를 향한 시대착오적인 시선 등에 비판을 제기했다.[4]

긍정적으로 평가하는 이들은 국내에서 좀처럼 시도하지 않았던

▲ 그림의 전환, 영상의 전환에서 전환(turn)은 시대를 특징지을 만한 중요한 변곡점이나 변화의 계기를 가리키는 말이다. '그림에로의 전환', '영상에로의 전환' 등으로 풀어쓰면 의미가 더 와닿는다.

'데스 게임' 장르를 한국적인 정서로 변주한 점, 목숨을 건 승부의 긴장감과 어린 시절 놀이 사이의 대조 효과가 돋보인 점, 절절한 사연을 지닌 인물들의 풍부한 사연이 공감을 주었다고 주장한다.

한국은 엄청난 드라마 대국이다. 방송사의 미니시리즈만 해도 2018년 90편, 2019년 90편, 2020년 81편 등 평균 100여 편이 만들어지는 나라다.[5] 아침저녁으로 방송하는 일일 드라마까지 포함하면 어떤 드라마가 방송했다 사라졌는지 모르는 경우도 허다하다. 거의 모든 방송사와 드라마 PP Program Provider(프로그램 공급자)들이 드라마를 찍어내듯 생산하고 있고, 한국인들은 이 드라마들을 시청하고 세세히 비평하는 까다로운 감식안을 가졌다.

어쩌면 훈련되어왔다는 표현이 정확할 것이다. 한국 드라마가 성장하는 과정에서 시청자의 역할을 빼놓고는 설명할 수 없다. 배우들의 '발연기'는 시청자들에게 곧바로 지적받고, 산만한 연출은 즉시 외면 받는다. 개연성이 떨어지는 드라마는 '막장'이라는 꼬리표가 붙는다. 시청자들의 이 같은 평가는 톱스타, 거물급 배우와 감독, 작가라고 해도 비켜갈 수 없다.[6] 대중의 비평적인 시각으로 잘된 드라마와 그렇지 않은 드라마가 운명을 달리해온 역사가 결코 짧지 않다. 한국 드라마 시장의 성장은 시청자가 견인해온 측면이 강하다는 것을 재확인하고 시작하기로 한다.

그럼, 해외 언론은 〈오징어 게임〉을 어떻게 보도했을까? 내용은 크게 두 가지로 나뉜다. 가장 대표적인 것이 현실 반영에서 오는 공감론. 〈오징어 게임〉이 세계적으로 공통된 현상인 부의 양극화와 생존 위기에 내몰린 약자의 냉혹한 현실을 반영했고, 이것이 전 세계인의 공감을 불러일으켰다는 것이다. 자신의 목숨을 담보로 일확천금할 실마리 같은 가능성에 몸을 싣는 참가자의 모습이 부동산을 '영끌' 해서 사거나 코인이나 주식 투자에 실패해서 생존도 불투명해지거나 돈이 생기는 대로 로또를 구입하는 사람들의 모습과 겹친다.

2021년 10월 6일 『뉴욕 타임스』는 "〈오징어 게임〉은 한국의 뿌리 깊은 불평등과 기회의 상실에 대한 절망감을 활용해 전 세계 시청자를 사로잡은 최신 한국 문화 수출품이다. 성공하기 힘들어졌다는 내용은 미국 등 다른 나라 국민에게도 친숙한 이야기이고, 경제적으로 부유한 국가도 최근 빈부 격차가 커지고 집값이 감당할 수 없이 오르고 있기에 이러한 감정을 건드리면서 전 세계 관객을 확보한 것"이라고 분석했다. 이는 결코 한 국가에만 한정되지 않는다.[7]

『뉴욕 타임스』는 또 11월 3일에 "한국 사회가 전쟁과 독재 및 급격한 경제 성장을 겪으면서 한국의 제작자들은 사람들이 무엇을 보고 듣고 싶어 하는지에 대한 예리한 안목을 갖게 되었다. 그것은 종종 사회 변화와 관련이 있으며, 대부분 한국에서 크게 히트를 친 영화들은 일반인들의 마음에 다가가는 소재, 즉 소득 불평등과 그것이 야기한 절망과 계급 간의 갈등을 다룬다"고 보도했는데, 역시 한국 드라마의 리얼리즘적 특성을 통찰한 듯하다.[8]

하지만 다소 명료하지 않은 점을 지적한 보도는 공감을 얻기 어려웠다. BBC는 〈오징어 게임〉의 인기 요인으로, 게임이 쉬워 전 세계 시청자들이 캐릭터에 집중할 수 있게 했으며, 달고나 캔디 등이 어린 시절의 향수를 불러일으켰고, 바깥세상에서 차별과 불공정한 대우를 받던 참가자들이 공정한 게임에서 승리할 마지막 기회를 갖게 된 것이라고 분석했다. BBC는 전문가의 말을 인용해서 "게임은 위험하기는 해도 공정한 경쟁에 바탕을 둔 대안 세계를 보여준다"고 설명했다.[9]

하지만 "게임에서 모든 참가자는 평등하다. 차별과 불평등한 대우를 받던 그들에게 공정한 경쟁에서 승리할 마지막 기회를 제공한다"는 게임 전문가의 발언을 인용한 것은 오해의 우려가 있다. 게임 규칙에서 쉽게 확인하듯 줄다리기, 오징어 게임 등 힘을 필요로 하는 게임에서 여성과 노인은 기본적으로 불리한 위치에 놓일 수밖에 없고, 규칙의 불공정성은 등장인물들의 대화에서도 빈번히 언급된다.

2021년 10월 11일 프랑스 공영 라디오 방송인 라디오 프랑스의 프로그램 〈프랑스 퀼튀르France culture〉는 〈오징어 게임〉의 본질을 '죽음의 자본주의에 대한 은유'로 해석했다. "〈오징어 게임〉에서 참가자들을 죽음으로 이끄는 게임은 말이 안 되는 게임이다. 승자의 능력은 특별하지도 않고 필수적이지도 않다. 이것은 인간과 자연의 포식자로서의 자본주의, 즉 '죽음의 자본주의'에 대한 은유이다. 한국은 경쟁을 극한까지 키운 나라이다. 이러한 자본주의 세계에서는 VIP들이 저 위에서 만들어낸, 손에 닿지 않는 규칙에 의해 진행되는 무의미한 경쟁이 있다. 이러한 어린이 놀이와 같은 단순성이 한국 사회의 현실에 대응하는 것이다"라고 비평했다.[10]

글로벌화가 진척된 현재 '죽음의 자본주의'는 한국만의 현상이 아니라 전 세계를 휘감고 있는 또 하나의 팬데믹일지도 모른다. 지구상에 사는 어느 누구도 예외는 없다.

해외 언론 보도의 두 번째 특징은 K-콘텐츠의 한국적 특성에 대한 반응이다. 익히 알려졌듯이, 〈오징어 게임〉과 소재 면에서 유사한 영화나 드라마는 적지 않았다. 미이케 타카시 감독이 연출한 〈신이 말하는 대로〉의 첫머리에 '달마상이 넘어졌다'는 게임 장면이 등장한다. 교탁 위의 달마 인형이 돌아서서 '달마상이 넘어졌다'고 외친 뒤에 움직인 학생들에게 구슬을 쏘아 죽게 한다. 넷플릭스에서 볼 수 있는 웹드라마 〈아리스 인 보더랜드〉 역시 세 명의 친구가 갑작스레 인적이 사라진 도쿄에서 생존을 위한 게임에 휘말린다.

〈오징어 게임〉이 표절이냐 아니냐는 논란이 나온 것은 어쩌면 당연하다. 〈오징어 게임〉은 아이디어와 소재는 유사하더라도 표현이 다르면 표절에 해당하지 않는다는 근거를 들어 표절 논란에서 비스듬하게 비켜났다. 여기에서는 표현이 얼마나 같고 다르냐를 따지기보다 왜 〈오징어 게임〉이 세계적인 인기를 얻었는지에 집중해보자. 〈오징어 게임〉이 넷플릭스에 공개된 것은 2021년. 〈오징어 게임〉은 그동안 한국의 대중문화가 쌓아올린 토양에서 얻은 결과로 볼 수 있다. 데스 게임이라는 장르와 소재의 유사성에도 〈오징어 게임〉이 세계적인 인기를 얻은 것은 한류라는 세계적인 트렌드의 영향력 때문이라는 것이다.

가깝게는 영화 〈기생충〉이 칸 영화제와 아카데미상을 수상해 세계에서 인정을 받았다. 그보다 더 앞서 〈사랑이 뭐길래〉, 〈겨울연가〉, 〈대장금〉, 〈별에서 온 그대〉, 〈사랑의 불시착〉 등 수많은 드라마가 한국적 취향에 대한 외국인들의 문화적인 장벽을 낮췄다. 여기에서 한국적 취향이 무엇이냐는 질문이 제기된다. 〈사랑이 뭐길래〉가 중국에서 인기를 얻은 것은 가부장제의 친근함이다. 〈겨울연가〉의 인기 비결은 순수한 사랑에 대한 묘사였다. 〈사랑의 불시착〉은 분단국가의 환경에서도 피어난 순애보적 사랑 등으로 설명할 수 있겠다.

〈오징어 게임〉은 'K스러움'의 혼합물

이 한국적 특성은 정작 한국에 사는 사람들에게는 지긋지긋한 무엇일 수 있다. 가부장제는 개인을 숨 막히게 하는 전근대적인 가족 이데올로기이고, 순애보적인 사랑은 과도한 판타지로 보이며, 분단 환경은 한국 역사의 질곡과도 같은 정치적인 환경이다. 이 이상하고 기이한 한국적 특성을 세계인들이 호기심을 가지고 흥미롭게 소비한다는 것이 한국인들에게는 아직도 의아한 부분이 있다.

소설가 김혼비와 박태하 부부는 『전국축제자랑』이라는 책에서 'K스러움'이라는 용어를 사용했다.[11] 저자들이 말한 K스러움을 '무언가 이상하고 기이한데 진심이 담긴 한국적인 혼종'이라고 다시 정의해본다면, 〈오징어 게임〉이야말로 K스러움의 혼합물이라고 할 수 있다. 일본의 영향을 받은 여러 가지 놀이들과 달고나 등은 한국적이라는 색깔을 입히고, 456억 원을 위해 모인 사람들이 끔찍함에 게임을 포기하자고 했다가도, 다시 죽음의 게임에 참여하는 모습은 한국인의 돈 사랑 혹은 돈을 사랑하지 않으면 생존이 허락되지 않는 삶의 불안정성을 보여준다.

심리학자 황상민은, 미국인과 유럽인도 삶의 질을 향상시킬 결정적 요소가 돈이라고 생각하지만 어느 정도 여유가 생기면 돈에 매달리지 않는데, 한국인은 돈이 있는 사람이나 없는 사람이나 돈이 많으면 더 행복하고 더 잘 살게 될 거라고 믿는다며, 불안이 한국인에게 돈에 절대적인 권력을 부여했다고 분석했다.[12]

곳곳에 나타난 여혐 논란을 불러일으킬 만한 여성에 대한 묘사나 중년 남성을 향한 연민에 가득한 서사들 역시 이상하고 기이한 한국적인 모습이다. 드라마가 묘사하는 세계는 부조리한 K스러움의 혼합물이고, 세계가 이런 K스러움에 반응하는 것도 썩 유쾌하지만은 않다.

2021년 11월 3일 『뉴욕 타임스』는 임명묵 작가의 말을 인용해서 한국 콘텐츠의 특성을 분석했다. "한국 콘텐츠의 한 가지 두드러진 특징은 전투력combativeness이고, 이것이 신분 상승을 향한 사람들의 좌절된 욕구와 그들의 분노, 대중의 집단행동에 대한 욕망을 전달하는 채널 역할을 한다. 현재 많은 사람이 집안에 틀어박혀 팬데믹으로 야기된 엄청난 분노를 조절해야 하는 상황에서 전 세계 관객들은 예전보다도 그러한 주제를 더 잘 받아들일 수 있게 되었다"는 것이다.[13]

한국의 콘텐츠가 전쟁 무기도 아닌데 전투력을 장착하고 있다면, 그 원인은 무엇일까? 임명묵은 SNS 시대에 경제적 자본과 매력자본을 둘러싼 인정 경쟁이 격화됨에 따라 1990년대생의 불행감이 커졌고, 이 부정적 에너지를 콘텐츠로 풀어냈다고 설명했다.[14]

SNS 보급이 한국만의 일은 아닌데, 왜 유난히 한국 사회에 부정적인 에너지가 커졌는지 의문은 남는다. 다만, 세대를 확대해보면 부동산이 폭등하고 저성장 시대로 돌입한 것 등이 거대한 허기와 결핍에 대한 공포를 불러일으켰고, 이를 콘텐츠 소비로 해소하려는 욕구가 처음 생겨났다고 볼 수 있다. K스러움 역시 한국의 현실을 반영한 것인데, K스러움을 오묘하게 직조해낸 한국 콘텐츠 장인들의 솜씨에 박수를 보내지 않을 수 없다.

그럼 〈오징어 게임〉을 대상으로 한 다양한 텍스트 분석의 가능성을 살펴보자. 여러 접근법에 따라 텍스트를 해부해본다면, 〈오징어 게임〉이 가진 콘텐츠로서의 특성과 한계가 잘 드러날 것이다. 비평을 위한 다양한 기준이 있지만, 사회 규범 비평, 페미니즘 비평, 신화·이데올로기 비평, 기호학적 분석, 스타 분석 등을 시도하고자 한다.

사회 규범 비평: 왜 한국의 학부모 단체는 잠잠할까?

사회 규범 비평은 사회를 하나의 유기체로 본다. 사회 각각의 구성 요소는 규범을 가지고 있고, 규범에 어긋나지 않도록 자기 몫을 다해야 하며, 그렇게 할 때 영상이 사회를 위해 기여할 수 있다는 접근법이다. 사회 규범 비평은 구조기능주의를 이론적 기반으로 하는데, 이는 사회 변동에 따른 여러 문제를 치유하고 통합하고 사회를 유지하는 데에 초점을 맞췄다.

사회 규범 비평에서는 방송이나 영상이 가진 사회화 기능에 큰 관심을 둔다. 즉, 영상이 만들어지면 수용자는 별다른 저항 없이 받아들여 모방하거나 그에 준하는 태도나 행동을 보인다고 믿는 것이다.[15] 〈오징어 게임〉이 공개된 뒤 수많은 교육 관련 기관과 학교들에서 청소년에 미치는 영향에 염려를 표한 것은 사회 규범 비평의 하나라고 볼 수 있다.

가장 대표적인 것이 미국 학부모 텔레비전 위원회parents television and media council의 프로그램 디렉터인 멜리사 헨슨Melissa Henson의 주장이다. 그녀는 〈오징어 게임〉이 믿을 수 없이 폭력적이라며, '비디오 엔젤'의 조사를 인용해 1화에만 등을 맞아 죽거나, 가슴 머리에 총을 맞고 피를 쏟거나, 피를 뿜거나, 시신 위에 쓰러지는 살인 장면이 스물다섯 번이나 보인다고 말했다.

멜리사는 〈오징어 게임〉이 미국에서 17세 미만의 어린이나 청소년에게 부적절한 프로그램인 TV-MA(성인 전용 등급)을 받았으나, 앱을 열면 알고리즘과 관련 없이 누구에게나 제시되는 공격적인 마케팅을 넷플릭스가 하고 있다고 주장했다. 더 위험한 것은 소셜 미디어 플랫폼에서 어린이에게 노출되는 점이라고 밝혔다. 그녀는 NBC 뉴스의 보도를 인용해 틱톡에서 "해시태그 〈오징어 게임〉은 228억 회나 보였다"고 말하며, "부모들은 넷플릭스에서 자녀 보호 기능을 제대로 사용하고 있는지 확인해야 한다"고 강조했다.[16]

2021년 10월 18일 영국의 『데일리 메일』은 샌드라 휘틀리 Sandra Wheatley 박사의 발언을 인용해, 아이들이 〈오징어 게임〉을 본다면 사회적 감정적 성장에 큰 영향을 줄 수 있다며, 친구들이 폭력을 당할 때 돕기보다 방관하도록 만들 것이라고 말했다.[17]

『워싱턴 타임스』는 2021년 11월 11일 기사에서 전문가의 말을 인용해 〈오징어 게임〉의 폭력적인 영상이 '대뇌 변연계 영역'을 자극해 아드레날린을 분비시키고, 공격적인 성향과 행동, 불안을 증가시킨다고 말하며, LA 학부모 단체가 넷플릭스를 방문해서 인기 콘텐츠를 아이들에게 마케팅하지 말라고 요구했다고 보도했다.[18]

영국의 『타임스』 2021년 10월 9일 기사에 따르면, 런던 북동부의 존 브램스턴 초등학교는 학생들이 〈오징어 게임〉을 모방해 운동장에서 총을 쏘는 행위를 해서 우려된다는 내용의 서한을 학부모들에게 보냈다. 학교 측은 학생들이 이 같은 행동을 따라 할 경우 부모를 호출하겠다며, 학부모가 학생들의 텔레비전 시청을 엄격히 감시해야 한다고 말했다.[19]

〈오징어 게임〉에는 최소한 440여 명이 죽고, 죽은 시체의 몸에서 장기를 빼내고, 돈을 차지하기 위해 오랫동안 알고 지내던 후배를 죽이고, 옆 사람이 죽어 나가는 것을 방조하는 모습으로 가득하다. 세계적으로 학부모 단체와 교육 당국에서 〈오징어 게임〉의 폭력성 때문에 위험을 호소했는데, 유독 한국에서만은 잠잠했다. 물론 일부 교육청에서 〈오징어 게임〉의 위험성을 경고했다.

부산시 교육청은 한 초등학교에서 학생들이 점심시간에 〈오징어 게임〉을 보여달라고 담임선생님에게 건의했다가 학급 전체가 찬반 토론을 벌여 만장일치로 영화를 보지 않기로 한 일도 있었고, '무궁화 꽃이 피었습니다' 게임에서 탈락한 친구를 때리거나 '딱지치기'에서 지면 뺨을 때리는 행위가 있었다고 보고했다. 또한 "최근 유행하는 드라마 속 놀이를 모방해 놀이가 폭력으로 변질하는 사례가 발생하고 있다"며 "나이 제한 등급 기준에 맞지 않는 미디어 시청을 하지 않도록 지도해달라"는 내용의 공문을 보냈다.[20]

하지만 외국 사례와 비교해보면, 한국의 학부모 단체와 정부 당국의 잠잠한 태도는 이해하기 쉽지 않다. 한국의 콘텐츠가 세계적으로 인기를 얻은 사실이 그저 가슴 벅찬 '국뽕'으로 도배되어 부작용에는 눈을 감은 것일까? 저마다 치열한 경쟁에서 내 자식만 잘되기를 바라는 마음으로 승자와 동일시하는 마음가짐 때문일까?

사회 규범 비평은 너무 원칙적인 규범성을 엄격하게 적용하기에 제작자들에게 진부한 소리로 들리기 쉬운 것이 사실이다. 비평 전문가들 사이에서도 사회 규범 비평은 일차원적인 비평이라는 인식도 있다. 하지만 영상이 가진 힘과 파급 효과를 고려한다면, 사회 규범 비평은 여전히 유효하고 또 필요하다.

넷플릭스는 방송사도 아니고, 구독한 사람의 선택에 따른 '구독형 영상 다시 보기SVOD'▲ 플랫폼이기 때문에 영상 시청의 선택은 온전히 구독자에게 달려 있다고 말하고 싶을 것이다. 하지만 앞서 살펴본 것처럼 넷플릭스가 알고리즘을 조정해 모든 구독자에게 특정 콘텐츠를 노출했다는 의혹이 사실이라면, 이것이 구독자의 선택의 문제일 뿐일까? 누구나 접근하는 유튜브 등의 플랫폼에서 성인 전용 콘텐츠를 쏟아내서 청소년에게 노출된다면, 이것을 청소년의 책임이라고 할 수 있을까?

"평등이야. 이 게임 안에서는 모두가 평등해. 참가자들 모두가 같은 조건에서 공평하게 경쟁하지. 바깥세상에서 불평등과 차별에 시달려온 사람들에게 평등하게 싸워서 이길 수 있는 마지막 기회를 주는 거야." 드라마 속 프론트맨의 대사는 넷플릭스가 문제를 제기하는 사람들에게 던지는 변명 같기도 하다. '자유야. 넷플릭스 안에서는 모두가 자유로워. 구독료만 지불하면 구독자 모두가 자유로운 조건에서 자기 책임 아래 마음껏 영상을 시청하지.'

하지만 넷플릭스는 〈오징어 게임〉에서 프론트맨이 '선택은 자유고 당신의 책임이라고' 말한 것처럼 떠넘기는 대신, 콘텐츠가 미칠 영향에 대해 책임 있는 조치를 취해야 하지 않을까? 미국에서는 만들기 어려운 폭력적이고 충격적인 콘텐츠를 한국이라는 생산 기지에 맡겨놓은 채 자신들의 책임을 희석시킨다는 비판이 힘을 얻는 것도 규범 비평의 확장된 효능이라 하겠다.

▲ 영상 다시 보기(Video on demand) 서비스는 크게 광고형 다시 보기(Advertisement VOD)와 구독형 다시 보기(Subscription VOD)로 나뉜다.

페미니즘 비평: 서사의 풍요로움 vs 빈약함

사회 규범 비평과 연결되어 있지만, 젠더적인 측면에 초점을 맞춘 비평이 페미니즘 비평이다. 페미니즘 비평은 영상이 남성 중심주의의 생산과 재생산 과정에서 어떤 역할을 하는지, 그 고리를 끊을 방안은 무엇인지를 논의한다. 페미니즘 비평은 크게 세 가지로 나뉜다. 영상에 묘사된 여성의 이미지에 대한 비평과 여성이 어떻게 의미화되는지 형식에 대한 고찰, 여성의 영상 수용 과정에 관한 접근이 그것이다.[21] 이 글에서는 영상에 묘사된 여성의 이미지를 비평하는 것에 초점을 맞추고자 한다.

〈오징어 게임〉의 교육적인 위협에는 침묵에 가까우리만치 조용했던 한국 사회가 여성의 이미지 재현에는 다양한 목소리를 냈다. 태유나는 여성 캐릭터를 지나치게 대상화하는 묘사에 이의를 제기한다. 권력에 빌붙기 위해 몸을 성적으로 활용하는 한미녀의 캐릭터, 장기 밀매를 목적으로 여성의 신체를 훼손하는 장면과 함께 "그년 배 가르기 전에 우리가 돌아가면서 그 짓까지 했는데 설마 남자한테 그랬겠어?"라며 집단 강간을 연상케 하는 대사, VIP 연회장에서 나체에 호피 무늬로 보디 페인팅을 한 여성들을 장식품처럼 배치한 것 등에서 여성 혐오의 냄새가 난다고 지적했다.[22] 태유나의 유튜브 영상에는 수많은 반대 의견이 도배되다시피 했다.

위근우는 〈오징어 게임〉이 중년 남성에 대한 연민으로 가득 찬 서사 구조를 가졌으며, 그 결과 여성 캐릭터는 평면적으로 그리거

120

나 수단으로만 그렸다고 주장했다. "공기놀이나 고무줄놀이처럼 중년 여성에게 좀 더 익숙할 게임은 참가자들의 대화에서만 언급될 뿐 여성 캐릭터에게 과거에의 추억은 별다른 어드밴티지로 작동하지 않는다. 주요 여성 캐릭터 삼인방 중 중년인 미녀는 섹스를 재화 삼아 깡패 장덕수(허성태)와 거래하고, 나머지 둘인 새벽과 지영(이유미)은 옛날 게임에 익숙하지 않은 청년으로 설정해 서사 안에서 도구적으로 활용한 건 우연처럼 보이지 않는다. 작품에서 갑자기 튀어나온 뒤 게임 중 뜬금없이 불우한 과거사를 고백하다 자신을 한 팀으로 맺어줘 고맙다며 새벽을 위해 죽어주는 지영 캐릭터의 납작한 프로필은 해당 에피소드의 비극미를 위해 대충 끼워 넣은 서사적 톱니바퀴 수준이다."[23]

그렇다면 한미녀 같은 캐릭터가 현실성이 부족한 것도 아니고, 실제 그런 사람이 있는 것도 사실인데 드라마가 현실을 반영하는 것이 어떤 문제가 있느냐는 반론이 제기될 수 있다. 실제 황동혁 감독은 "한미녀의 그 장면은 극한 상황에 놓인 인물들이 무슨 짓이든 할 수 있는 걸 보여주려 한 것으로, 여성 비하·혐오 의도는 없었다"고 해명했다. 또 "보디 페인팅 장면도 VIP들이 사람을 어디까지 경시하고 도구화하는지를 보여주기 위한 설정"이라고 설명했다.[24]

하지만 감독의 해명과는 달리, 남성 캐릭터에는 서사적 설명을 자세히 해주고, 여성 캐릭터에는 상대적으로 설명이 빈약했다는 비판이 제기됐다. 나영 셰어SHARE 대표는 "핵심 주제가 '오일남'과 '성기훈'을 비롯한 남성 인물들을 주축으로 전개되기에, 여성 인물들은 작품의 전체적인 이야기와 극적 설정을 보조하는 역할로서 배치되어 있다"며, "현실 자본주의에 대한 비판 과정에서 여성의 현실에 대한 구조적 분석은 소홀하게 다뤄지는 문제점과 연결되어 있으며, 남성들은 누군가의 중요한 아들이고, 노동자이고, 세계를 망가뜨리는 자이자 세계를 구원하는 자이기도 하지만 여성들이 어떤 착취 구조 속에 있으며 여성들에게 다층의 억압을 부여하는 이 세계의 모순이 무엇인지에 대해서는 오랫동안 제대로 분석되지 않았다"고 주장했다.[25]

이러한 주장은 페미니즘 비평의 논의가 단지 여성이 어떤 역할로 등장했는가를 논의하기보다 어떠한 방식으로 묘사되고 설명하는가에도 초점을 맞춰야 한다는 점을 환기시킨다. 한 캐릭터를 얼마나 비중 있게 설명하고 있는지, 설명에 담긴 감정은 어떠한지도 꼼꼼하게 판별하는 것이 필요함을 보여준다.

지금도 명료하게 기억에 생생한 것이 텔레비전 뉴스에서 대통령 선거를 앞둔 판세 분석 보도에서 여당 후보와 야당 후보를 차별적으로 방송한 것이다. 보도 시간에 차이를 두었으며, 그뿐 아니라 카메라 앵글과 샷에서도 미묘한 차이를 감추듯이 드러냈다. 실제로 14대 대통령 선거에서 김영삼 후보는 김대중, 정주영 후보에 비해 각각 22초, 31초나 더 긴 시간 방송되었고, 확신에 찬 모습과 친근한 모습을 더 많이 연출해냈다. 연설 시 관중의 모습도 김영삼 후보는 화면을 꽉 채운 것을 보여준 데 비해 다른 후보들은 비어 있는 관중석을 자주 보여주었다.[26]

선거 결과가 어떠했는지는 말할 필요도 없다. 결국 누가 더 긴 시간 동안, 더 긍정적인 이미지로 표상되느냐는 것은 권력의 문제이며, 오리엔탈리즘Orientalism의 문제의식과 연결된다. 서양이 동양을 바라보는 시선을 뜻하는 오리엔탈리즘은 권력 있는 자가 권력 약한 자를 바라보는 시선으로도 확장될 수 있다.

에드워드 사이드Edward W. Said의 책 서론에 등장하는 "그들은 스스로 자신을 대변할 수 없고, 다른 누군가에 의해 대변되어야 한다"는 카를 마르크스Karl Marx의 말은 'represent(대표, 대변)'라는 주체성과 재현의 관계를 극명하게 드러낸다.[27] 결국 재현할 수 있느냐, 재현되고 마느냐의 차이도 중요하지만, 재현되는 동일한 입장이라 하더라도 서사가 풍부한 사람이 중심이고, 서사가 빈약한 쪽은 주변부일 수밖에 없다.

페미니즘 논의나 오리엔탈리즘 논의는 젠더나 지역의 문제로만 한정될 수 없다. 외국인 노동자나 탈북자 등 주변적인 존재로 인식되는 구성원들에 대한 재현의 문제로까지 확장되어야 페미니즘 비평의 논리도 더욱 풍성해질 것이기 때문이다.

신화 이데올로기 비평: 공정하다는 믿음, 과거는 좋았다는 믿음

구조주의 기호학자 롤랑 바르트Roland Barthes는 페르디낭 드 소쉬르

Ferdinand de Saussure의 기호, 기표, 기의의 논의를 확장해 기호가 또다른 기표가 되고 새로운 의미를 다시 갖는 과정에서 신화가 생겨난다고 주장했다. 2차적 의미화 과정이다. 신화는 특정 상황이나 사물에 대한 사회 내 지배적인 믿음을 의미하고, 일종의 개념의 다발이기도 하다.[28] 결국 신화는 의미의 의미, 메타 의미인 셈이다.

그렇다면, 〈오징어 게임〉에는 어떤 신화와 이데올로기가 담겨 있을까? 가장 두드러지는 것이 공정 신화다.

"이 게임에서는 모두가 평등해. 참가자들 모두가 같은 조건에서 공평하게 경쟁하지. 바깥세상에서 불평등과 차별에 시달려온 사람들에게 평등하게 싸워서 이길 수 있는 마지막 기회를 주는 거야."

일꾼들의 리더인 프론트맨이 경기 규칙을 어긴 이들에게 한 말이 드라마의 전체 주제를 관통하는 것처럼 보인다. 언뜻 보면 참가자들이 일정한 규칙에 따라 경기를 벌이고, 온전히 자기의 능력과 운에 따라 천문학적인 거금을 쥔다는 점에서 평등하게 보이기도 한다. 하지만 이런 게임의 규칙을 프론트맨과 황금 가면을 쓴 VIP에게는 적용하지 않는다. 목숨을 걸고 게임에 참여하는 약자들과 이를 지켜보는 강자들 사이에는 애초부터 서로 다른 규칙이 존재하는 불평등한 구조인 것이다.

달고나 게임에서 한미녀가 몰래 반입한 라이터로 바늘을 가열해서 별 모양을 도려내거나, 의사가 장기 적출에 협조한 대가로 다음 게임의 정보를 제공받기도 하며, 숙련된 유리공이 강화 유리를 알아채자 진행 요원이 갑자기 불을 꺼서 참가자들을 죽음에 빠트리는 것 등은 단순한 공정의 잣대를 댈 것도 없이 불공정하다. 그럼에도 공정하다는 믿음은 계속 주어진다. "그런 가면은 왜 쓰고 있는 거죠?"라는 질문에 "진행 요원들은 얼굴을 공개하지 않는 것을 원칙으로 하고 있습니다. 공정한 진행과 비밀을 유지하기 위한 조처입니다"라고 답변한다.

게임 운영진은 참가들에게 "지금 다시 선택의 기회를 드리겠습니다. 돌아가서 남은 인생을 빚쟁이에게 쫓기며 쓰레기처럼 사시겠습니까? 아니면 저희가 드리는 마지막 기회를 잡으시겠습니까?"라고 말하면서 커다란 저금통에 현찰이 쌓여 있는 모습을 보여준다. 일견 자유로운 선택의 기회를 준 것으로 보인다. 하지만 개인 정보를 확보하고 비밀리에 접근해 게임에 유인한 것이나, '쓰레기처럼'이라는 주관적 표현과 대조되는 '기회'라는 이항 대립binary opposition▲에도 의미가 들어가 있다. 평등하다고 한 게임 속 세상 역시 참가자-일꾼(동그라미, 세모, 네모)-프론트맨-호스트-VIP로 이어지는 계급 구조가 명료하며, 맨 끝에는 돈을 중심으로 돌아가는 자본주의 혹은 신자유주의 사회 체계가 자리하고 있다.

앞에서 살펴본 것처럼 위근우는 〈오징어 게임〉이 한국 중년 남성에 대한 연민의 정서로 가득 찼다고 분석했다. 구슬치기 게임이

▲ 이항 대립은 의미적으로 대립하는 관련된 용어나 개념의 쌍을 말한다. 페르디낭 드 소쉬르가 고안했고, 클로드 레비스토로스가 자주 사용했다. 이항 대립은 언어 또는 사유에서 두 개의 대립을 엄격하게 정의하고, 하나에 다른 하나를 대립하게 해 사물의 본질적인 구조를 찾아내는 방법이다.

진행된 옛 골목은 일남이 살던 골목을 재현해놓은 것이고, 일남이 설계한 작품 속 게임은 종종 단순함보다 중년의 추억에 방점이 찍힌다는 것이다.[29] 더불어 등장인물들이 자주 언급하는 "집에 가고 싶다"는 말은 사회적 관계가 무너진 현재의 집이 아니라, 훼손되지 않은 과거의 공간이기도 하다. 상우는 집에 돌아가지 못하고 여관을 전전하며 어머니의 모습을 멀리서 보고 돌아선다. 기훈 역시 사랑하는 딸을 마음대로 볼 수 없고, 아내를 찾아가 돈을 빌리려다 만난 딸을 보고는 울컥하지만 집에서 쫓겨난다. '돈을 굴리는' 일을 하는 일남 역시 현재의 삶이 아무런 의미도 재미도 없어서 가족들과 함께 오순도순 살았던 옛날 집을 상상하며 게임의 세트로 복원해냈다.

이런 분석을 종합하면, 남성들의 향수라는 신화는 훼손되지 않은 집에 대한 애착이라고 지칭할 수 있겠다. 옛날의 집은 가장과 아들들이 마음껏 활개 치는 공간이었고, 〈오징어 게임〉과 달고나 게임 등 어릴 적 놀이와 함께 흑백 영상화된 노스텔지어의 공간이다.

기호학적 비평: 왜 지독하게 폭력적인 영상이 판타지로 느껴질까?

기호학이란, 사람들이 사용하는 기호를 지배하는 법칙과 기호 사이의 관계를 규명하고, 기호를 통해 의미를 생산하고 해석하며 공유하는 행위와 그 정신적인 과정을 연구하는 학문이다. 인간들은 문자를 포함한 상징symbol과 도상icon, 지표index로 자기의 생각을 표현하고, 다른 사람의 생각을 읽으며, 서로 의사를 소통한다. 여기서 자기 생각을 표현하거나 다른 사람의 생각을 읽어내는 행위를 의미 작용signification이라 하고, 의미 작용과 기호를 통해 서로 메시지를 주고받는 행위를 커뮤니케이션이라 하며, 이 둘을 합해 기호 작용 semiosis이라 한다. 기호학은 엄밀하게 말하면 이 기호 작용에 관한 학문이다.[30]

〈오징어 게임〉에는 다양한 시각적 자극과 사운드적 자극이 펼쳐져 있다. 참가자들의 초록색 트레이닝복과 일꾼들의 진분홍색 복장의 대조, 프론트맨의 어두운 코트와 마스크, 그리고 파스텔 톤의 계단들이 두드러진다. 계단은 솜사탕 색깔을 연상케 하는 거대한 플라스틱 성을 닮았고, 죽은 참가자들은 거대한 핑크빛 리본을 단 검정색 관에 실려 옮겨진다. 원형 경기장을 떠올리게 하는 침대 배치와 영화 〈트루먼 쇼〉에서 본 듯한 게임장의 인공 스튜디오도 독특하다.

『뉴욕 타임스』는 초록색 트레이닝복의 의미에 대해 "새마을 운동을 연상하게 하지만 현재는 낙오자 이미지라며, '번호가 매겨진 초록색 의상'은 흔히 볼 수 있는 놈코어normcore▲ 의상으로 한국 사

▲ 놈코어는 영어의 평범하다(normal)는 단어와 강렬하다(hardcore)라는 단어의 합성어로, 트렌디한 패션에 대한 반발로 일부러 메이커 이름이 붙지 않은 소박하고 평범한 의상을 고르는 패션을 뜻함.

회의 계층, 정치, 역사에 대한 논평을 담고 있다"고 보도했다. 이 기사에서 신주영 인디애나대학교 교수는 "초록색 운동복은 한국 현대사에서 사회적 지위의 상징이 됐고, 이 옷을 보고 '백수'란 개념이 가장 먼저 떠올랐다"고 말했다. 이어 "한국 드라마에선 트레이닝을 입고 있는 인물은 실패자로 낙인찍히거나 부모로부터 경제적 독립을 못 했거나, 사회 주류로부터 소외당한 사람들로 바로 이해되고, 트레이닝복은 게으름뱅이와 기생하는 삶을 시각적으로 상징한다"고 설명했다.[31]

초록색과 짙은 핑크색 옷은 강렬한 대조를 보이며, 이것이 사회적 지위에 따라 다르게 구분된다는 것이다. 프론트맨의 총기류에서 볼 수 있는 메탈 느낌의 회색 코트와 바지 그리고 〈스타워즈〉에 나오는 다스베이더처럼 보이는 마스크는 경제적 양극화라는 드라마의 주제와 연결된다는 것이다. 〈오징어 게임〉 미술감독 채경선은 새마을 운동 복장에서 초록색 트레이닝복을 떠올렸다고 말했고, 황동혁 감독 역시 자신이 1970년대 입었던 학교 운동복에서 따온 것이라고 밝혔다.

이런 시각적인 전략은 〈오징어 게임〉이 끔찍하고 폭력적인 표현이 많음에도, 한국에서 그다지 비난을 많이 받지 않은 이유에 대한 한 가지 설명이 될 듯하다. 현실이 아닐 것 같은 어떤 장소에서, 파스텔 톤의 세트와 일상복이 아닌 동일한 유니폼을 입고, 숫자로 대표되는 참가자들을 대상으로 한 살육은 어딘지 모르게 비현실적인 느낌을 주기 때문이다.

이 같은 시각적 탈맥락화는 등장인물들의 사회 현실을 반영했다는 서사의 맥락과 대조된다. 외국의 데스 게임 영상들에서는 등장인물이 맞닥뜨리는 생존 게임이 느닷없이 제시되는 데 비해, 〈오징어 게임〉은 사회 양극화가 가져온 경제적 위기라는 맥락이 넉넉하게 추가되어 있다. 대신 드라마의 시각적 장치들, 특히 거대한 침대 세트와 영화 〈트루먼 쇼〉를 연상케 하는 다양한 게임의 세트는 시청자에게 거리감을 느끼게 한다. 컴퓨터그래픽CG으로 만들 수도 있을 것 같은 복잡하고 거대한 무대가 실제로 만들어짐으로써 도리어 비현실성을 띠게 되는 현상을 어떻게 설명할 수 있을까? '키치Kitsch'라는 개념으로 설명해보자.

키치는 본래의 기능을 거부하는 특성, 충동이나 수집의 특성, 값이 싸야 하며 축적의 요소를 가지는 특성, 낭만적 요소를 포함하며 상투성과 쾌적함의 요소를 가지는 특성, 여러 요소를 조금씩 가지고 있는 중층성의 특성 등을 가진다.[32] 솜사탕 색깔의 계단은 마우리츠 코르넬리스 에셔Maurits Cornelis Escher의 〈상대성〉(1953)이라는 석판화를 모방한 것으로, 수많은 영화와 애니메이션, 테마 파크에서 이미 본떠서 만든 모방의 산물이다. 더군다나 현실에서 찾기 어려운 솜사탕 색깔로 칠해진 계단은 모조품 혹은 축적의 요소를 가진다는 측면에서 키치스럽다 하겠다.

세트에는 다양한 시각적 자극들이 맥락 없이 밀도 높게 축적되어 있고, 이것은 현실의 진짜 세상이라기보다 만들어진 가상의 세계라는 인식을 강력하게 풍긴다. 탈맥락화는 이러한 조건에서 발생하는 것이 아닐까? 초록색 트레이닝복은 의사의 수술복을 연상하게 한다. 초록색은 피가 가장 덜 두드러지게 보이는 색깔이라고 한다. 일꾼들이 입고 있는 진분홍색은 초록색과 보색으로, 참가자들을 총으로 쏴 피를 보게 한다는 점에서 흥미롭다.

〈오징어 게임〉은 음악적인 요소도 독특하며 분석의 대상이 되기에 충분하다. 가장 먼저 떠오르는 음악은 프란츠 요제프 하이든의 〈트럼펫 협주곡〉 3악장으로, 1980년대 퀴즈 프로그램인 〈장학퀴즈〉의 주제 음악으로 대중에게 익숙한 곡이다. 우승자를 선발하는 퀴즈 프로그램의 콘셉트가 목숨을 거는 생존 게임의 배경 음악으로 사용됐다. 황 감독은 넷플릭스 인터뷰에서 어릴 적 보던 프로그램의 음악이어서 사용했다고 밝혔지만, 맥락의 꽈배기 혹은 감성의 어긋남은 음악 사용의 주된 콘셉트처럼 보인다.

재즈곡 〈Fly me to the moon〉을 배경으로 영희 로봇이 쏘는 총알을 피해 참가자들이 뛰어들고, 일부는 살해된다. 익숙하게도 이러한 아이러니는 느린 화면을 통해서 새로운 방식으로 변주된다. 프론트맨이 모니터를 통해 참가자들이 죽어가는 모습을 바라보는 장면에도 같은 곡을 삽입했다. 그는 인간 안락의자에 앉아서 양주를 음미하며 살육 경쟁을 음미하는 VIP들과 비슷한 방식으로, 모니터를 통해 참가자들의 죽음을 감상한다.

참가자들이 계단을 오르내리는 신에 사용한 요한 슈트라우스 2세의 〈아름답고 푸른 도나우〉 역시 오스트리아가 가장 사랑하는 음악으로, 비엔나 신년 음악회의 피날레를 장식하는 곡이다. 다양한 축제에서 흥을 돋우기 위해 사용하는 산뜻한 왈츠가 잔인한 게임에 참여하기 위해 계단을 오르내릴 때나 생존 끝자락에서 고군분투하는 장면들에 사용했다. 즐겁고 밝은 분위기의 음악들이 생존을 건 사투와 죽음의 상황과 결합되는 아이러니는 놀랄 만큼 폭력적인 영상을 단지 운명의 모순을 드러내는 은유 정도로 한정하고 만다.

종합하면, 시각적인 요소들의 혼성 모방적 활용과 음악적인 요소들의 대조적인 활용은 폭력의 심각함과 삶의 끔찍함을 가공해 새로운 방식으로 가공한다고 하겠다. 그 외에도 정재일 감독이 작곡한 주제곡 〈Way Back then〉은 리코더를 활용해 운동회에서 응원할 때 했던 3·3·7 박수의 느낌을 주며, 목각인형 음악대가 전진하는 시각적 영상을 제공해 동화다운 노스탤지어를 자극한다. 〈Let's Go Out Tonight〉은 구슬치기를 한 뒤 마음이 복잡한 참가자들의 영상에 더해진다. 기훈의 대사 중 "어릴 때 놀다보면 꼭 엄마가 밥 먹으라고 불렀지. 이제 아무도 안 부르네. 가자. 집에 가자"라는 대사와 맞아떨어진다. 친구들이 하나둘 사라지고 아무도 없이 남겨진 경험은 함께 미션을 해결하자고 머리를 맞대다가 배신하거나 죽어가는 동료들을 뒤로하는 비극적인 장면을 닮았다.

블로거 '자이리토'는 〈오징어 게임〉이 미생인 성기훈이 완생이 되는 성장 드라마라고 설득력 있게 기호학적으로 분석했다. 가정적으로 책임감 없는 가장, 무능력한 아버지, 한심한 아들 등 부족하기만 한 주인공 성기훈은 자신을 소개할 때 "쌍문동 사는 성기훈인데요"라고 물어보지도 않는 동네 이름을 붙인다. 이는 어린아이들이 자기를 소개하는 방식과 흡사하고, 위험한 게임장에 입장하며 증명 사진을 찍을 때는 아이처럼 미소를 가득 짓는다. 달고나 미션에서도 뒷면을 혀로 핥는 기상천외하고 순진무구한 방식으로 문제를 해결하고, '무궁화 꽃이 피었습니다' 미션에서도 시체를 밟고 넘어지려다가 알리의 도움으로 목숨을 부지한다. 덩치 큰 성기훈이 알리의 손에 매달릴 수 있었던 것은 미성숙한 아이라는 설정 때문에 설득력이 생긴다고 분석했다.[33]

블로거 자이리토는 달고나 게임에 등장한 동그라미, 세모, 별, 우산 역시 기호학적으로 분석했다. 동그라미는 평등, 균형을 상징하며 상우를 형처럼 믿고 따르던 알리가 선택했고, 세모는 계급 피라미드, 신분 상승의 의미가 담겼으며, 상우와 새벽, 의사가 선택했다는 데에 주목했다. 별 모양을 고른 사람은 한미녀, 장덕수, 오일남으로 이들은 우승 후보이거나 이미 주인들이다. 다만, 한미녀와 장덕수는 비열한 방법을 노골적으로 사용함으로써 생명의 주인에서 멀어졌다는 것이다. 가장 복잡한 모양을 선택한 것은 성기훈으로 우산은 보호와 헌신을 상징한다고 자이리토는 보았다. 툴툴대는 새벽과 우호적인 관계를 맺거나 오일남과 깐부를 맺을 만큼 따뜻함을 가진 상징이라는 것이다.

〈오징어 게임〉에서 두드러진 도상은 동그라미, 세모, 네모다. 술래는 맨 처음에 오징어 머리에서 출발해 불완전한 깨금발로 오징어 허리로 향한다. 여기에서 사천왕상 같은 상대편이 통과를 가로막고, 이를 잘 통과하면 두 발로 자유롭게 걸을 수 있다. 다시 오징어의 네모 부분에 난 출입구를 통해서 상대편의 저항을 물리치고 머리 부분에 닿으면 게임에서 승리한다. 주인공 성기훈이 동그라미에서 출발해 세모를 통과하고, 네모로 들어와서 다시 동그라미로 향하는 모습이 미생에서 완생으로의 변화라는 게임의 취지와 맞아떨어진다. 이처럼 기호의 관계와 기호의 의미를 풀어내는 것이 기호학적 접근이다.

기호학적 분석의 한계는 이와 같은 해석이 얼마나 설득력을 갖느냐는 것이다. 반면에 기호들의 관계들을 살펴보면, 의식하지 못했던 다양한 무의식적 의미가 드러날 수도 있고, 해석이 풍부해진다는 장점도 있다.

롤랑 바르트는 작품과 텍스트라는 개념을 제시한다. 그는, 작품이 저자 또는 작가를 상정하고 해독dechiffrer을 완성하는 개념이라면, 텍스트는 글쓰기의 다양한 시도들을 통해서 풀어 나가는 것demeler이라고 말했다. 저자의 존재를 믿는 한 저자는 책의 과거로 간주되며, 반대의 개념인 필사자, 즉 글을 인용하는 사람은 자신의 텍스트와 동시에 태어난다. 텍스트는 유일한 의미를 드러내는 단어들의 행들로 이루어진 것이 아니라, 그중 어느 것도 근원적이지 않은 여러 다양한 글쓰기가 서로 결합하며 반박하는 공간이라는 것이다. 텍스트는 수많은 문화의 온상에서 온 인용들의 짜임이다.[34]

바르트의 텍스트 개념을 적용한다면, 다양한 기호학적 분석 역시 독자의 '풀어 나감'을 통해 텍스트를 완성하는 과정이라고 이해할 수 있겠다. 'N차' 관람이 이어지고, 다양한 의미를 분석하는 놀이가 대중에게 각광받는다는 사실은 〈오징어 게임〉을 작품이 아니라 텍스트로 이해하고 있음을 보여준다.

스타 비평: 누구의 연기가 가장 뛰어난가?

마지막 비평은 스타 비평 혹은 스타론이라는 접근이다. "야만인은 나무와 돌로 된 우상을 숭배하고, 문명인은 살과 피로 된 우상을 숭배한다." 조지 버나드 쇼George Bernard Shaw의 말이다. 문명의 발달에 관계없이 우상 숭배는 인간의 본능과도 같다는 말로 들린다.

에드가 모랭Edgar Morin은 "스타 신화는 신앙과 오락 사이에서 양자가 혼합되어 있는 지대에 위치한다. … 스타 현상은 미학적이며 마술적인 동시에 종교적인 것이다"라며 대중문화에서 스타 신화의 불가해함을 설명했다.[35]

〈오징어 게임〉은 수많은 스타를 탄생시켰다. 이정재, 이병헌, 공유 등 최고 한류 스타들이 등장했고, 박해수, 오영수, 정호연, 김주령, 허성태 등도 연기력을 뽐내며 스타 반열에 올랐다. 연기는 드라마를 마지막으로 완성하는 도구다. 아리스토텔레스가 말한 수사학의 다섯 가지 줄기 중 맨 마지막이 바로 전달delivery이다. 웅변, 연기, 공연, 송출 등이 전달에 해당한다고 할 수 있다.

작가의 대본과 연출자의 연출, 미술감독의 세트와 의상, 음악감독의 음악 등 영상의 거의 모든 요소가 연기자의 연기로 빛나기도

하고 빛을 잃기도 한다. 드라마를 보는 즐거움 중의 하나가 연기자들의 연기력을 감상하는 기쁨이다. 세상에 저런 사람이 꼭 실재할 것 같은 느낌을 주는 연기를 볼 때 우리는 전율을 느끼며, 드라마의 메시지를 이물감 없이 흡수한다.

〈오징어 게임〉을 본 영어권 시청자들은 VIP 역할을 했던 조연 네 사람의 연기에 대해 불만을 드러냈다. 그들의 연기가 뻣뻣하고 부자연스러웠으며, 매너리즘에 빠진 것 같다는 평가였다. 연기자들을 취재한 『가디언』지에 따르면, VIP 2를 연기한 다니엘 케네디는 연기에 대한 비판 때문에 심각한 우울증에 걸렸다며, 처음에는 처참한 기분이 들었지만 시간이 지나면서 연기를 반성하게 되었다고 토로했다. 그는 전체 원고가 아니라 자신의 연기 분량만 대본을 받았기 때문에 연기의 톤이 다소 조화롭지 않을 수 있다고 말했다.

또 다른 연기자는 여러 촬영 컷 중에서 편집자가 영어를 모국어로 하지 않기 때문에 더 나은 컷을 선택하지 못했을 가능성도 언급했다. 이들은 우연히 길거리에서 캐스팅되었다는 이야기는 잘못된 이야기라며, 자신들은 연기 경험이 있고 오디션을 거쳐 선발되었다는 것을 강조했다.[36]

일반적으로 연기자가 연기를 잘했느냐 그렇지 못했느냐는 연기자에게 맡겨진 역할role을 잘 수행했느냐 여부로 판단한다. role이라는 말은 이중적 의미를 가진다. 배역과 드라마 내에서 n분의 1만큼의 역할. 시청자들이 환호하는 연기는 배역을 충실하게 소화하고, 드라마에서 자신의 역할을 충분히 해내는 것이다. 연기의 성공과 드라마의 성공이 병행할 때, 연기가 작렬하듯이 터지는 것이다. 극중 인물과 배우 자신이 구분되지 않을 만큼 몰입하는 연기를 메소드method 연기라고 하며, 좋은 연기라고 평가한다.

메소드 연기를 창시한 콘스탄틴 세르게예비치 스타니슬랍스키 Konstantin Sergeyevich Stanislavski에 따르면, 극중 인물의 내면과 배우 자신의 개인적 감정과는 어떤 공통점이 있으며, 그것을 탐구해 극중 인물과 심리적 일치를 이루는 순간에 연기의 진실성을 이룰 수 있다고 한다.[37] 결국 누가 맡아도 비슷한 연기라면 그런 연기는 메소드 연기라 할 수 없고, 외면적이고 양식화된 연기에 가깝다고 할 수 있겠다.

연기력을 판단하는 기준은 다양하다. 우선 연기의 난이도를 들수 있겠다. 피겨 스케이팅이나 체조 등의 경기에서도 기술 점수와 예술 점수로 구분한다. 기술 점수에서 가장 중요시하는 것은 기술의 난이도다. 연기력을 평가하는 데에도 난이도는 중요하다. 한 가지 색깔의 연기를 요구하는 배역과 다양한 색깔의 연기를 요구하는 배역을 맡은 연기자가 같은 평가를 받는 것은 적절하지 않다.

이러한 기준으로 본다면, 벼랑 끝에서 생존하기 위해 간도 쓸개도 없는 것처럼 연기하다가 갑작스레 차갑게 보복하는 역할을 수행해야 하는 캐릭터들의 역할이 난이도가 높다고 하겠다. 반면 시종일관 비슷한 톤의 역할을 수행하는 캐릭터들은 상대적으로 낮은 난이도의 연기를 맡은 셈이다.

두 번째로는 완성도 혹은 수행성이다. 자신이 맡은 연기를 얼마나 성공적으로 완성했는지는 연기력 평가의 몸체다. 작가나 연출자가 요구한 바를 그대로 끌어내었다면 성공적이다. 여기에는 두 가지 방향성이 있겠다. 자신을 비우고 연기자의 역할을 수행하거나 역할을 자신에게 끌어들여 와서 새로운 방식으로 해석하는 것. 어느 쪽이 더 좋다고 말하기 어려울 만큼 둘 다 평가받을 만하다.

에드가 모렝 역시 스타와 배역 간의 관계가 상호 규정적이라고 말했다. "스타는 영화의 여러 인물(캐릭터)을 결정한다. 그는 인물들로 구현되며, 또 그 인물들을 초월한다. 그렇지만 이번에는 다시 그 인물들이 스타를 초월하며, 인물들의 특성이 스타에 반영된다. 연기자와 그가 연기하는 배역은 상호 간에 서로를 규정한다."[38] 중요한 것은 어느 쪽이건 역할과 연기자 사이의 틈이 느껴져서는 곤란하다.

마지막으로는 드라마 연기는 혼자 하는 것이 아니기에 극 전체와의 조화, 다른 연기자와의 조화가 필수적이다. 상대 배역과 호흡을 맞추거나 자신의 연기 톤을 조정하는 것 등이 필요하다.

이와 같은 기준을 바탕으로 나의 주관적인 기준이긴 하지만, 연기력을 평가하는 공식을 다음과 같이 도출해본다.

연기력 = 연기의 난이도 + 수행성 + 연기자와의 조화

이 기준으로 판단하면, 한미녀 역할을 맡은 김주령, 한덕수 역을 맡은 허성태, 오일남 역을 맡은 오영수, 알리 역을 맡은 아누팜 트리파

티의 연기력은 높게 평가를 받을 만하다. 또한 자신의 색깔로 주연 역할을 수행한 이정재, 박해수, 정호연의 연기력도 〈오징어 게임〉의 매력을 한껏 발산하게 했다.

유튜브에는 〈오징어 게임〉 명대사 밈이 공유되고 있다. 성기훈의 "이러면 안 되는 거잖아!!", 오일남의 "제발 그만해. 나 무서워. 이러다가는 다 죽어", 알리 압둘의 "미쳐써~ X소리하지 마~", 조상우의 "하, X발. 기훈이 형!"이 밈으로 쓰였다. 또 장덕수의 "그동안 즐거웠다, X새끼야!", 한미녀의 "덕수 씨, 이제 왔어?" 등도 대표적으로 등장하는데, 이들의 연기력을 보여주는 증거라 할 수 있다.

연기력을 평가하는 다른 측면에서 접근하자면, 누구의 연기가 드라마를 끌고 가느냐는 질문을 해볼 수 있겠다. 스타는 연기자에게만 해당하는 것이 아니다. 〈오징어 게임〉이 배출한 최고의 스타는 황동혁 감독일지도 모른다. 그는 세계에서 가장 많은 시청자를 거느린 넷플릭스 콘텐츠의 감독이 되었다. 연기자건 감독이건 스타를 분석할 때는 필모그래피-퍼포먼스 특성-퍼포먼스의 본질- 은유 혹은 신화 찾기의 순서를 따르는 것을 제안한다. 스타 분석의 최종 종착역은 다시 신화다.

영상 리터러시와 플랫폼 자본주의

지금까지 〈오징어 게임〉에 대한 비평들을 다시 정리하며 추가적인 비평을 더해보았다. 〈오징어 게임〉 현상을 설명하는 데 이것을 빠트리면 곤란한 최종적인 한 가지는 플랫폼의 힘이다. 진부한 스토리와 어설픈 설정, 부자연스러운 연기 때문에 내가 시청을 중단했던 〈갯마을 차차차〉가 한때 넷플릭스 전 세계 시청 순위 7위를 기록했다는 사실은 넷플릭스라는 플랫폼의 힘을 제외하면 설명이 궁색해질 수밖에 없다.

빌 게이츠가 '콘텐츠가 왕이다'라고 선언한 1996년부터 콘텐츠에 대한 주술적인 신뢰가 생겨나기 시작했다. 콘텐츠만 좋다면, 누구나 큰돈을 벌 수 있는 세상이 되었다는 것이다. 빌 게이츠의 주장 가운데 중요한 것이 누락되어 있다. 전문을 살펴보면 그는 다음과 같이 말했다. "방송 시대와 마찬가지로 인터넷 시대에 가장 큰 돈이 콘텐츠에서 만들어질 것이며, 인터넷 시대에는 콘텐츠의 정의가 넓어지고, 마이크로 소프트의 소프트웨어 역시 중요한 콘텐츠다."

그의 주장대로라면 인터넷이라는 미디어가 만들어진 시대에 콘텐츠가 더욱 중요해졌다는 것이다. 콘텐츠만으로는 〈오징어 게임〉의 성공을 충분히 설명할 수 없으며, 넷플릭스라는 플랫폼(플랫폼도 일종의 미디어다)을 통해서 가능해졌다는 것이다. 이러한 플랫폼에 대한 설명은 〈지옥〉의 서사와 기묘하게 연결된다.

〈오징어 게임〉에 뒤이어 넷플릭스를 뜨겁게 한 〈지옥〉이 제2의 〈오징어 게임〉이 될지는 지켜봐야 하겠지만, 한국적 디스토피아를 그렸다는 점에서는 통하는 지점이 적지 않다. 〈오징어 게임〉이 코로나 시대에 생존의 극한에 내몰린 무너진 중산층을 직접적으로 묘사했다면, 지옥은 인간의 마음을 빼앗으려는 수많은 이데올로기 기구들을 은유한다. 〈오징어 게임〉은 '목숨을 담보로 참여하는 생존 게임' 같은 위태로운 삶을 직유한다. 삶은 생존 게임 '같다'는 것이다.

〈지옥〉은 사람들의 마음을 미혹하는 이데올로기 기구들, 가령 새진리회라는 종교 단체, 화살촉이라는 극단적 조직, 사람의 죽음을 생중계하는 눈먼 미디어를 은유하며 하릴없이 무너지는 공권력과 극단적 위기 상황에서 존재감 없는 정부를 풍자한다. 새진리회의 본부 건물을 KBS 본관 건물을 바탕으로 CG 처리해서 사용했다거나, 새진리회 최고 책임자의 직함을 '의장'(포털의 최고 책임자를 연상케 하는)이라고 부르는 것에서 우리 마음에 영향을 미치는 미디어 기구에 대한 짙은 풍자가 느껴진다.

알고리즘을 통해 대중에게 헛된 믿음을 주입하고 자신의 이해를 충족시키려는 거대한 미디어, 즉 플랫폼화된 미디어의 욕망 앞에서 대중은 한없이 약한 존재일 수밖에 없다. 〈오징어 게임〉에서 갑자기 나타난 도깨비 신사(공유)가 성기훈의 신상 정보는 물론이고 채무 관계까지 두루 꿰고, 자살을 시도하는 상우가 있는 숙소에 게임 참여를 권하는 메모를 전하는 메신저가 찾아와 문을 두드리고, 게임장에서는 수많은 모니터를 통해 숫자화된 참가자들의 일거수일투족을 지켜보고 있다. 내가 소비하는 콘텐츠가 나를 정의한다면, 미디어 플랫폼이 누구보다도 나를 가장 정확하게 파악하고 있는 시대에 우리는 살고 있다.[39]

모바일 네트워크 환경의 보편화와 SNS, O2O▲ 플랫폼의 확산으로 플랫폼은 중요 개념으로 자리 잡았다. 플랫폼 기업들은 이용자들이 일상적으로 생산하는 감정·정서·의식·정동·언어 등 전자적 표현의 무수한 갈래들을 인터페이스에 실어 나르고 중개하면서도 그 집합적 기호를 어떻게 자본주의적인 생산 관계망 안으로 빠르게 흡수할 수 있을까를 모색한다.[40]

플랫폼은 우리의 일상 안으로 들어온 것은 물론, 의식 안으로까지 도달했음을 보여준다. 인터넷을 기반으로 하는 플랫폼은 비가시적인 방식으로 더 이상 쪼갤 수 없는 이용자 개인individual을 가분화individualization해 다양한 서비스 환경의 변화를 만들어갔다. 이용자를 가분화한다는 것은 다양한 조건에 처하게 하거나, 다양한 시기에 다양한 욕망을 갖게 해 더욱 다양한 방식으로 접속하게 했다는 말이다.[41]

영상 비평에서 우리가 놓치지 말아야 하는 지점은 콘텐츠 자체에만 함몰될 경우의 위험성이다. 마셜 매클루언Marshall Mcluhan의 말을 가져온다면 "미디어는 메시지다The medium is the message". 메시지의 내용은 수용자를 끌기 위한 도구일 뿐이며, 메시지의 내용이란 집을 지키는 개의 주의를 끌기 위해 도둑이 손에 들고 있는 피가 뚝뚝 떨어지는 살코기와 같다.[42] 메시지의 내용이 〈오징어 게임〉과 〈지

▲ O2O는 온라인 투 오프라인(online to offline)을 일컫는 말로, 온라인과 오프라인이 결합하는 현상을 의미한다. 스마트폰이나 인터넷을 통해 음식을 주문하는 서비스 등이 이에 해당한다.

옥〉이라면, 미디어는 당연히 넷플릭스라는 플랫폼이다. 넷플릭스가 대중에게 파고들기 위해, 넷플릭스의 존재를 눈치 채지 못하도록 "피가 뚝뚝 떨어지는" 유혈이 낭자한 살육 게임 〈오징어 게임〉과 〈지옥〉을 가져온 것은 결코 우연이 아닐 것이다.

현 자본주의를 플랫폼 자본주의라고 한다면, 인터넷 기업은 과거 미디어와 다른 방식으로 미디어 환경을 구축하고 영향을 미친다. 플랫폼은 이용자가 남긴 이용 기록을 기반으로 선호하는 정보를 선제적으로 추천하고 제공해 습관적으로 계속 이용하도록 한다. 또한 자신이 선호하는 범주 내에서 선호를 지속하게 하는 방식으로 미디어 판을 주도하며, 특정한 방식으로 미디어 환경을 구축해 이용자 간 커뮤니케이션 양상과 문화, 그리고 관습까지 규정한다.[43]

〈오징어 게임〉을 한 번이라도 본 시청자는 넷플릭스에 데이터를 남긴다. 앞으로 〈오징어 게임〉 시즌2는 물론이고, 〈지옥〉이나 〈종이의 집〉 등 넷플릭스가 큐레이션한 영상 콘텐츠의 늪에서 헤어 나오기 어려울 것이다. 연말 내내 〈오징어 게임〉을 수차례 보고 이 글을 쓰고 있는 나도 넷플릭스의 플랫폼 전략에 포획된 희생자 중 한 명일 것이다.

각주 ─────────

1) 정종화, 「직배·스크린쿼터… 뉴웨이브 감독들, 시대정신 담다」, 『서울신문』. 2019년 9월 9일.

2) 홍경수, 『기획의 인문학』, 해의 시간, 2019.

3) W. J. T. Mitchell, 「What do pictures want : the lives and loves of images」, The university of Chicago Press, 2005; 김전유경 옮김, 『그림은 무엇을 원하는가』, 그린비, 2010.

4) 서정민, 「세계 1위 〈오징어 게임〉, 국내선 호불호 갈리는 이유」, 『한겨레』, 2021년 9월 24일.

5) 이용석, 「2000년대 이후 한국 드라마 제작 시스템 연구」, 고려대 박사학위 논문. 2021.

6) 권순택, 「안판석, 신원호, 봉준호…이들의 선의에만 기댈 수는 없다」, 『오마이뉴스』, 2021년 12월 10일.

7) Jin Yu Young, 「Behind the Global Appeal of 'Squid Game', a Country's Economic Unease」, 『The New York Times』, October 6, 2021.

8) Choe Sang-Hun, 「From BTS to 'Squid Game' : How South Korea Became a Cultural Juggernaut」, 『The New York Times』, November 3, 2021.

9) Waiyee Yip & William Lee, 「Squid Game: The Netflix show adding murder to playground nostalgia」, BBC, October 1, 2021.

10) 「'Squid Game', métaphore du nécro-capitalisme」, Franceculture, October 11, 2021.

11) 김흥비·박태하, 『전국축제자랑』, 민음사, 2021.

12) 황상민, 「한국인의 불안이 돈에 절대 권력을 부여했다」, 『럭셔리』 2011년 3월호.

13) Choe Sang-Hun, 「From BTS to 'Squid Game' : How South Korea Became a Cultural Juggernaut」, 『The New York Times』, November 3, 2021.

14) 임명묵, 『K를 생각한다』, 사이드웨이, 2021.

15) 원용진, 『텔레비전 비평론』, 한울아카데미, 2000.

16) Melissa Henson, 「Why Netflix's Ultra-Violent 'Squid Game' Needs to Be on Your Radar」, Parents Television and Media Council, October 6, 2021.

17) Eleanor Harding, 「'Squid Game' could be harming young viewers social and emotional development and might breed bullies, expert warns」, 『Daily mail』, October 18, 2021.

18) Sean Salai, 「Netflix's 'Squid Game' sparks concern about violent impact on kids」, 『Washington Times』, November 11, 2021.

19) Katie Gibbons, 「Pupils warned after acting out Netflix's 'Squid Game'」, 『The Times』, October 09, 2021.

20) 사설, 「〈오징어 게임〉 폭력성 내다본 부산 교육청」, 『울산제일일보』, 2021년 11월 10일.

21) 원용진, 『텔레비전 비평론』, 한울아카데미, 2000.

22) 태유나, 「여성 가슴을 장식품으로…〈오징어 게임〉 여혐 논란, 시대착오적인 설정의 폐해」, 『텐아시아』, 2021년 9월 22일.

23) 위근우, 「중년 남성에 대한 연민에서만 일관적인, 마구잡이 서바이벌 〈오징어 게임〉」, 『경향신문』, 2021년 9월 24일.

24) 서정민, 「극본 쓰고 연출한 황동혁 감독 인터뷰: "〈오징어 게임〉 속 달고나 뜬다고 농담했는데 진짜 떠서 얼떨떨"」, 『한겨레』, 2021년 9월 28일.

25) 나영, 「오징어 게임, 여성의 생존과 저항은 어디에 있나」, 『프레시안』, 2021년 11월 4일.

26) 백선기, 「'14대 대통령 선거'의 방송보도 분석 KBS 1 TV, MBC, SBS의 저녁 '뉴스 방송'을 중심으로」, 한국방송학회 세미나 및 보고서. 1993년 1월.

27) Edward W. Said, 『Orientalism』, New York: Patheon Book, 1978; 박홍규 옮김, 『오리엔탈리즘』, 교보문고, 2010.

28) 원용진, 『텔레비전 비평론』, 한울아카데미, 2000.

29) 위근우, 「중년 남성에 대한 연민에서만 일관적인, 마구잡이 서바이벌 〈오징어 게임〉」, 『경향신문』, 2021년 9월 24일.

30) '기호학', 두산백과.

31) Aileen Kwun, 「When a Track Suit Embodies a Nation」, 『The New York Times』, November 12, 2021.

32) 한국문학평론가협회 엮음, 『문학비평용어사전』, 국학자료원, 2006.

33) 자이리토 블로그, 「오겜 그들이 다 죽었던 이유?! 〈오징어 게임〉 전체 해석: 세포학적 관점의 모든 상징성 A to Z 풀이」, 2021년 11월 28일.

34) Roland Gérard Barthes, 『Le Plaisir du Texte』, Seuil; Edition Unstated, 1973: 김희영 옮김. 『텍스트의 즐거움』, 동문선. 2002.

35) Edgar Morin, 『The Stars』, Univ of Minnesota Press. 2005; 이상률 옮김, 『스타』. 문예출판사, 1992.

36) Stuart Heritage, 「'They didn't just pick us up off the street!' Meet the globally derided Squid Game VIPs」, 『The Guardian』, October 19, 2021

37) 김광철 · 장병원, 『영화사전』, 미디어2.0, 2004.

38) Edgar Morin, 『The Stars』, Univ of Minnesota Press. 2005; 이상률 옮김, 『스타』. 문예출판사, 1992.

39) 배기형, 『콘텐츠가 너희를 자유롭게 하리라』, 클라우드나인, 2019.

40) 이광석, 「자본주의 종착역으로서 '플랫폼 자본주의'에 관한 비판적 소묘」, 『문화과학』 2017년 겨울호.

41) 원용진 · 박서연, 『메가플랫폼 네이버』, 컬처룩. 2021.

42) Herbert Marshall McLuhan, 『Understanding Media: The Extensions of Man』, New York: McGraw-Hill, 1967; 박정규 옮김, 『미디어의 이해』, 커뮤니케이션북스, 1999.

43) 원용진 · 박서연, 『메가플랫폼 네이버』, 컬처룩. 2021.

004

플랫폼 리얼리즘의 세계:
넷플릭스 〈오징어 게임〉 읽기

임종수

세종대 미디어커뮤니케이션학과 교수

〈오징어 게임〉, 플랫폼 리얼리즘의 미학

2021년을 관통한 〈오징어 게임〉 현상을 보노라면 넷플릭스가 마치 대중매체가 된 것 같다. 그렇다고 넷플릭스가 일방향의 방송처럼 똑같은 생각, 관심, 재미, 의제를 제시하는 것은 아니다. 〈오징어 게임〉은 실시간 시청이 아닌 VOD 형식임에도 전 세계에서 문화적 동시성을 실현해 보였다. 이전의 그 어떤 넷플릭스 오리지널, 다른 어떤 OTT에서도 보지 못했던 일이다. 〈오징어 게임〉의 여파인지, 넷플릭스가 한국 콘텐츠 투자에 적극적이어서인지 계속해서 한국의 신작 오리지널 콘텐츠가 올라오면서 넷플릭스는 명실상부하게 '텔레비전'이 된 것처럼 보인다.

〈오징어 게임〉은 이곳 대한민국에서나 전 세계에서 콘텐츠를 즐기는 우리의 미학적 즐거움에 어떤 중요한 변화를 가져왔다. 결론부터 말하면 그것은 방송의 일방적이고 동시적인 힘이 구현해내던 '텔레비전 리얼리즘'이 아닌 '플랫폼 리얼리즘'이라 일컬을 수 있는 세계이다.

지금까지 텔레비전은 그것이 현실을 반영해서가 아니라 '리얼리티의 지배적 감각dominant sense of reality'을 (재)생산하기 때문에 사실적이었다.[1] 뉴스에서 의제 설정, 드라마에서 동일시, 광고에서 욕망 등 텔레비전은 사회적으로 평균적인 감정 또는 관심, 유행, 태도 등을 생산했다. 이런 시각을 넷플릭스에 투영해 보면, OTT 플랫폼은 어떤 '리얼리티에 대한 지배적 미학dominant aesthetic of reality'을 제공하기 때문에 사실적이다. 지배적 미학은 지배적 감각이 생산하는 평균적인 정서와 공통 문화common culture와 달리, 각기 다른 사람들에게 각기 다른 콘텐츠를 제공하는 가운데 어느 특정한 서사물이 개연성 있고 아름답다고 여기는 정서적 경험을 말한다. 지배적 미학은 인위적으로 만들어진 세계(관)를 통해 현실을 투사해내는, 말 그대로 미학적 세계의 경험이다.

플랫폼 리얼리즘 개념은 검증받아야 할 가설이지만, 동시성의 방송이 제공하던 지배적 감각과 본질적으로 다른 〈오징어 게임〉에서의 리얼리즘을 해명해야 하는 이 시대에 제기해봄직한 개념이다. 사실 근거가 아예 없는 것도 아니다. 넷플릭스 같은 OTT 플랫폼은 시청자의 삶과 텔레비전 속 세계가 동기화되는 텔레비전 특유의 '현재성nowness'이 없거나 매우 미약하다. 대신 수많은 관련 뉴스와 비평, 블로그, 유튜브 영상, 그런 작업물을 실어 나르며 퍼져 나가는 SNS 바이럴 등 미디어와 미디어를 넘나드는 확산성spreadability이 어떤 공통의 리얼리즘을 실현시킨다.[2] 이는 넷플릭스가 수용자 개개인의 미학적 취향에 대응하는 가운데 〈오징어 게임〉이 전 세계가 주목하는 어떤 창발emergence에 이르러 (공통) 문화를 형성함을 의미한다. 과거 〈스타워즈〉, 〈왕좌의 게임〉 그리고 마블의 MCU 시리즈 등이 그랬듯이, 그런 문화는 어떤 세계 또는 세계관과 밀접하게 결부되어 있다.

지배적 미학은 OTT의 복잡계 네트워크적 특성이 발현된 우발성contingency으로 풀이된다.[3] 우발성은 완전한 질서와 완전한 무질서 사이에 존재하는 복잡계에서의 운동 법칙(흔히 멱함수, 프랙탈, 패턴 등으로 알려진)을 일컫는 용어이다. 21세기 미디어는 효과나 태도, 시청률과 같은 행동과학Behavior Science이 아니라 이 같은 우발성, 그러니까 창발, 패턴, 정동 등을 아우르는 복잡계 이론Complexity Theory의 영역이다. 넷플릭스 같은 인공지능 미디어는 대량 생산 체계의 채널(개체)처럼 일방적인 커뮤니케이션을 수행하는 것이 아니라, 취향의 네트워크로 수용자마다 최적의 서비스를 제공하는 가운데 어떤 공통의 미학적 경험을 구성해낸다.[4]

복잡계 이론은 세계를 어떤 개체object의 힘과 영향력에 따라 움직이는 것이 아니라, 우리가 직관적으로 파악하기 힘든 어떤 이상하고 놀라운 물리 법칙에 뿌리를 두고 있는 속성quality의 작용으로 파악한다.[5] 개체가 사람이나 사물 또는 조직, 기관이라면, 속성은 사람의 성격, 평판, 태도, 취향, 관심, 사물의 작용 능력, 조직이나 기관의 기능 등을 뜻한다. 속성은 계의 '되먹임'과 '창발' 과정을 통해 발현되고, 개체는 그런 속성을 수행하는 행위자이다.[6] 그렇게 보면, 넷플릭스 복잡계는 개별 행위자(이용자)의 수많은 콘텐츠 선택과 시청, 추천의 되먹임 과정에서 〈오징어 게임〉이라는 대중적 관심(어떤 속성)을 창발 시킨 셈이다.

결국 플랫폼 리얼리즘은 넷플릭스는 물론 각종 SNS, 올드 미디어에서의 뉴스, 비평, 구전 등 이기적인 개체들의 자기활동이 나비효과나 반딧불이의 집단 발화처럼 어떤 미적 상태에 이르는 창발의 결과이다. 그것은 설명 가능하지 예측 가능하지 않다. 제작에 소요되는 비용의 크기나 제작자의 명성에서 대중적 반응을 일정 정도 예측할 수 있지만, 넷플릭스 같은 OTT는 한 국가 내 단일 문화 시장에서 소비되는 것이 아니기 때문에 과거 대중매체 시대보다 훨씬 더 예측하기 힘들다.

만약 예측할 수 있다면, 그것은 선택과 시청을 관통하는 수많은 되먹임 과정에서 복잡계가 행위자와 행위자 간의 '연결된 취향'을 발견할 때일 것이다. 〈오징어 게임〉이 크게 히트를 친 것은 다른 넷플릭스 오리지널과 비교해 전 세계 누구에게도 어필할 수 있는, 그러면서도 차이를 보이는, 인간과 문화, 시대를 관통하는 어떤 속성이 발견되어서일 것이다. 이 글은 그것에 대해 말하고자 한다.

이야기 형식에서 그 같은 속성은 전형적인 텔레비전 드라마와 다른 서사극epic 형식에서 잘 발현된다. 뒤에서 자세히 얘기하겠지만, 서사극은 현실 재현을 목적으로 했던 예술론에 반기를 들고 무대가 결코 현실과 같거나 그것을 압도할 수 없다는 주장에서 성장한 극 형식이다. 현실과 무대를 혼동한다면 예술은 쉽사리 선전선동이 될 것이다. 그래서 서사극이 채택한 것은 현실과 무대의 분리, 그를 통한 현실에 대한 성찰, 관찰자로서 관객이다.

서사극은 감정보다 결정, 경험보다 지식, 암시보다 주장, 결과보다 과정, 불변하는 인간이 아닌 변화하는 인간, 사건의 직선적 진행이 아닌 곡선적 진행, 그대로의 세계가 아닌 되어가고 있는 세계, 책임져야 하는 임무가 아닌 강제되는 임무, 본능이 아닌 이성 등을 강조한다. 서사극의 이 같은 특징은 자연주의를 넘어선 사실주의 극 예술7 또는 예술의 정치적 모더니즘의 기획으로 분류된다.8

서사극은 2013년 넷플릭스가 오리지널 콘텐츠를 만들면서 전 세계 각기 다른 수용자들에게 일괄 출시로 몰아 보기를 이끌어내기 위해 전략적으로 선택한 극 형식이다. 넷플릭스는 그런 극 형식과 그것을 담은 자신들의 서비스를 '텔레비전의 미래the future of television'라고 보았다.9 텔레비전의 미래는 그저 그런 화려한 미사여구가 아니다. 그것은 플랫폼으로서 넷플릭스가 서사극 형식을 통해 평균적인 정서가 아니라 가입자의 취향에 따라 모두 대응할 수 있다고 믿는 확고한 선언이다. 〈오징어 게임〉의 황동혁 감독이 전해 들었다는 "이상하고 현실성이 떨어진다"는 평은 사실 맞는 말이다.

서사극은 평균율에 집착하지 않기 때문에 직관적으로 이해하기 힘든 극 형식이다. 서사극은 시청자와 동떨어진 시공간, 서사극을 규정하는(그리고 이 글에서 중요하게 다루게 될) 결정적인 특성으로서 낯설게 하기alienation 장치, 어느 한 곳으로 치닫는 정서, 그리고 '어딘가로 갔다 오는' 이야기로 설명된다.[10] 이는 시공간적으로 '이곳'의 현실과 동기화된 드라마와 다르다. 그래서 오히려 국경도 인종도, 성이나 학력 등 맥락적인 지표와 무관하게 취향에 따라 누구라도 즐길 수 있는 극 형식이다.

이 글에서는 〈오징어 게임〉을 통해 플랫폼 리얼리즘이라는 새로운 개념에 대한 인식 지평을 구하고자 한다. 디지털 전환DT은 미디어와 그 이야기의 세계를 단순히 고화질로만 바꾸지 않았다. 우리가 즐기는 OTT 드라마는 더 이상 20세기의 텔레비전 드라마와 같지 않다. 그럼에도 우리가 그에 대해 아는 바는 거의 없다.

우리의 질문은 이러하다. 〈오징어 게임〉은 넷플릭스에서 어떤 서사극으로 구조화되어 있는가? 그런 서사극 구조는 수용자에게 어떤 정서적 즐거움을 제공하는가? 여기에서는 〈오징어 게임〉의 서사극적 요소를 분석해 플랫폼 리얼리즘의 실체를 어슴푸레하나마 윤곽 지어보고자 한다. 이런 접근은 지금까지 없던 것이다. 성과는 독자의 몫이고 한계는 필자의 탓이다.

〈오징어 게임〉, 신자유주의 플랫폼, 규칙이라는 적

다른 무엇보다 〈오징어 게임〉은 재미있다. 그 재미의 결은 한마디로 단순한 이야기와 그에 반하는 복잡한 구도에 있다. 〈오징어 게임〉의 이야기는 회사에서 제시하는 게임에서 살아남는 것이기 때문에 무척 단순하다. 이는 이야기 줄기를 따라가는 시청자를 편안하게 한다. 하지만 각 인물들은 복수의 서사 집단으로 서로 연결되어 있다. 주인공 성기훈을 중심으로 오일남과 조상우, 알리 집단, 양아치 장덕수와 그 부하 그리고 한미녀 집단, 북한 이탈 주민 새벽과 정서적 교감을 나누는 지영이 집단. 이런 서사 집단의 인물들은 어느 누구도 가볍지 않은 사연으로 서로를 얽어매고 있다. 그 중 성기훈과 그 주변 인물들을 온갖 복선과 암시를 풀어놓는다.

그런데 각 인물들은 사연과 캐릭터성을 강렬하게 떠올리는 순간 갑작스런 죽음을 맞는다. 이로써 수용자들은 깊은 감정 이입에서 충격과 공포를 경험한다. 할리우드를 포함해 전 세계 어떤 콘텐츠에서도 익히 경험하기 힘든 강렬한 리얼리티다. 어쨌거나 이는 중심적인 큰 이야기 줄기와 주변적인 이야기 줄기가 서로 얽혀 있는 보다 진화된 미니시리즈다. 그리고 지금의 넷플릭스 서사극이 일반적으로 따르는 공식에 근거한 이야기 서술 방식이다(자세한 내용은 뒤에서 설명).

인물들이 펼치는 이 단순한 이야기의 무대는 신자유주의 시대를 상징하는 '플랫폼'이다. 신자유주의는 넷플릭스가 드라마는 물

론 다양한 다큐멘터리에서도 즐겨 사용하는 주제이다. 신자유주의
는 1980년대 이래 미국과 영국, 중국이 주도하는 세계 경제의 변화
를 가리킨다. 즉 강력한 사적 소유와 자유 시장, 자유 무역의 체제
하에서 창의적 자유와 기술이 인간의 복리를 가장 잘 성장시킬 것
이라고 믿는 정치경제적 실천 관행이다.[11]

21세기에 이르러 신자유주의는 노동, 정치, 종교, 교육, 가정, 그
외 많은 삶의 영역들을 주도하는 빅테크 기업의 플랫폼으로 응집된
다. 플랫폼은 특정한 규칙과 기준으로 세팅된 연결된 공간에서 핵
심적인 수단과 서비스를 제공해 상호 의존적인 생산자와 소비자 사
이에 교환을 촉진함으로써 어떤 가치를 창출한다.[12] 플랫폼은 공급
체인 안의 누군가에게 일방적으로 재화를 제공하는 전통적인 제조
업이나 서비스 소프트웨어SaaS와 달리 '연결을 통한 교환'을 그 특
징으로 한다. 기업은 물론 학교, 교회, 소비 공간, 이동체, 미디어 등
에 참가하는 사람들은 정해진 규칙에 따라 움직이는데, 그들이 쏟
아내는 행동 데이터로 파악·분석·분류·활용되기 때문이다.

〈오징어 게임〉은 바로 이 사회의 플랫폼에 관한 이야기다. 이 플
랫폼은 무한 경쟁에서 밀려난 루저들이 모여 게임을 벌이는 공간
이다. '회사'인 플랫폼은 참가자의 빈궁한 상황에 대한 모든 정보는
물론 그 빈궁함을 해소할 자본마저도 마련해놓고 있다. 그렇기 때
문에 참가자들은 처음부터 플랫폼의 '규칙'에 수세적일 수밖에 없
다. 규칙은 〈오징어 게임〉 속 일상 세계든 섬 속 게임의 세계든 그
모든 것을 관통하는 주제 의식이다.

게임 참가자들은 하나같이 사회가 약속한 규칙에서 탈락한 이들이다. 그들을 보고 있노라면 우리 사회의 알고리즘이 얼마나 강력한지 느끼게 된다. 게임 세계는 이 같은 규칙이 지배하는 몽환적 공간이다. 똑같은 트레이닝복에 이름을 대신하는 번호, 지하 벙크의 켜켜이 쌓인 침대, 형형색색의 이동 구조물, 가면 도형에 따라 각기 다른 임무를 부여받은 진행자들 등은 그곳이 규칙으로 빼곡한 플랫폼 세계라는 점을 강조한다.

　　특히 이동 구조물은 섬 속 세계와 게임이 철저하게 기계적으로 '공정하게' 디자인되었다는 점을 부각시킨다. 프론트맨과 현장 간부급 진행자도 수시로 규칙과 공정을 강조한다. 이런 규칙에서 벗어나는 순간 게임 참가자들은, 심지어 게임 진행자조차도 죽음을 면치 못한다. 그렇게 〈오징어 게임〉의 섬 속 세계는 냉혹한 현실에서 탈출한(?) 이들을 똑같은 원리가 작동하는 곳으로 다시 가두어 버린다. 그렇기 때문에 현실과 게임이 벌어지는 섬 속 세계는 구조적으로 데칼코마니다. 끊임없이 강조되는 엄격한 규칙과 과정, 기능적으로 분화된 공간, 게임 참여자는 물론이거니와 운영자에게도 똑같이 요구되는 행위 규범 등 과장은 있을지언정 이곳의 현실과 크게 다르지 않다.

　　알다시피 패스와 탈락은 대한민국에서 '공정'을 실현하는 가장 보편적인 방법이다. 대한민국에서 패스와 탈락은 교육은 물론 취업, 복지, 예능 심지어 재난지원금에까지 전방위적으로 걸쳐 있다. 패스는 그것이 약속하는 세계에 들어갈 자격증을 부여한다. 자격증

없이는 이분화된 세계의 경계선을 함부로 넘을 수 없다. 현실에서 패스 없는 경계 넘기는 공공의 적이고, 〈오징어 게임〉에서는 죽음이다. 패스와 탈락은 거의 신분에 가깝다.

규칙은 몇몇 사람들이 약속한다고 갑작스레 만들어지는 것이 아니다. 규칙은 참가자든 방관자든 그것에 동의하는 강도가 강할 때 비로소 규칙으로서 작동하는 힘을 가진다. 〈오징어 게임〉 또한 게임에 앞서 게임의 세계가 가능하다고 설득시키는 장치를 마련한다. 그들은 왜 죽음의 낭떠러지가 기다리는 규칙의 플랫폼에 오게 되었는가?

이야기 형식에서 그것은 개별 인물들의 사연을 통해 설득력을 얻는데, 〈오징어 게임〉 주요 인물들의 사연은 이렇다. 쌍용차 문제, 묻지 마 투자, 북한 이탈 주민, 양아치, 외국인 노동자 등등. 이런 문제들은 기업 도태와 실업, 민족적 이질성, 생명 경시, 외국인 차별, 그리고 이 모든 것의 원인이자 결과인 부의 양극화 문제와 결부되어 있다. 갈수록 극단으로 치닫는 사람들이 다시 중간 지대로 갈 방법은 딱히 없다. 1회전 게임에서 화들짝 놀라 게임을 포기했던 사람들 중 90퍼센트 이상이 죽음이 기다리는 게임 세계로 다시 돌아오는 것은 그래서 그다지 이물감이 크게 느껴지지 않는다.

현실이나 섬 속 게임의 세계나 플랫폼을 움직이는 것은 자본의 힘이다. 이 게임의 설계자인 오일남은 마지막 에피소드에서 자신이 "돈을 굴리는 사람"이라고 말하고 숨을 거둔다. 게임을 통해서라도 사그라지는 기억을 잡고 싶어서였을까? 그와 전 세계 투자자들은 돈의 힘으로 인간을 '말'로 움직이는 피의 카니발을 완성시켰다. 말은 패스/탈락으로 디자인된 오일남의(그리고 우리의) 추억 속 '놀이'를 규칙에 따라 충실히 재연한다.

오일남의 말처럼, 돈이 많은 사람은 더 이상의 자극을 찾지 못해서, 돈이 없는 사람은 시도해볼 만한 희망의 끈이 없어서 가능한 일이다. 어머니의 수술비, 빚쟁이, 양아치의 칼, 부모의 몸값에 내몰리는 그들의 감정에 가닿다 보면, 공정하게 규칙화된 플랫폼만이 그런 현실을 리셋할 수 있는 유일한 수단이라는 것에 공감하게 된다. 하지만 총소리와 함께 등장인물도 시청자도 게임의 규칙이 곧 적이라는 것을 소스라치게 깨닫는다. 인간에 대한 존중이 없는 신자유주의식 공정한 규칙(?)이란 것은 얼마나 허망한 일인가.

〈오징어 게임〉, 서사극과 낯설게 하기

〈오징어 게임〉은 양극화된 사회에서 살아남기 위한 루저들의 처절한 생존기이다. '살아남기'는 서사극으로서 〈오징어 게임〉이 수용자가 알아채기를 원하는 자기 반영성reflexivity이다. 생사를 가르는 규칙에 따라 운용되는 게임처럼, 현실도 자본의 논리에 따라 살아남기 게임이 벌어지는 곳이라는 자각 말이다. 이 같은 메시지는 서사극이 현실을 이야기하면서도 그런 이야기 세계에 마냥 빠져 있지 말 것을 요청하는 낯설게 하기 기법으로 설명한다.

OTT 드라마는 서사극 형식을 이해하면 훨씬 더 재미있게 즐길 수 있다. 서사극은 연극에서 시작해 1970년대 영화에 많이 접목된 장르로, 연극이든 영화든 극 세계로 과도하게 몰입해 현실을 망각하는 이데올로기 효과를 거부하고, 어떤 작품이든 그것이 만들어진 세계라는 점을 강조하도록 디자인한 서사 형식을 일컫는다. 서사극에 대한 이론적 정초를 놓은 베르톨트 브레히트Bertolt Brecht에 따르면, 서사극은 연극, 문학, 영화의 역사에서 비아리스토텔레스적 드라마 구조 또는 셰익스피어적 드라마 구조로 정의한다.[13] 이는 인과율, 뒤얽힌 장면 기법, 갈등과 파국적 해결 등 아리스토텔레스의 『시학』이 지배적인 극 형식으로 보았던 드라마와 구분되는 극 형식이다.

서사극은 오랜 세월 예술에서 지배적인 지위를 차지해왔던 드라마 환영주의illusionism, 그러니까 극중 인물에 대한 동일시identification로서, '이데올로기 효과'를 지향했던 드라마의 반대쪽에서 '인식 효과'를 지향한다.[14] 전자의 드라마 미메시스가 현실의 예술적 변형을 감춤으로써 그랬다면, 후자의 서사극 미메시스는 오히려 그런 변형 과정을 드러냄으로써 그 효과를 노린다. 극에서 서사성을 가미한다는 것은 관객을 환영적 세계로 이끄는 것이 아니라 오히려 "의식을 깨우는" 일이다.[15] 인식 효과는 지금 내 앞에 펼쳐지는 이야기 세계가 현실 자체가 아님을 지각하는 자기 반영성을 겨냥한다.

낯설게 하기는 서사극이 인식 효과를 위해 채택하는 가장 특징적인 요소이다. 흔히 낯설게 하기는 노래, 춤, 장면 해설 등 낯설게 하기 기법으로 많이 언급되는데, 그보다 자기 반영적 서사의 극작 경향으로 이해하는 것이 바람직하다. 기법은 기술, 관행, 문법 등에 따라 얼마든지 달라질 수 있기 때문이다. 브레히트 또한 서사극의 존재 의의를 "일상화된 의식을 깨우는 것"이고, 낯설게 하기는 그 것을 위한 하나의 방법으로 고려했다.[16] 그래서 서사극은 낯설게 하기를 통해 중심인물이나 중요한 사건이 사실 별것 아닌 것으로, 거꾸로 그렇게 중요하지 않은 인물, 사건, 사물, 공간 등을 새삼스러울 정도로 중요하게 표현한다.

이런 기법이 노리는 것은 극으로의 감정적인 배설을 막고 거꾸로 기존 극이 제공하던 고정관념에서 탈피하는 것이다. 극이 현실의 단순한 재현이라면, 그래서 주인공의 일거수일투족을 놓치지 말고 따라가야 한다면, 극은 현실의 지배관계나 그 이데올로기를 수용자에게 조사照射할 수밖에 없다. 낯설게 하기는 수용자를 재현된 세계의 몰입된 주체로 삼지 않고 오히려 응시하는 관찰자로 위치 지음으로써 극이 재현하는 현실의 고정관념에 균열을 꾀한다.

하지만 낯설게 하기가 몰입을 방해한다면 결국 극의 상품성을 떨어뜨리는 꼴이 되지 않을까? 특히 연극과 달리 영화는 편집을 통해 눈 깜짝할 사이에 시공간적인 배치가 달라진다. 대사, 행동, 미장센 또한 마찬가지다. 이런 조건에서 몰입을 방해하는 과도한 낯설게 하기는 오히려 극에 몰입하는 것을 방해할 수 있다. 그렇기 때문에 인식 효과는 이데올로기 효과와 변증법적 관계에 있다고 사고해야 한다.

낯설게 하기는 재현된 세계의 환영적 효과에 대한 비판적 대안으로 나왔다는 점을 잊어서는 안 된다. 실제로 브레히트 자신도 자기 반영성과 리얼리즘의 양립 가능성을 모더니즘 미학으로 보았다.[17] 넷플릭스 오리지널의 상징적 텍스트인 〈하우스 오브 카드〉의 남자 주인공 프랭크 언더우드(케빈 스페이시 분)는 연기 도중 화면을 응시하며 고도로 비즈니스화된 미국 정치의 현실과 속물 정치인들에 대한 평을 늘어놓는다. 그의 대사는 몰입을 방해하기는커녕 오히려 극적 세계에 더 많은 감정 이입을 하게 한다. 그러므로 수용자가 낯설게 하기로 재현된 세계와 현실 세계와의 관계성에서 어떤 의미와 재미를 획득하는 것은 전혀 이상한 일이 아니다.

낯설게 하기는 극의 재현적 기능을 해체하는 것이 아니다. 오히려 현실을 좀 더 냉정하게 지각하게 하는 극작의 경향이다. 미학적 전략으로서 낯설게 하기의 목표는 이야기 안에서 적극적으로 사고하는 관객이지 적극적으로 소비하는 관객이 아니라, 재미를 포기하고서까지 정치적 자각을 강요하는 데 있지 않다.

텔레비전 드라마의 역사는, 그리고 지금의 넷플릭스 같은 OTT 드라마는 대체로 다양한 서사극 형식이 실현되는 과정이라고 보아도 무방하다. 역사적으로 서사극은 전통적인 텔레비전 드라마와 분명히 구분된다. 초기 텔레비전 드라마는 귀족과 궁정 문화와 선을 긋고 중산층과 노동자 계층을 주인공으로 삼아 현실의 삶을 그대로 표현하고자 했던 자연주의naturalist 연극을 텔레비전으로 가져온

"상자 속의 드라마"였다.[18] 자연주의 드라마는 폐쇄적인 내향적 분위기, 사소한 개인 간의 갈등, 개인감정을 도드라져 보이게 하는 클로즈업 등 연극 특유의 '폐쇄된 작은 방'의 문법을 텔레비전에 실으려는 시도였다. 깊은 감정적 몰입을 가져오는 텔레비전의 재현적 리얼리티는 지배적인 감정 구조를 만들기에 충분했다.

1950년대 텔레비전 리얼리즘의 이 같은 재현 방식은 다양한 편집 기법, 야외 촬영, 다양한 볼거리 등 발전한 영화 제작 방식을 수용하면서 시리즈와 시리얼, 솝 오페라Soap Opera,▲ 서부극, 미니시리즈 등으로 분화 발전했다. 대한민국 또한 크게 다르지 않아, 1950년대 후반 라디오 드라마가 일제 강점기 무대극 또는 라디오 소설 같은 "무대취舞臺臭를 탈피하고 '마이크'적인 표현 가능성을 활용"한 것이,[19] 〈여로〉, 〈아씨〉, 〈개구리 남편〉같은 텔레비전 일일극으로 이어졌고, 점차 주말극과 미니시리즈 등으로 발전했다.

넷플릭스 오리지널 서사극은 "빅토리아 시대 연작 소설" 같은 미니시리즈 이미지의 연장선에 있다.[20] 서사 구조는 물론 소비 태도 또한 그렇다. 미니시리즈는 영화와 같이 한 번으로는 분량이 많아 다 담지 못하는 내용을 몇 개의 에피소드로 나누어 만든 텔레비전 시리즈물이다. 적게는 3~4회, 많게는 16회 또는 그 이상을 연속으로 방영한다. 미니시리즈는 "내용상 문학과 영상 매체의 중간에 위치하고 형식상 영화와 텔레비전 시리즈의 중간에 위치한다."[21] 지금

▲ 솝 오페라는 여성들을 주 시청자로 하는 TV나 라디오의 연속극을 말한다.

의 넷플릭스 서사극 시리즈물이 지향하는 바와 같다.

또한 소설 독자가 그렇듯, 넷플릭스 시청자들은 텔레비전 드라마 시청에 투사되는 껄끄러운 즐거움guilty pleasure보다 뿌듯하고 자랑스럽기까지 한 일종의 "껄끄러운 자부심guilty sense of pride" 같은 것을 느낀다.[22] 넷플릭스 서사극을 바라보는 수용자의 시선은 확실히 '바보상자' 패러다임을 넘어서고 있다. 이는 넷플릭스 서사극이 텔레비전 미니시리즈 단계를 넘어설 수 있게 한 서사적 복잡성 narrative complexity, 일괄 출시, 시즌제, 몰아 보기 등이 있었기에 가능한 일이다.

텔레비전 미니시리즈는 초기의 단순한 이야기 구조에서 1990년대 이후 점차 복잡한 서사 구조, 즉 다중 내러티브를 가진 서사 구조로 발전해왔다. 다중 내러티브 방식은 복수의 하위 서사가 중심 서사를 떠받치는 구조로, 몰아 보기 가능성bingeability을 지향하는 넷플릭스 서사극의 기본 서사 구조이다.[23] 널리 알려진 〈소프라노스〉(1999)나 〈로스트〉(2004), 그리고 2013년 넷플릭스가 FOX에서 방송된 것을 사들여 새로이 창작한 〈못말리는 패밀리〉같은 드라마는 전체적으로 하나의 큰 이야기 줄기에서 다층적인 이야기가 그물처럼 연결되어 있다.

이는 동일한 인물과 관계 구조 아래 각기 다른 독립적인 이야기로 구성된 시리즈와 동일한 인물들이 하나의 이야기를 계속 이어가는 시리얼이 결합된 구조이다. 즉, 시리즈처럼 개별 에피소드(하위 서사)가 나름의 완결성을 보이면서도 시리얼처럼 전체적인 주제 의식(중심 서사)을 일관되게 이어가는 구조이다. 말하자면, 영화적인 일회성을 연속적으로 제시해 전체 구조를 완성하는 방식이다. 넷플릭스가 '시네마틱 TV', '양질의 TV'의 전통을 이어받았다고 평가받는 이유이다.

이는 2000년대 디지털 전환과 함께 진행된 서사 형식의 변화를 반영한다. 트랜스미디어 환경에서 극 형식은 일화 중심에서 시리즈 중심, 서사적 자아, 서사적 복잡성, 중심 플롯과 서브플롯 간의 연결, 완결성completeness으로, 수용은 다중적 시청multiple viewing(DVD, 웹하드, 그리고 지금의 OTT에 이르는 다양한 시청 방식)과 재시청(재방송이 아닌)에 대한 보상, 몰아보기, 창작의 자유, 글로벌 코드와 현지 코드의 조화 등으로 진화했다.[24]

이는 신문, 방송, 영화 등 레거시 미디어 형식이 파괴되고, 인터넷에 기반을 둔 미디어와 미디어 간의 협력 체계와 콘텐츠의 자유로운 흐름이 강화됨은 물론 수용자들이 자신이 원하는 콘텐츠를 기꺼이 찾아가는 적극적인 이주성 행동을 보이는 트랜스미디어 스토리텔링이 일반화된 결과이다.[25] 트랜스미디어 경향은 일괄 출시에 따른 몰아보기로 더욱 활발해졌다. 몰아보기는 이전 에피소드를 그대로 기억한 채 계속 시청하기 때문에 수용자가 전체 서사에서 뻗어 나가는 미세한 서사 줄기를 보다 생생하게 간파하는 즐거움을 맛보게 한다.

심지어 재시청(재방송이 아닌)으로 첫 번째 시청에서 놓친 장면이나 인물에 대한 새로운 즐거움을 찾아낼 수도 있다. 그렇기 때문에 넷플릭스의 연속적 서사극은 서사적 완결성을 지향하지만 이야기의 완결을 추구하지는 않는다. 넷플릭스가 OTT 특유의 '서사극적 시청epic viewing'에 주목하는 이유이다. 서사극적 시청은 비단 서사극에만 한정되지 않고 일괄 출시된 그 어떤 콘텐츠 형식에서도 에피소드와 에피소드, 시즌과 시즌을 관통하면서 향유하는 시청 방식이다.

⟨오징어 게임⟩, 비루함의 게이밍gaming

⟨오징어 게임⟩ 또한 넷플릭스의 연속적 서사극 법칙을 대체로 따른다. 게임이라는 단순한 이야기는 중심적·주변적 서사 법칙에 따라 복수의 서사 집단을 만들고, 현실에서 가져온 갖가지 사연으로 그 타당성을 높인다. 물론 ⟨로스트⟩나 ⟨못말리는 패밀리⟩와 비교하면 상대적으로 미약하지만, 일반적인 텔레비전 드라마보다는 훨씬 다층적이다. 이 구도에서 살아남기는 ⟨오징어 게임⟩이 구조화하고 있는 자기 반영성이다. 살아남기는 현실보다 게임 플랫폼에서 훨씬 강렬하다(즉각적 죽음 때문이리라).

　게이밍은 ⟨오징어 게임⟩의 이 같은 인식 효과를 고양하기 위해 선택한 이야기 전개 방식이다(적어도 시즌1은 그렇다). 이는 ⟨킹덤⟩에서 사사화私事化된 정치로 도탄에 빠진 민중을 구하는 미션 해결이나 ⟨지옥⟩에서 (미디어) 감시 사회로부터의 해방(혹은 현실이 더 지옥)을 위해 고지, 시연, 현피의 과정을 돌파해내는 것과 비교된다. 따라서 게이밍은 〈오징어 게임〉이 신자유주의적 현실을 보다 냉정하게 볼 것을 요구하는 낯설게 하기 장치이다.

그렇기 때문에 게이밍이 전체 이야기에서 기능하는 바는 '환유 metonymy'이다. 저마다 강력한 감정 이입을 불러일으키는 개별 인물들의 사연, 승자가 되기 위해서 각기 다른 전략이 요구되는 총 여섯 개의 에피소딕한 게이밍은 신자유주의 시대에서 살아남기가 얼마나 치열하고 비루한 일인지 말한다.

〈오징어 게임〉은 팍팍한 현실을 그대로 보여주는 드라마를 선택하는 대신 사연 많은 루저들을 게임에 참여시켜 사실 현실이 그렇게 살벌한 곳임을 드러낸다. 하지만 게이밍을 보는 수용자가 그것을 눈치 채기는 쉽지 않다. 수용자들은 게임 자체에 먼저 몰입할 것이기 때문이다. 역설적이게도 이런 낯설게 하기는 등장인물들을 게임에 참여케 한 계기인 실업, 민족적 이질성, 생명 경시, 외국인 차별 등의 문제를 사라지게 하고 게임에만 열심히 몰두하는 군상들만을 주로 조명한다. 그 같은 현실의 문제는 게이밍에 서사를 부여하는 소재로만 기능하는 것처럼 보인다.

이런 종류의 낯설게 하기는 재현된 세계로부터 벗어나 좀 더 냉정하게 현실을 바라보게 하는 서사극의 낯설게 하기 원칙을 따르지만, 이 경우는 오히려 가혹한 현실을 망각하게 할 수도 있다. 하지만 〈오징어 게임〉에서 가차없이 죽어 나가는 인물들과 또 처절하게 살아남아야 하는 과정을 보다 보면 현실 세계에서의 처절한 살아남기를 은연중에 떠올릴 수밖에 없다.

따라서 〈오징어 게임〉의 낯설게 하기는 두 번의 역설이 작용한다. 첫 번째 역설은 〈오징어 게임〉이 현실을 낯설게 하여 게이밍을 재현해 보이지만, 오히려 그 때문에 현실을 망각하고 게임 속 세계에 몰입하도록 하는 것을 말한다. 두 번째 역설은 바로 그렇게 게임에 몰입하면서 자각하는 현실이다. 게임에서 패배자는 탈락이 확인되는 순간 바로 총을 맞고 죽는다. 게임이니까 가능한(?) 일이지만, 이는 현실 사회에서 패자 부활이 얼마나 힘든 일인지를 충격적으로 환기한다. 게임은 살아남기를 강요하는 현실을 강렬한 이미지로 제시하는 환유적인 장치인 것이다. 결국 〈오징어 게임〉은 두 번의 역설로 냉혹한 현실에서 처절하게 살아남으려는 신자유주의의 시대상과 인물상을 드러내 보인다. 자본이 디자인한 현실이나 게임 속 플랫폼이나 서로가 서로에게 '말'로서 게임의 규칙에 충실할수록 살아남을 가능성이 커진다.

게임의 각 단계에서 등장인물들이, 심지어 주인공 성기훈마저도, 살아남으려 벌이는 이합집산과 속임수, 뇌물, 배신 등을 보고 있노라면 그것이 우리의 현실과 얼마나 다르겠느냐는 생각에 이른다. 그런 비루함은 다소 느슨하게 경험하는 현실과 달리 게임에서 훨씬 응축돼 있고 강렬하다. 게임의 각 단계는 그런 것을 보여주기 위해 사전에 설계된 듯하다. 결국 〈오징어 게임〉은 금융자본주의 시대 인간으로 살아남으려면 얼마나 비루해지는지를 보여주는 서사극이다. 게이밍이 암시하는 현실의 비루함은 비단 한반도에서만 일어나는 일이 아니기 때문에 〈오징어 게임〉은 전 세계 누구라도 유사한 감정을 투사할 수 있다.

서사극 형식은 시청자가 재현된 낯선 세계에만 머물지 않고 현실을 보다 도드라지게 자각하도록 한다. 그래서 현실에 감정 이입하는 드라마보다 인종이나 국경, 성, 나이 등을 넘어 훨씬 더 보편적인 감성을 불러일으킨다. 자신의 목숨 값을 위해 몸을 팔고 그런 몸을 던져 통쾌한 복수를 하는 한미녀, 이타심이 몸에 밴 듯하지만 궁지에 몰려서는 속임수를 선택하는 성기훈, 합리적인 사리 판단과 배려를 보이지만 속임수로 스스로 베푼 배려를 뒤집는 조상우, 바깥 세계로 나갈 이유를 찾지 못하고 소망이 있는 새벽에게 게임을 양보하는 지영이. 이런 인간상은 문화적 맥락, 살아가는 지리적 위치, 갖가지 사회경제적 지위와 무관하게 감정 이입할 수 있는 보편적인 모습이다. 저 멀리서 보면 현실은 게임과 크게 다르지 않다.

플랫폼 리얼리즘, 서사극적 시청의 정동

〈오징어 게임〉은 넷플릭스를 떠나 2021년 전체를 대표하는 콘텐츠이다. 관련 비평 글이 차고 넘친다. 얼마 전에는 〈오징어 게임〉의 OST에 대한 글을 읽었다. 궁금하던 차이기는 했다. 2021년 핼러윈 코스튬은 물론 세계 곳곳의 행사장에서 초록색 트레이닝복과 진분홍 유니폼, 그리고 ○△□ 가면이 여전히 물결을 이룬다. 제79회

골든글로브에서는 인종 차별 논란 속에서도 텔레비전 시리즈 드라마 부문 작품상, 남우주연상, 남우조연상에 노미네이트되어 남우조연상을 거머쥐었다. 전 세계인들이 트랜스미디어를 타고 넘으며 접하고 감동하고 공유하는 가운데 벌어지는 플랫폼 리얼리티의 한 단면이다.

나는 앞에서 『컨버전스 컬처』의 저자 헨리 젠킨스 글을 인용하면서 레거시 미디어 형식의 파괴, 인터넷 기반 미디어들의 협력 체계와 콘텐츠의 자유로운 흐름, 수용자들의 적극적인 이주성 행동 등 트랜스미디어 환경과 그 스토리텔링에 대해 말했다. 〈오징어 게임〉에서 파생하는 수많은 트랜스미디어 텍스트들은 서로가 서로를 지지하면서 이야기 세계를 꽃피운다.

플랫폼 리얼리즘은 힘 있는 어떤 개체가 한 방향으로만 내뿜는 리얼리티(가령 KBS는 공공성의 재현을, SBS는 상업성의 재현을)가 아니라 이용자들이 서로에게 영향을 주고받는 가운데 생성되는 리얼리티다. 거기에는 어떤 표상이 선이고 악인지 구분하는 것이 불필요하다. AMC에서 만들었지만 넷플릭스 덕분에 전 세계에 알려진 〈브레이킹 배드〉에서는 고순도 마약을 만드는 전직 화학 교사 월터가 점점 더 악당이 되어감에도 그에 대한 감정 이입은 점점 더 강렬해진다.

넷플릭스처럼 전 세계에 걸쳐 일어나는 이 같은 커뮤니케이션은 공공성과 상업성, 집단과 개인, 로컬과 글로벌을 구분하지 않고 텔레비전 재현에 일반적으로 반응하는 방식이다. 이는 특정 문화로 맥락화되지 않는 보편적인 복잡계적인 활동이다. 이 같은 복잡계 미디어에서 플랫폼 리얼리티는 전통적인 미디어 효과effect에 정동affect이 겹쳐지면서 나타난다.

미디어 연구에서 효과는 뉴스나 드라마, 다큐멘터리 같은 대중 장르가 생산하는 지배적인 감각의 리얼리즘으로 어떤 인지나 태도가 바뀌는 것을 일컫는다. 이야기 장르에서 효과는 수용자가 비극에서, 더 나아가 극 일반에서 얻는 연민과 공포에 이르는 감정의 카타르시스다. 카타르시스는 몸 속 불순물을 제거하는 배설과 정화, 더 나아가 말과 감정의 발산인데, 독자가 어떤 심리적 상태에서 감정적으로 경감되고 정화된다는 윤리적, 정서적, 인지적 개념이다.[26]

소설이나 시, 그리고 전통적인 텔레비전 드라마에서 카타르시스는 현실의 모순이나 불합리 등 수동적인 감정 상태에 있는 수용자에게 그런 현실을 모방한 텍스트를 보여줌으로써 자신의 현재 상태에 대한 위로, 공감, 성찰, 더 나아가 변화의 가능성이라는 능동적 감정을 가지게 한다. 텔레비전 드라마가 작동시키는 정서적 리얼리즘emotional realism은 수용자들이, 솝 오페라의 경우 대체로 여성 수용자들이, 자신이 처한 수동적인 감정 상태를 정화하는 카타르시스를 통해 얻는 리얼리티다.[27] 이는 수용자가 위치하는 현실과 드라마 속 세계가 시공간적으로 일치할수록 더 커진다.

하지만 서사극은 정서적 리얼리즘에 따른 즉각적인 태도 변용에 인식 효과를 더한다. 인식 효과는 극이 표상하는 세계를 지각하는 감정이다. 지각의 감정은 극이 재현하는 현실의 지배적인 이데올로기에 굴복하는 것이 아니라 오히려 현실을 냉정하게 들여다보면서 획득하게 된다. 이는 일차적으로 서사극의 극적 세계가 현실과 시공간적으로 동기화되어 있지 않음으로써 가능한 일이다.

서사극은 서부극, 모험극, 미스터리 등으로 표출되는 미니시리즈의 시간성과 정서적 관계성을 가진다. 게다가 넷플릭스 수용자들은 자신의 취향에 따라 제각각 원하는 콘텐츠를 따로 소비한다. 대량의 평균적인 정서 효과와 다른 감정 경험이다. 그럼에도 앞서 보았듯이, 서사극 또한 보편적인 감정 이입의 정서를 포함한다.

〈오징어 게임〉은 신자유주의가 몰고 올지도 모를 죽음의 공포라는 감정을 게이밍을 통해 강렬하게 경험시킨다. 그런 공포는 인간관계에서 호의와 친절을 베풀어도, 좋은 대학을 나와도, 강인한 육체나 욕망의 육체를 가져도, 지옥 같은 곳에서 벗어나도 피할 길이 없다. 그런 공포를 이겨낼 수 있는 힘은 오로지 자본에서만 나온다. 따라서 우리는 각각의 인물이 처한 사연과 죽음에 이르는 과정에서 연민을 느끼지만 그뿐이고, 그런 냉혹한 현실에 대한 지각과 인지를 내려놓지 못한다.

세계 곳곳에서 〈오징어 게임〉을 흉내 낸 현실판 게이밍이 펼쳐지고 즐겁게 그것을 소비하지만, 살아남기가 주는 긴장감만은 쉽사리 사라지지 않고 지속된다. 어린 시절 골목길 놀이를 즐겼던 세대는 교과서 속 단정한 영희와 '무궁화 꽃이 피었습니다'를 읊조리는 무표정한 영희 인형 사이에서 심각한 인식의 괴리를 발견할지도 모른다. 이미지의 힘으로 볼 때, 수용자에게 고무인형 영희는 신자유주의 시대의 비인간성과 죽음의 이미지를 강렬하게 압박한다.

정치학이나 예술, 미학, 철학, 사회학은 이 같은 감정을 정동이라 칭한다. 정동은 실체나 속성들의 변용 양태(스피노자)로서 정서의 무의식적인 이행(들뢰즈)을 뜻한다. 정동은 몸과 세계, 미디어, 이미지 등 우리 사회를 구성하는 어떤 힘이나 강도, 다시 말해 "신체적 표면에 작동하는 물질적 반응이자, 사회적이고 문화적인 실천이며, 끊임없는 접촉과 변용을 통해서 전체로 퍼지는 강도와 힘의 문제"이다.[28]

예술의 영역에서 정동은 인간이 예술과 관계 맺는 방식으로, 단순한 감정적 배설이 아닌 지각과 인지 활동으로서의 예술 감상이다. 이는 개인적이기보다 사회적이고, 일시적이기보다 역사적이다. 주체를 단순히 계급이나 신분, 나이, 성 등으로 귀속시키지 않고 감정적 주체로 고찰하는 것이다. 역사적으로 이성과 합리에 비해 격하되어왔던 감정의 문제가 자본주의 내 문화적인 것들에서 중요한 사회적 주제로 승격한 것이다. 이는 자본주의가 고도화하면서 더욱 강력해지는데, 가령 친밀성의 표현인 웃는 표정과 상냥한 말씨는 이제 자본화된 감정노동의 정동으로 변질되었다. 이런 감정들은 미디어와 이미지를 타고 곳곳으로 넘나드는 가운데 제도화되고 규격화된다.

미디어 연구에서 정동은 등장인물이나 이야기의 내용에 대한 감정 이입과 비교되는 감정으로 상정한다. 김예란은 개인의 감정, 느낌, 사고, 의견이 다양한 육체적, 상징적 소통 과정의 감성 공론장

을 통해 사회의 마음, 사회적 관계, 사회 활동이라는 정동이 발생함을 역설한 바 있다.[29]

트랜스미디어 시대 특정 텍스트가 발생시키는 어떤 감정과 그것에 따른 인간의 반응은 곧잘 감정적 배설이 되곤 하지만 기본적으로는 감정의 운동적 힘으로서 정동적 현상이다. 그것은 동의하는 데 그치지 않고 전염된다. 미디어가 순수한 감정에 투사하는 강력한 효과를 동의라 한다면, 전염은 인지적이고 지각적인 감정을 무의식적으로 물들이는 것이다.

디지털 자본주의 품 속의 자율예술

〈오징어 게임〉은 각각의 등장인물에게 공감하지 않을 수 없는 정서적 감정 이입을 유도하지만, 궁극적으로는 신자유주의 시대에 처절하게 살아남아야 한다는 인지적, 지각적 감정을 불러일으킨다. 이는 대한민국을 넘고 인종과 성, 나이를 넘어 이 시대의 누구라도 소통 가능한 하나의 세계관을 구성한다. 그래서인지 우리는 〈오징어 게임〉의 주인공 성기훈이나 깐부 오일남, 새벽에게 감정 이입하지만, 그런 처지와 상황에 가슴 아프게 공감하기보다 살아남기의 세계를 더 생각하게 된다.

플랫폼 리얼리즘의 이 같은 특성은 발터 벤야민Walter Bendix Schönflies Benjamin이 말한 기술 복제 시대의 미디어 기능 전환 논리와 그 맥이 닿아 있다.[30] 미디어 기능 전환은 기술 복제 시대의 문화 산업을 허위의식의 생산 기지로 보았던 시각을 배제하고, 오히려 그것의 전복 가능성을 일컫는 말이다. 나치가 미디어를 통한 공감의 카타르시스로 대중을 통제했던 정치의 예술화는 수용자가 흔히 '아우라'라 일컫는 현재성과 원본성을 느끼도록 했기 때문에 가능한 일이었다. 하지만 미디어의 대량 복제는 사실 문화의 절대적 지위를 해체해 그 카리스마를 녹이고, 그것이 인위적 세계라는 지각된 감정을 고양시킬 수 있다. 기술 복제 시대 예술에서 아우라를 찾는 것은 무지한 일이기 때문이다.[31]

서사극은 아우라를 내려놓은 이야기를 통해 어떤 지각된 감정을 읽기를 기대한다. 하지만 조금만 꼼꼼히 들여다보면, 서사극 또한 자본주의의 일반적 법칙이나 욕망 안에 있기 때문에 미디어의 기능 전환이 어디까지 가능할지 의문이다. 〈오징어 게임〉이 남긴 신자유주의 시대에서 살아남기의 서사 또한 넷플릭스라는 자본의 기획이기 때문이다. 넷플릭스가 일관되게 강조하고, OTT의 일반적인 성격으로 볼 때 당연하기도 한 '창작의 자유'는 한편으로 미디어의 기능 전환이라는 면을 엿보이지만, 그 역시도 신자유주의가 기획한 한 부문이라 할 수 있다. 20세기 자본으로부터의 독립을 원했던 자율예술이 21세기 신자유주의 시대에 이르러 상품으로서의 가능성을 극대화한 문화활동이 되어가는 형국이다.

논지에서 다소 벗어난 이야기이지만, 그렇게 보면 NFTNon Fungible Token▲ 현상은 원본성 기술이 부활시킨 아우라를 가지고 갖가지 자율 예술을 디지털 자본주의의 틀 안으로 끼워 넣는 것이라 할 수 있다. NFT가 예술 작품에서 시작한 것은 우연이 아니다. NFT는 열화 없는 복제로 평범해질 대로 평범해진 (예술) 세계에 이미지의 원본성을 부여해 이야기의 세계가 거꾸로 현실을 직조해낼 수 있는 계기를 마련했다. 벤야민이 말한 아우라가 넘치는 전통적인 이미지와 달리, 기술 복제 시대에 범람하는 이미지가 분산적이고 우연적으로 경험하는 것을 일컬은 '시각적 촉각성visual textile'에 어떤 차이를 부여하는 것이다.[32] 기술은 대중의 문화경험을 또 어디로 유도해낼까?

이 글은 〈오징어 게임〉을 가지고 전통적인 텔레비전 리얼리즘과 다른 플랫폼 리얼리즘에 대해 말했다. 〈오징어 게임〉에 대한 서사극적 적용과 해석이 작가의 연출 의도, 넷플릭스의 선택 의도와 일치하는지는 알 수 없다. 비평은 그 자체로 독립적인 영역이니 답이 복수로 존재한다고 해도 탓할 일은 아니다. 문제는 설명의 타당성일 것이다.

넷플릭스가 식별된 개인을 대상으로 하는 VOD 비즈니스를 모델화해왔다는 점을 염두에 두고 보면, 평균적인 정서가 아닌 감정의 우발성을 인정하는 복잡계 미디어와 서사극 탐구는 하나의 대안

▲ NFT는 '대체 불가능한 토큰'의 약자로, 디지털 파일의 진품 증명서다. JPG, GIF, 오디오 등 다양한 디지털 파일의 소유권을 위변조가 불가능하고 탈중앙화한 블록체인 형태로 발행해 보관한다. 무한 복제가 가능한 디지털 파일에 NFT로 소유권자를 기록하면 원본과 복제본을 구분하고, 원본 디지털 파일의 거래도 가능해진다.(구본권, 「진품 보증하는 '디지털 아우라'인가, '튤립 투기' 재연일까?」, 『한겨레』, 2021년 4월 19일 참조.)

적 설명 틀이 될 수 있을 것이다. 넷플릭스로부터 시작한 스트리밍 서비스의 서사극적 시청이 몰고 올 새로운 리얼리즘의 경험에 대해 관심을 기울일 때이다.

각주 ——————————————————————————————————

1) John Fiske. 「Television Culture」, New York: Routledge, 1987, p.21.

2) Henry Jenkins, Sam Ford & Joshua Green, 「Spreadable media: Creating value and meaning in a networked culture」, New York University Press, 2013.

3) Mark Buchanan, Ubiquity: Why catastrophes happen, New York: Three Rivers Press, 2002; 김희봉 옮김, 「우발과 패턴」, 시공사, 2014.

4) Jongsoo LIM, 「The 4th Industrial Revolution and the emergence of algorithmic media: Changes in media form and cultural shock」, New Physics: Sae Mulli 2017; 67(5), pp.530-541.

5) Roger Penrose, 「The Emperor's new mind: Concerning computers, minds and the laws of physics」, Oxford University Press, 1989: 박승수 옮김, 「황제의 새 마음: 컴퓨터, 마음, 물리법칙에 관하여」, 이화여자대학교출판문화원, 1996.

6) 미디어 연구에서 복잡계는 계산기계의 수학적 알고리즘을 "마음 상태(state of mind)"로 본 앨런 튜링의 선구적 아이디어와, 그 과정을 되먹임 개념으로 체계화한 커뮤니케이션의 수학적 모델(클로드 섀넌)과 사이버네틱스(노버트 위너) 등을 기반으로 한 지적 프로젝트의 결과물이다. Alan Mathison Turing, 「On computable numbers, with an application to the Entscheidungs problem」, Proceedings of the London Mathematical Society, 1936, p.42, pp.230-265; Claude Elwood Shannon, 「A mathematical theory of communication」, 「The Bell System Technical Journal」 27(3), 1948, pp.379-423, pp.623-656; Norbert Wiener, 「Cybernetics:

or control and communication in the animal and the machine」, Cambridge, MA: MIT Press, 1948; 임종수, 「오토마타 미디어: AI 미디어의 커뮤니케이션 양식을 위한 시론」, 『언론과사회』 26권 4호, 2018, 33~84쪽 참조.

7) 에릭 벤틀릭 · 김진식, (2018). 「연극_에릭 벤틀리의 사색하는 극작가 읽기 7: 브레히트와 서사극의 출현」, 『공연과리뷰』 24권 1호, 2018, 191~200쪽.

8) David Norman Rodowick, 「The cirsis of political modernism: Criticism and ideology in contemporary film theory」, University of Illinois Press, 1988; 김수진 옮김, 『현대 영화 이론의 궤적』, 한나래, 1999.

9) Netflix original series - 〈The future of television is here〉, Youtube, posted by netflix, September 3, 2013. https://www.youtube.com/watch?v=_kOvUuMowVs

10) 한정국, 「영화 〈매드맥스: 분노의 도로〉 서사 구조 분석」, 『한국엔터테인먼트산업학회논문지』 12권 3호, 2018, 83~93쪽.

11) David Harvey, 「A brief history of neoliberalism」, Oxford University Press, 2007.

12) Alex Moazed & Nicholas L. Johnson, 「Modern monopolies: How online platform rule the world by controlling the means of connection」, New York: St. Martin's Press, 2016.

13) Kesting Marianne, 「Das epische Theater: zur Struktur des modernen Dramas」, German; Kohlhammer, 1959; 차경아 옮김, 「서사극 이론: 현대 드라마의 구조」, 문예출판사, 1996.

14) 심광현, 「영화적 미메시스와 이데올로기」, 『문화과학』 2017년 겨울호(통권 92호).

15) 이상일, 「브레히트, 서사극, 낯설게 하기 수법」, 푸른사상, 2020, 47쪽.

16) 김희숙, 「연극에서의 '낯설게 하기': 러시아 아방가르드 연극과 브레히트」, 노어노문학 10권 2호, 405~431쪽.

17) Robert Stam, 「Reflexity in film and literature: From Don Quixote to Jean-Luc Godard」, New York: Columbia University Press. 1992: 오세필 · 구종상 옮김, 「자기 반영의 영화와 문학: 돈키호테에서 장 뤽 고다르까지」, 한나래, 1998.

18) Raymond Williams, 「Television: Technology and cultural form」, New York: Schocken Books, 1974, p.56.

19) 최요안, 「문예방송의 10년」, 『방송』 1958년 8월호, 41쪽.

20) Glen Creeber, 「Mini-series」, Glen Creeber, Toby Miller & John Tulloch(Eds.), 「The Television Genre Book」, London: British Film Institute, 2001; 박인규 옮김, 「텔레비전 장르의 이해」, 산해, 2004, 65쪽.

21) 남명희. 「영미권의 영화형 TV 드라마 시리즈 고찰」, 『영화연구』 36권, 2008, 190쪽.

22) Emil Steiner, 「Binge-watching in practice: The ritual, motives and feelings of streaming video viewers」, Cory Barker & M. Myc Wiatrowski(eds.), 「The age of Netflix」, McFarland, 2017; 임종수 옮김, 「넷플릭스의 시대」, 팬덤북스, 2019, 289쪽.

23) Arienne Ferchaud, 「Binge and Bingeability: The antecedents and consequences of binge watching behavior」, New York: Lexington Books, 2020.

24) Stephen V. Duncan, 「Guide to screenwriting success: Writing for film and television」, London: Rowman and Littlefield, 2006; Jason Mittell, 「Narrative complexity in the

contemporary American television」, 『The Velvet Light Trap』 Vol.58(1), 2006; Peter Szondi, 『Theory of the modern drama』, London and New York: Polity Press, 2020.

25) Henry Jenkins, 『Convergence culture: Where old and new media collide』, New York: New York University Press, 2006.

26) 김혜진, 「독자의 능동성에 대한 문화교육적 고찰」, 『문화교육학』 71호, 2021.

27) Ien Ang, 『Watching Dallas: Soap opera and the melodramatic imagination』, London: Methuen. 1985 참조.

28) 박현선, 「정동의 이론적 갈래들과 미적 기능에 대하여」, 『문화과학』 2016 여름(86호), 64쪽.

29) 김예란, 「감성 공론장: 여성 커뮤니티, 느끼고 말하고 행동하다」, 『언론과사회』 18권 3호, 2010.

30) 김겸섭, 「디지털 시대에 다시 읽는 '매체 기능 전환' 론: 벤야민과 브레히트의 매체 이론을 토대로」, 『독일어문학』 17권 3호, 2009; 임성규, 「아우라(Aura)의 몰락으로 읽는 전통 예술과 문화의 변혁: 발터 벤야민의 '기술 복제 시대의 예술 작품'」, 『인문과학연구』 9권, 2008.

31) 정낙림, 「매체와 예술의 종말: 벤야민의 이론을 중심으로」, 『철학논총』 106집, 2021.

32) 박성원, 「게임 애니메이션의 시각적 촉각성 연구」, 『한국콘텐츠학회논문지』 6권 11호, 2006 참조.

〈오징어 게임〉은 한국 드라마를 어떻게 바꿀까?

이성민

한국방송통신대학교 미디어영상학과 조교수

〈오징어 게임〉은 기존의 드라마 한류와 무엇이 다를까?

이 글은 〈오징어 게임〉의 세계적인 성공이 한국 드라마의 세계화 현상에 어떤 새로운 변화를 보여주고 있는지 탐구하는 것을 목적으로 한다. 이 글에서 이야기하려는 내용을 한마디로 정리하자면, 〈오징어 게임〉은 한국 드라마의 소비는 물론 생산 측면에서 세계화의 새로운 국면을 보여주는 사례라는 것이다.

　〈오징어 게임〉이 한국 드라마가 전 세계의 시청자들에게 광범위하게 주목을 받은 수용 현상으로서 가치를 갖는다는 점은 분명하다. 그럼에도 기존의 한국 드라마 한류에 대한 논의의 흐름과 〈오징어 게임〉의 성공은 다소 다른 결을 보여준다. 〈오징어 게임〉이 온라인 콘텐츠 순위 집계 사이트 플릭스패트롤에서 세계 1위를 지키고 있을 때, 8~10위에서 순위권을 계속 오갔던 〈갯마을 차차차〉는 사람들의 흥미를 불러일으켰다. 사실 〈갯마을 차차차〉는 기존에 아시아에서 주목을 받은 한류 드라마의 원형에 가깝다. 매력적인 배우가 출연하고, 아름다운 로맨스를 그려내며, 빛나는 풍광을 담는 방식의 이야기는 특히 아시아권에서 높은 호응을 불러일으켰다.

이에 비해 〈오징어 게임〉은 전통적인 한류 드라마와는 전혀 다른 계보의 폭력적이고 자극적이며, 상징적인 시청각 요소 등을 바탕으로 전례 없는 신드롬을 몰고 왔다. 이러한 변화는 넷플릭스라는 글로벌 OTT 서비스가 만들어가는 새로운 영상 생산과 소비 전략을 떼어놓고는 이야기하기 어려운 일이다.

소비와 생산은 분명히 긴밀히 연결되어 있다. 어떤 작품이든 수요가 충분하지 않으면 창작으로 이어지기 어렵다. 이를 뒤집어 말하면, 수요가 충분하다는 것을 발견한다면 새로운 이야기가 창작의 기회를 만날 수 있다는 것이다. 이런 점에서 넷플릭스와 작업했던 국내 창작자들이 한결같이 이야기하는 것에 주목할 필요가 있다. 바로 '넷플릭스가 없었다면 이 작품은 세상에 나오지 못했을 것이다'라는 이야기다.

〈오징어 게임〉의 황동혁 감독도, 2008년에 기획된 작품이 10년 동안 제작을 거절당하다가 넷플릭스와 만나서 세상에 나올 수 있었다고 이야기한 바 있다. 이는 뒤집어 말하면, 분명 한국에는 〈오징어 게임〉과 같은 작품을 만들 취향과 역량을 가진 창작자가 10년 전에도 이미 존재했다는 말이 된다. 한국에서는 나름의 생산과 소비 조건에 맞춘 작품을 중심으로 창작이 이어지고 있었고, 이들 작품이 초기 드라마 한류의 성격을 규정했다. 그리고 넷플릭스가 창작의 기회를 제공한 〈오징어 게임〉은 새로운 드라마 한류의 시작을 알리고 있다.

이 글은 이러한 새로운 한류 드라마가 세상에 '등장'하게 된 변화를, 넷플릭스가 만들어낸 글로벌 텔레비전의 새로운 수용과 생산 구조 측면에서 이해하는 것을 목적으로 한다. 먼저 기존 드라마 한류의 흐름을 간략히 살펴보고, 넷플릭스가 만들어낸 새로운 영상 생산과 소비 구조를 검토한 뒤, 〈오징어 게임〉을 통해 드러나는 새로운 드라마 한류의 성격을 논의하고자 한다.

아시아 중심의 셀러브리티celebrity 한류를 넘어 새로운 이야기 한류로

아시아 주요 국가들에서 한국 드라마의 인기는 '한류'라는 현상의 출발점이었다. 〈사랑이 뭐길래〉 같은 초기 한국 드라마가 중국 내에서 인기를 끌면서 '한류'라는 말이 생겼다. 그 뒤 일본에서 〈겨울연가〉, 아시아 지역에서 〈대장금〉이 인기를 얻으면서 1차 한류의 시작을 열었다.

초기 드라마 한류의 성격을 논의할 때 중요한 점은, 이런 드라마의 생산 구조가 어떠했느냐는 것이다. 2000년대 초반부터 2010년대 초반까지 한국 드라마는 철저하게 '방송'이라는 매체와 연결되어 만들어졌다. 방송에서 편성을 기반으로 드라마 제작이 결정되고, 그 수익에서 광고 판매가 높은 비중을 차지하며, 해외 판권 판매가 추가적인 수익을 보장하는 방식이었다.

그러다 한국 드라마의 해외 판매 수익이 늘어나면서, 드라마의 제작 규모가 커지고 해외에서 인기가 많은 소위 '한류 스타'의 참여가 중요해지는 방식이 점차 드라마 산업에 도입되기 시작했다. 한류 스타가 중심이 되는 한국 드라마의 해외 수출은 주로 아시아 국가들에 집중되었고, 이러한 해외 판매를 바탕으로 방송사와 함께하는 드라마 제작사의 역량도 보다 강화됐다.

아시아 지역에서 드라마 한류가 만들어낸 변화는 다층적이었다. 1차 한류라 할 초기 드라마 한류는 사실상 '한류 스타'라는 단어로 대표되는 '셀러브리티 한류'의 성격이 강했다. 드라마 제작과 유통에 참여한 이들도 물론 한류의 성취를 일부 나눠 가졌으나, 대부분의 공은 이들 '배우'에게 돌아갔다. '아시아 프린스'처럼 한류 스타를 지칭하는 단어들이 부상한 것도 이때였다. 드라마를 통해 인기를 얻은 한류 스타들은 아시아를 순회하며 광고 모델 등 다양한 활동을 전개했다.

이러한 '셀러브리티 한류'의 특성을 잘 보여주는 것이 당시 제작 구조에서 배우 중심의 합종연횡이었다. 한류 스타의 출연과 이들을 통한 부가적인 수익화가 중요한 비즈니스 모델이었던 상황에서, 드라마 산업의 중심에는 배우 매니지먼트를 담당하는 기업들이 자리 잡게 되었다. SM, JYP 등 당시 엔터테인먼트 기업들은 영상 콘텐츠 제작사를 인수 합병하며 '종합 콘텐츠 회사'로 진화를 시도했다.[1] 셀러브리티가 중심이 되고, 이들의 가치를 확장하는 수단으로 드라마 등 콘텐츠에 주목하는 전략이 주류가 되었던 것이다.

셀러브리티 한류 드라마에 변화를 가져온 중요한 요인은 중국 방송 산업의 성장과 관련되어 있었다. 중국의 방송 산업은 2010년대 이후 폭발적인 성장을 이어갔고, 그 성장에 한국 드라마 산업이 동참하게 된 것이다. 〈별에서 온 그대〉가 중국 시장에서 성공한 일은 중요한 변곡점을 만들어냈다. 이 드라마는 기존 셀러브리티 한류 드라마의 주요 속성들을 담았으나, 기존 한국 드라마와 차별화되는 새로운 이야기와 시각 효과 등을 반영한 대형 작품의 특성도 갖고 있었다.

〈별에서 온 그대〉는 중국에서 그야말로 신드롬을 불러일으켰다. '천송이 코트'나 '치맥' 등 드라마에 등장한 다양한 요소 하나하나가 크게 유행했다. 한국 드라마를 향한 중국 시청자들의 큰 호응에, 한국 드라마 산업은 중국이라는 엄청난 성장 시장에 대한 기대를 바탕으로 투자의 규모를 키웠다. 당시로서는 대규모 자본이 투입된 또 다른 대작인 〈태양의 후예〉의 성공도 이러한 방향을 가속화했다.

주목해야 할 것은, 드라마 한류가 가져온 변화 속에서 한국 드라마 산업이 처한 당시 조건이다. 해외에서는 한국 드라마를 향한 관심이 증가하는 데 반해, 국내에서는 기존 드라마의 전형성에 불만과 비판이 늘어나고 있었다. 한국 드라마에서 '연애'를 빼면 이야기가 안 된다는 식의 비판이 대표적이다. 이러한 비판론의 등장은 한국 드라마 수용자의 취향 변화와 긴밀히 연관되어 있다.

2000년대 중반 이후 한국에서는 '미국 드라마(미드)'를 선호하는 새로운 취향의 시청자들이 성장하고 있었다. 이들을 타깃으로 한 작품을 제작하기 시작한 것도 이때였다. 특히 드라마 산업에서 새로운 우위를 확보하려는 사업자들이 적극적으로 움직였다. OCN과 같은 PPProgram Provider(방송 채널 사용 사업자) 채널에서 방송한 〈신의 퀴즈〉 등의 드라마들이 호평을 받으며 새로운 창작 경향을 선도했다. 비록 당시에는 이 드라마들이 '주류'로서 소비되지 않았지만, 새로운 취향을 겨냥한 작품을 만들 기회가 창작자들에게 주어졌다는 점에서 중요한 변화였다.

중국 시장이라는 새로운 성장 가능성에 대한 기대와 새로운 드라마 창작자의 등장이 결합한 결과를 상징적으로 보여주는 것은 '스튜디오 드래곤' 같은 스튜디오 시스템의 등장이다. 이는 자사 채널 편성 드라마 제작에 집중하는 기존의 폐쇄적인 창작 구조를 벗어나서, 보다 확장된 드라마 유통을 고려한 성장 전략이었다. 스튜디오 시스템을 통해 기획 PD를 중심으로 중장기적인 관점에서 IP를 확보하고, 콘텐츠를 기획하며, 이렇게 만든 작품을 순차적으로 배포하는 전략을 취하려고 했다.

하지만 이러한 시도는 갑작스레 닥친 '한한령'으로 중국 시장이 막히게 되면서 위기를 맞는다. 넷플릭스는 바로 이 빈틈을 파고들면서, 국내 드라마 산업에 새로운 흐름을 만들어내기 시작했다. 〈미스터 션샤인〉(2018)이 대표적인 사례다. 이 작품은 제작비 430억 원으로 사전 제작했는데, 해외 시장 판매가 없다면 당시에 상상하기 어려운 대자본을 투입했다. 그러나 2017년 갑자기 중국으로 수출을 못하게 되자 넷플릭스에 글로벌 방영권을 모두 넘겨주는 선택을 한다.

넷플릭스는 해외 시장을 염두에 두고 대형화한 드라마 제작 시장의 확장을 감당할 수 있는 자본을 투입했다. 아울러 한국에서 구독자 수를 늘리는 현지화 효과를 누렸다. 이렇게 생산과 수용 모든 영역에서 영향력을 확대하기 시작했다.

한국의 드라마 콘텐츠가 아시아 지역에서 인기가 많은 것을 확인한 넷플릭스는 단순한 방영권 확보를 넘어서 오리지널 작품의 제작 투자에 직접 나섰다. 2019년 1월 〈킹덤〉을 시작으로, 넷플릭스는 한국에서 오리지널 콘텐츠 제작에 투자한 결과를 본격적으로 공개했다. 그리고 2년의 시간이 흐른 뒤, 〈오징어 게임〉이 전 세계를 뒤흔들었다.

즉, 〈오징어 게임〉은 한국 드라마가 '한류'라는 이름으로 해외 시장에서 성과를 높이며 대형 작품을 만들 역량을 길러왔던 흐름 속에서 탄생한 것이면서, 다른 한편으로는 '넷플릭스'라는 새로운 변화의 결과라는 이중성을 갖는다. 전통적으로 아시아 지역에서 인기를 얻었던 드라마와 전혀 다른 성격이고, 넷플릭스가 제공한 온전한 창작의 자유의 결과라는 점에서 〈오징어 게임〉은 한국 드라마가 이어온 '세계화'의 역사에 새로운 장을 열어가고 있는 것이다.

글로벌 텔레비전 넷플릭스, 영상 생산과 소비를 바꾸다

왜, 그리고 어떻게 넷플릭스는 〈오징어 게임〉과 같은 작품을 '한국에서' 만들 수 있었을까? 우리가 주목할 것은 이 작품의 제작 결정을 넷플릭스는 왜, 어떻게 내렸는가 하는 지점이다. 넷플릭스는 글로벌 텔레비전으로서 자신의 서비스가 경쟁력을 확보할 수 있게끔 제작 투자를 결정한다. 이때 우수한 창작자를 유인하기 위해 더 큰 자유를 제공하는 것이다.

이러한 투자 결정의 흐름에서 발견하는 특징 중 하나는, 전통적인 '국가'에 따른 구분을 넘어선 '취향'을 중심에 두는 새로운 수용자 집단의 존재다. 이들은 국경을 넘어서 특정한 취향을 기반으로 작품을 소비한다. 로컬의 창작자들은 이 새로운 타킷 수용자를 고려해 작품을 창작한다. 〈오징어 게임〉은 이러한 전략의 거대한 성공을 보여주면서, 한국 드라마 생산자들에게 새로운 세계화의 방향성을 제시해주고 있다.

예를 들어, 〈오징어 게임〉이 초기에 관심을 모았던 이유 중에 하나가 한국에서 만든 데스 게임 장르의 드라마라는 점을 생각해보자. 공개 초기에 국내에서 보인 반응 중에는 다양한 데스 게임의 클리셰를 반복하는 범작이라는 평가도 다수 있었다. 주로 장르물에 익숙한 팬덤들이 이런 반응을 보였다. 이들은 〈배틀 로얄〉과 〈헝거 게임〉, 〈신이 말하는 대로〉, 〈아리스 인 보더랜드〉 등 유사한 장르의 작품들과 〈오징어 게임〉을 비교하면서, 그 유사성과 차이점을 찾아 내는 것을 즐겼다. 물론 〈오징어 게임〉은 이러한 장르 팬덤의 범위를 넘어서 더 폭넓게 인기를 얻었다. 그렇지만 초기 기획 단계에서 이러한 장르 팬덤의 존재는 분명 중요한 고려 요인이었을 것이다.

넷플릭스와 함께 드라마 제작을 진행해본 이들은 넷플릭스가 타깃층이 분명한 이야기에 더 의미를 둔다는 점을 강조한다.[2] 넷플릭스 오리지널로 전 세계적인 명성을 얻은 〈종이의 집〉, 〈나르코스〉 등이나 〈킹덤〉, 〈#살아있다〉처럼 한국에서 공급한 작품들 역시 범죄, 스릴러, 좀비물처럼 특정한 장르 팬덤을 겨냥한다는 점을 눈여겨볼 필요가 있다. 190개국 2억 명이 넘는 가입자를 확보한 진정한 의미의 '글로벌 텔레비전'인 넷플릭스는, 콘텐츠를 기획할 때 데이터를 기반으로 효율적인 선택을 하는 것으로 알려져 있다. 국가별로 봤을 때는 소수이지만, 전체 가입자로 보면 다수인 장르 팬덤을 겨냥한 작품을 기획해 넷플릭스 고유의 색깔을 만들어가는 전략을 취하는 것이다.

넷플릭스는 글로벌 텔레비전이자 스타트업으로서 성장을 위해 다음과 같은 전략을 활용한다. 먼저 생산의 글로벌화이다. 미국에서 높은 제작 비용을 감당하기보다, 현지 창작자를 발굴해 라이브러리를 확보하면서 필요한 비용을 낮추는 효율화를 시도한다. 소비의 글로벌화도 중요한 부분이다. 자막과 더빙을 적극적으로 활용해 콘텐츠의 글로벌 수용에 필요한 장벽을 최대한 낮춘다. 이는 스스로 확보한 다양한 국가의 콘텐츠를 더욱 잘 활용하기 위한 전략적 선택이기도 하다. 이를 통해 넷플릭스는 190개국에서 생산한 콘텐츠를 현지화한 방식으로 공급하는 거의 유일무이한 플랫폼, 즉 '글로벌 텔레비전'의 지위를 획득했다.

중요한 것은 넷플릭스가 기존의 '국경'을 단위로 인식하던 수용자 집단을 '취향'을 중심으로 규정하는 전략을 '가시화'했다는 점이다. 넷플릭스는 글로벌 창작, 글로벌 소비를 효율적으로 하기 위해 취향 집단 중심으로 접근하고 있다. 마이너한 감성으로 소외되었던 취향 그룹이, 글로벌 단위에서는 의미 있는 다수를 구성할 수 있다. 넷플릭스는 취향 중심의 팬덤을 위한 플랫폼으로서의 가치를 높이기 위해 이들에게 맞는 작품을 제작할 수 있다. 넷플릭스에 강하게 충성하는 글로벌 팬덤을 형성할 수만 있다면, 보다 적극적으로 취향에 맞춰 콘텐츠를 제작하는 것이 더 효율적일 것이다.

넷플릭스의 이런 생산 방식은 사실상 '취향 중심의 현지화'라 할 수 있다. 이때의 '현지'는 국가가 아니라, 취향을 중심으로 새롭게 구획된 팬덤의 영토에 가깝다.[3] 넷플릭스는 190개국에서 소비자와 직접 연결하는 DTCDirect-to-Consumer 전략을 기반으로 확보한 다양한 데이터를 바탕으로 보다 직접적인 취향 집단을 발굴하고 기획을 전개한다.

이 지점에서 문화적 할인cultural discount이라는 개념을 짚어볼 필요가 있다. 전통적으로 문화적 할인은, 문화 콘텐츠가 국경을 넘어

다른 문화권에 진입할 때 문화적인 맥락의 차이로 매력이 반감되는 경향을 말한다. 그런데 문화적 할인은 오직 '국가'의 차이만으로 작동한다고 보기는 어렵다. 한 국가 안에서도 다양한 취향 집단이 존재하며, 취향과 문화 경험의 차이는 콘텐츠를 접할 때의 재미에 많은 영향을 준다. 반대로 특정한 장르적 취향을 가진 사람이라면, 국가가 달라도 다양한 콘텐츠를 즐겁게 소비할 수 있다.

드라마 소비에서 서로 다른 콘텐츠를 소비하는 시청자들이 가진 취향의 특성과 차이를 검토한 일련의 연구들은 흥미로운 논점을 제공한다. 강명구 교수 연구진은 두 편의 논문을 통해 한국과 중국에서 드라마를 보는 이들의 '취향 지도taste map'를 그렸다.[4] 이를 통해 시청자들은 하나의 취향 집단이 아니라 사회, 경제, 문화적 자본으로 차별화되고, 서로 다른 감성 취향을 가진 이질적 집단임을 확인했다. 2000년대 후반 한국에서 등장한 미국 드라마 팬덤을 분석한 연구에서도 특정한 취향을 가진 집단의 분화를 발견했다.[5] 이런 연구들은 국가 단위가 아닌, 특정한 내적 '취향'이 중심이 되는 수용 집단의 존재를 분명히 드러낸다.

다만, 이들의 취향을 충족시키는 작품이 반드시 해당 국가 내에서 생산되는 것은 아니다. 일반적으로는 드라마 제작에 필요한 비용 문제 때문에 해당 국가 내 주류의 취향에 맞는 작품들을 생산한다. 단일 국가 내에서 소수의 취향을 가진 이들이 만족하는 작품이 만들어지기는 어렵다는 말이다. 그래서 이들 팬덤은 국가의 경계를 넘어서 다양한 작품을 섭렵하는 전략을 취한다. 물론 이런 취향을 가진 이가 일정 규모 이상으로 늘면, 이들을 위한 작품을 더 많이 생산하는 환경이 마련된다. 한국의 창작자들이 취향 집단의 크기에서 오는 제약으로 국내에서는 가질 수 없었던 창작의 기회를 넷플릭스와 만나면서 펼친 것이 바로 〈오징어 게임〉을 성공으로 이끈 중요한 원동력이 된 것이다.

넷플릭스식 '현지화'의 특징은 디즈니의 전통적인 현지화 전략과 비교하면 보다 두드러지게 나타난다. 디즈니는 현지화를 위해 특정 문화권과 인종의 참여를 확대하는 전략을 취한다. 아시아 소비자를 고려한 〈라야와 마지막 드래곤〉, 중화권 소비자를 고려한 〈뮬란〉, 최근에는 〈샹치〉 같은 작품들이 대표적이다. 이들은 과시적으로 현지 문화 요소를 전면에 내세우면서 시청자들에게 다가가려고 한다.

반면에 넷플릭스는 국적을 강조하기보다 취향의 코드를 강조한다. 〈오징어 게임〉은 데스 게임을 좋아하는 사람들의 연계 소비를 자극하는 출발점이 되는 콘텐츠다. 실제 〈오징어 게임〉이 흥행한 이후, 〈아리스 인 보더랜드〉 순위가 급부상한 것도 이러한 연계 소비 현상과 관련이 있다. 즉, 〈오징어 게임〉의 성공은 전통적인 '국경' 중심의 문화적 할인이 '취향' 중심의 소비 집단에서는 훨씬 약하게 나타나며, 이러한 접근이 실제 글로벌의 보편적인 흥행에서도 성공할 수 있음을 증명해낸 사례이다.

취향 중심 콘텐츠의 성공 가능성을 보여준 〈오징어 게임〉

〈오징어 게임〉이 성공하고, 미디어 시장이 넷플릭스를 비롯한 OTT 로 재편되자 국내 드라마 창작자들에게도 새로운 기회가 생겼다. 취향 중심의 작품을 더 많이 제작할 여건이 만들어진 것이다. 취향 을 중심으로 하는 글로벌 팬덤 집단을 발견한다면, 그런 취향을 가 진 국내 창작자의 이야기가 세상에 나올 기회가 더 많아진다. '세상 에 없던' 이야기를 더 많이 만들어낼 기회가 확보되는 것이다.

그런 점에서 〈오징어 게임〉 이후 한국 드라마는 기존과 달리 '보편성'을 획득한 다양한 레퍼토리로 구성될 것이라 기대해본다. 넷플릭스는 취향 중심의 보다 뾰쪽한 팬덤 플랫폼의 성격을 분명히 보여주고, 그 성공을 과시했다. 앞으로도 글로벌 OTT가 진출을 확 대하면 더 많은 취향의 발견으로 이어질 가능성이 높다.

기존에는 한국 드라마의 보편성을 아시아적 가치나 혼종성의 방식으로 이야기하고, 이 요소들이 갖는 문화적 할인 때문에 아시 아 중심의 소비가 이어질 것이라고 보는 시각이 주류였다. 이 논의 들은, 새로운 취향 집단을 대상으로 한 시장의 확인이 창작을 자극 하고 다양성을 확대하면서 나타날 변화의 폭발력을 간과했다. 이에 대해 『시사인』의 이상원 기자는 기존 로맨스 중심의 드라마를 '한 류 드라마'로, 최근 넷플릭스를 통해 글로벌 성공을 거둔 일련의 드 라마를 'K-드라마'로 구분한다.⁶ 이때의 'K-드라마'는 기존에 '한 류 드라마'라는 이름으로 불리던 콘텐츠의 계보와 유형의 틀에서 벗어난 작품들이라는 특징을 보여준다.

그렇다고 전통적인 '한류 드라마'의 가치가 줄어들었다는 말이 아니다. 〈갯마을 차차차〉 같은 드라마의 취향 역시 글로벌로 확대되었고, 여전히 아시아 지역에서는 강한 인기를 얻었다. 'K-드라마'와 '한류 드라마'가 공존하며, 전반적인 '한국' 드라마에 대한 인식을 바꿔 나가고 있는 것이다. 글로벌 OTT 서비스는 기존에 의미있는 시장으로 인식하지 못했던 취향 중심의 시청자를 위한 작품을 창작하게 해준다는 점에서 한국 드라마의 레퍼토리 지평을 넓혀주었다. 한국 드라마 산업은 진정한 '글로벌'을 지향하는 콘텐츠 생산을 확대할 것이고, 이를 중심으로 산업의 파이프라인을 구조화할 것이다.

글로벌 OTT의 투자 확대가 이끄는 한국 드라마 산업의 변화는 아직 시작 단계라고 할 수 있다. 분명 〈오징어 게임〉은 훌륭한 IP지만, 이는 전 세계에서 새로운 글로벌 텔레비전을 통해 새로운 이야기를 소비하려는 일부 사람들의 취향을 발견한 것에 지나지 않는다. 한국 드라마 산업은 아시아에서, 그리고 세계의 팬덤과 접점을 만들어내며 지금까지 다양한 방식으로 진화해왔다. 〈오징어 게임〉의 성공은 이러한 진화에 새로운 방향성을 부여하고 있다.

이쯤에서 넷플릭스가 〈오징어 게임〉을 통해 얻은 것은 무엇인지 다시 질문해보자. 넷플릭스는 취향 중심의 접근이 보다 보편의 반응을 불러일으킨다는 성공 공식을 획득했고, 글로벌 팬덤을 대상으로 확장할 수 있는 오리지널 IP를 확보했다. 넷플릭스가 글로벌

IP를 활용해 성공한 사례 중 하나는 바로 〈종이의 집〉이다. 넷플릭스는 이용 데이터와 글로벌 유통 역량을 바탕으로, 팬덤 중심의 창작과 유통을 효율적으로 하기 위해 글로벌 생산-유통 체계를 갖추었고, 그 효과를 증명했다. 이러한 생산 구조를 획득하는 일은 다른 OTT에는 아직 먼 얘기다. 넷플릭스가 새로운 시대에 맞는 영상 생산과 소비의 가치 사슬에서 비교 우위를 증명한 것이다.

또 하나 주목해야 할 것은, 사람들이 '새로운 이야기'를 원한다는 점이다. 새로운 취향과 수용자를 '발견'함으로써, 이제 새로운 이야기의 '창작'이 가능해졌다. 이러한 수용과 생산의 결합은 새로운 IP 팬덤의 형성으로 이어질 가능성이 높다. 이에 대해 영국의 인터넷 매체『리뷰 긱Review Geek』은 중요한 점을 지적한다.[7] 전통적으로 글로벌 시청자의 시선을 독점했던 미국의 작품들이 매너리즘에 빠져 있는 사이에, 넷플릭스를 통해 새로운 콘텐츠를 원하는 사람들에게 한국의 콘텐츠가 주목을 얻었다는 것이다.

한국 드라마는 보다 보편적인 글로벌 팬덤에게 새로운 정체성과 취향의 상징으로서 소비되는 새로운 IP의 창출을 이어 나갈 기회를 맞이했다고 볼 수 있다. 기존에 발견하지 못했던 취향 집단은 글로벌 단위에서 결집할 수 있는 새로운 '상징'을 필요로 한다. 이들은 글로벌 OTT를 통해 발견한 새로운 취향 집단으로, 자신들의 정체성을 드러낼 구심점으로 콘텐츠 IP에 주목한다. 〈오징어 게임〉은 이러한 새로운 시대의 글로벌 콘텐츠 IP로 부상했고, 앞으로 나올 새로운 시즌들을 통해서 그 힘을 이어갈 것이라 기대를 모으고 있다.

〈오징어 게임〉의 글로벌 팬덤이 말해주는 것

〈오징어 게임〉의 성공이 특별한 이유는 일반적인 '흥행'을 넘어서 '팬덤'이 형성됐다는 점에 있다. 단적으로 이후에 공개된 〈마이 네임〉, 〈지옥〉과 비교해보자. 두 작품 모두 글로벌 시청자들에게 좋은 반응을 얻었음은 분명하다. 〈지옥〉도 초반에 무서운 기세로 높은 순위권을 기록했지만, 〈오징어 게임〉보다 빠른 속도로 순위에서 이탈했다. 반면 〈오징어 게임〉은 여전히 순위권에 머무르며 인기를 이어가고 있다.

〈마이 네임〉이나 〈지옥〉은 특히 〈오징어 게임〉이 보여준 열성적인 팬덤의 다양한 활동을 촉발하지 못했다. 〈오징어 게임〉은 틱톡 등 소셜 미디어에서 다양한 챌린지가 진행됐고, 전 세계적으로 놀이 문화 체험과 핼러윈 코스튬, 공식 복장 등의 굿즈 판매에 이르는 연계 활동이 폭발적으로 일어났다. 〈오징어 게임〉의 형식에 직접 참여하고 싶어 하는 열망도 흥미로운 지점이다. 유명 유튜버가 직접 기획한 실제 〈오징어 게임〉은 거대한 관심을 불러일으켰다. 해외 한국 대사관들에서 개최한 〈오징어 게임〉 체험 행사에 참여하는 현지 사람들의 열기는 〈오징어 게임〉이 만들어낸 팬덤의 에너지를 잘 보여준다.

〈오징어 게임〉이 열광적인 팬덤의 참여를 촉발한 중요한 요인 중 하나는 팬덤에게 '놀이'의 요소를 제공했다는 점이다. 헨리 젠킨스Henry Jenkins는 팬 커뮤니티의 문화적 생산과 사회적 상호 작용을 중심으로 하는 문화를 '참여 문화Participatory culture' 개념으로 설명했다.[8] 참여 문화는 생산자와 이용자가 모두 콘텐츠를 생산하는 주체가 되는 현상을 말한다. 여기에 더해 '스프레더블 미디어Spreadable Media'▲라는 개념을 통해 참여 문화의 저변 속에서 사람들의 참여를 촉발하고 바이럴을 일으키며 확산되기에 적합한 콘텐츠의 중요성을 강조한다. 팬들은 콘텐츠의 특정 요소를 문화적 따라하기인 '밈meme'의 형태로 전유하고, 소셜 미디어 등을 활용해 확산하며, 이를 가지고 그야말로 '놀이'의 판을 벌인다.

〈오징어 게임〉 콘텐츠에는 팬들의 참여를 촉발할 만한 다양한 놀이 요소가 가득하다. 무궁화 꽃이 피었습니다, 달고나 뽑기, 딱지치기 등의 게임은 사람들에게 참여해보고 싶은 마음을 불러일으킨다. 동그라미, 세모, 네모로 구분한 진행 요원의 가면과 참가자의 초록색 트레이닝복은 누구나 시도해보기 좋은 유용한 코스튬이다. 첫 게임의 집행자 역할을 했던 영희 로봇은 넷플릭스 공식 쇼핑몰에서 9.8인치 크기의 피규어로 발매되었다(2022년 1월 발송 예정으로 선주문 진행).

▲ 스프레더블 미디어는 특정 텍스트나 콘텐츠를 이용하는 사람들이 이를 가공하거나 재구성하고 공유하면서 '참여 문화'로 옮아가는 것을 설명하는 말이다. 헨리 젠킨스가 공동 집필한 책의 제목이기도 하다.

시즌2를 둘러싼 다양한 '떡밥'을 두고 수많은 의견이 쏟아지는 것 역시 팬덤의 참여 문화의 중요한 일부이다. 유튜브와 각종 위키 형태의 게시판에는 다양한 해석과 예상이 가득하다. 이는 전형적으로 강력한 팬덤을 형성하는 과정인 작품, 즉 콘텐츠 IP에서 두드러지게 나타나는 현상이다. 공존하는 다양한 콘텐츠 해석을 둘러싼 논의 그 자체가 콘텐츠를 즐기는 하나의 중요한 방법인 것이다.

우리는 이러한 팬덤의 참여 문화가 보여주는 전형적인 모습들을 주로 미국 할리우드의 프랜차이즈 영화들에서 확인하곤 했다. K-팝의 성장과 더불어 글로벌 K-팝 팬덤의 참여 문화를 확인하긴 했지만, 영상 콘텐츠 분야에서는 이런 전례가 없었다. 시즌2가 나올지 말지, 나온다면 어떤 이야기를 담을지, 작품 속 인물들의 뒷이야기와 장면마다 숨겨진 떡밥의 의미가 밝혀질지 아닐지를 두고, 전세계 사람들이 온라인 공간에서 논의하고 기대하는 작품이라는 위치를 한국의 〈오징어 게임〉이 차지한 것이다.

물론 한 작품의 성공만으로 팬덤의 활동이 지속되기는 어렵다. 시즌제라는 형식으로 끊임없이 작품의 지속 여부를 판단하는 치열한 경쟁 시스템에서, 〈오징어 게임〉은 작품의 품질과 팬덤 관여의 가치를 계속 증명해 보여야 한다. 그럼에도 글로벌 팬덤의 생산적인 참여 대상이 되는 작품을 한국이 만들어낼 수 있고, 이 사실을 세계 사람들이 받아들인다는 점이 중요하다.

넷플릭스는 사업을 시작한 이후 그토록 원했던 글로벌 슈퍼 IP를 〈오징어 게임〉을 통해 드디어 확보했다. 그래서 이번에 잡은 기회를 놓치지 않으려 할 것이다. 시즌2를 이어서 진행해 지속적인 팬덤 참여와 부가적인 비즈니스를 확장하기 위해 다양한 시도를 이어갈 것이다. 비록 〈오징어 게임〉이 한국 '기업'의 콘텐츠 IP가 되지는 못했지만, 글로벌 기업의 IP 확장 노력 속에서 한국의 창작자는 물론 다양한 산업의 요소들이 그 성장에 동참할 기회가 더 많이 열릴 것이다.

한국의 콘텐츠가 글로벌 시장에서 뾰족한 팬덤에게 가시적인 성과를 얻을 가능성이 높다는 것을 확인했다. 한국의 창작자 역시 이러한 성장의 방향성을 바라보며 새로운 시도를 이어갈 것이다. 이 점은 앞으로 IP 팬덤을 형성하는 데 긍정적인 변화다. 할리우드는 계속 익숙한 IP의 변주에 머무르고 있고, 일본 애니메이션도 새로운 IP의 창출보다 기존 IP의 적절한 활용에 주력하고 있다. 모두가 '추억'에 머물러 있을 때, 한국 콘텐츠는 '새로움'을 대표하며 글로벌 팬덤에게 다가가기 시작했다. 레거시 IP의 전통이 무겁거나 식상한 세대에게, 한국의 콘텐츠가 새로운 팬덤 정체성의 원천으로 자리 잡을 기회가 열린 것이다.

이렇게 형성된 IP 팬덤은 한동안 비교 우위를 갖는 산업적 경쟁력의 원천이 될 가능성이 높다. 즉, '한국적 가치'보다 한국의 창작자가 발견한 새로운 '취향'의 단위들을 중심으로 하는 IP 팬덤이 앞으로 이어질 드라마 한류의 중심이 될 가능성이 높다. 앞에서 말했듯이, 앞으로 한국 드라마 IP 팬덤은 전통적인 로맨스 중심의 한류 드라마 팬덤과 전혀 다른 취향을 가진 집단일 가능성이 높다. 그리고 어떤 시점에서는 콘텐츠에 담긴 세상이 한국의 모습과 아주 거리가 먼, 무국적의 이야기 세계가 될 것이다. '한국 없는 한류'가 새로운 드라마 한류의 정체성이 될 수 있는 것이다.

물론 취향 중심의 콘텐츠 팬덤이 '한국 문화'에 대한 관심과 완전히 거리를 두지는 않을 것이다. 우리에게 남아 있는 추억의 작품들을 돌아보자. 홍콩 영화가 한국을 휩쓸었을 때, 우리는 작품의 팬덤이 되면서, 동시에 당대의 홍콩 문화에 관심을 자연스럽게 넓혀 나갔다. 즉, 우수한 작품을 지속할 문화적-산업적 저변에 대한 글로벌 시청자들의 인식과 관심은 한국에 대한 새로운 인식과 관심으로 옮겨 갈 것이다. 즉, 드라마 한류는 보다 확장된 취향 팬덤과의 교류 속에서 새로운 성격을 다시 만들어 나갈 것이다.

〈오징어 게임〉은 한국의 드라마 한류가 그동안 걸어온 확장의 길에 새로운 변곡점을 가져오는 거대한 사건이었다. 음악 산업에서 한류가 그러했듯이, 한국의 드라마 산업은 글로벌 시장과 긴밀히 상호 작용을 하면서 새로운 생산과 소비 구조를 형성해 나갈 것이다. 한국의 음악 산업은 글로벌 팬덤과 함께 성장하며 음악 생산의 글로벌화, 플랫폼을 활용한 팬덤 관여의 확대, 그리고 산업 간의 융합을 통한 복합 산업으로 진화해가고 있다. 한국의 드라마 산업 역시 글로벌 시장의 강력한 수요를 동력 삼아, 그 성격을 변화시켜 나갈 것이다.

글로벌 미디어스케이프mediascape의 변동과
새로운 시청자의 성장

무엇보다 중요한 것은 한국의 영상 콘텐츠 산업 전반이 글로벌 시장을 겨냥하는 방식으로 재편될 것이라는 점이다. 이는 한국 영상 콘텐츠의 전 세계 진출만을 의미하는 것이 아니라, 영상 콘텐츠 산업의 생산과 소비 전반에서 글로벌 편중을 벗어난 방식이 확대될 것이라는 의미이다. 이러한 변화를 설명하기에 유용한 개념이 바로 '미디어스케이프'와 '글로컬라이제이션glocalization'이다. 미디어스케이프는 미디어가 보여주는 세계를 뜻한다. 글로컬라이제이션은 세계화Globalization와 지역화Localization를 합성한 말로, 세계화를 추구하면서 현지에 맞는 전략을 취한다는 의미이다.

1990년대에 인류학자이자 세계화 이론가인 아르준 아파두라이 Arjun Appadurai는 '미디어스케이프'라는 개념을 통해, 기술의 발전과 세계화가 가져올 변화에 대해 설명했다. 그는 영상 유통을 글로벌로 확대하는 기술들이, 사람들의 정체성 형성에 영향을 주는 요소를 미디어로 공급하는 방식을 변화시킬 것이라고 지적했다.

당시에는 위성 방송을 미디어스케이프 변동의 핵심 동력으로 보았다면, 지금은 글로벌 소비자와 직접 연결되는 영상 분야의 DTCDirect to Consumer 서비스인 OTT의 확장이 그 힘이 되고 있다. 글로벌 OTT 서비스들은 중간 단계 없이 직접 전 세계 시청자와 연결되고, 그리고 글로벌 제작자들에게서 확보한 다양한 영상을 우리의 미디어 풍경 앞에 펼쳐놓는다. 이는 과거에 로컬 콘텐츠에 친숙했던 소비자들의 취향을 보다 글로벌한 방식으로 확장한다.

꽤 오랜 기간 글로벌 비즈니스로 성장했던 영화 산업과 달리, 방송 영상 산업은 의외로 지역 사업자의 영향력을 오랫동안 유지해왔다. 가정의 스크린으로 직접 연결하는 매체적인 특성상 오랫동안 주요 방송 사업자들에게는 높은 규제를 유지했고, 특히 소유 규제나 편성 등의 측면에서 자국 콘텐츠를 중심으로 소비하도록 유지하는 기반들을 지키고 있었다. 글로벌 OTT 서비스들은 바로 이런 방송이란 규제의 틀을 뚫고 직접 시청자들의 스크린에 연결된다. 과거 어느 때보다, 미디어스케이프를 더 글로벌한 요소들로 채울 수 있는 환경이 마련된 것이다.

중요한 사실은 이러한 변화가 한국에서만 벌어지는 일이 아니라는 것이다. 미디어스케이프의 글로벌화를 경험하는 것은, OTT 서비스가 성장하고 있는 거의 모든 나라에서 나타나는 현상이다. 아파두라이가 내다본 것처럼, 미디어스케이프의 글로벌화는 우리의 정체성과 취향에 새로운 레퍼토리를 가져다준다.

지역으로 파고들기 위해 글로벌 OTT 사업자들이 선택한 현지화 전략은 바로 이러한 미디어 스케이프의 변동과 결합된다. 넷플릭스는 190개국에 진출하는 과정에서 사업의 효율성을 위해 권역별 장르의 리더십을 갖는 지역의 특정 콘텐츠 장르에 집중 투자하는 전략을 취했다. 이 과정에서 한국은 드라마가 선택되었고, 일본은 애니메이션이 선택되었다. 넷플릭스와 협업을 통해 제작한 콘텐츠들은 지역성을 담으면서도, 전 세계 시청자를 염두에 두는 그야 말로 글로컬화된glocalization 창작 방식을 취한다. 그 결과로 넷플릭 스는 다양한 권역에서 우수한 콘텐츠를 전 세계에 배포하며, 새롭 게 형성되는 미디어의 풍경mediascape을 보다 다양한 지역의 색깔이 담긴 콘텐츠로 채워준다.

〈오징어 게임〉은 넷플릭스의 글로컬라이제이션 전략이 성공적 이었음을 증명해준 사건이었다는 점에서, 앞으로의 방향성에 영향 을 줄 가능성이 높다. 이는 과거에 서구 중심으로 편향되었던 영상 콘텐츠의 지형을 탈중심화하는 동력으로 작동할 수 있다. 자막이라 는 1인치 벽을 넘어, 새로운 경험과 취향 형성의 기회를 얻으려는 사람이 증가할 구조적인 변화가 글로벌 OTT를 통해 나타나고 있 는 것이다.

이러한 변화는 상호적이다. 글로벌 시장에 영상 콘텐츠를 공급 할 만한 경쟁력을 가진 나라는 지금보다 더 다양하게 확대될 것이 다. 글로벌 DTC 진출을 확대하고 현지화를 시도하는 사업자가 늘 어날수록 다양한 국가에서 나온 콘텐츠들의 글로벌 공급은 더욱 확 대될 것이다. 이미 우리도 과거보다 다양한 국가의 콘텐츠를 더 손 쉽게 만나고 있다. 이 과정에서 보다 다양한 취향을 가진 시청자들 의 분화가 확대될 것이다. 그리고 이러한 시청자들과의 만남 속에 서 드라마 한류는 또 다시 새로운 단계를 향해 진화할 것이다.

드라마 한류는 어디를 향해 가는가

〈오징어 게임〉의 거대한 성공 이후, 우리는 한국에서 제작한 드라마가 글로벌 시청자들에게 연이어 사랑받는 모습들을 계속해서 보았다. 해외 주요 외신들도, 한국이 새로운 시대에 이야기 생산의 거점이 될 것이라는 점에 점차 주목하기 시작했다. 한국의 이야기에 주목하는 사람이 늘어나면서, 우리는 기존에 제한적인 국내 시장의 수요에 맞춘 창작의 틀을 벗어나 더 넓고 더 다양한 취향의 사람들에게 닿을 것을 기대하며 드라마를 만들 수 있게 되었다.

지금 드라마 한류가 걸어가는 길은 아무도 가보지 않은 길이다. 비서구권의 드라마가 전 세계에서 사랑 받고, 이러한 생산을 이어갈 수 있는 구조를 만들어낸 것은 전무후무한 일이다. 영화 산업의 글로벌 시장 확대 속에서 '할리우드'의 명성이 형성된 것처럼, 이제 드라마 산업에서 한국은 새로운 창작의 기지로 자리 잡기 시작했다. 여기서 우리는 사람들이 단지 '한국'을 사랑하기 시작한 것이 아니라, 한국이 만들어낼 '새로운 이야기'를 기대하기 시작했다는 점에 주목해야 한다. 이는 '한류'라는 단어로 담아내기 어려운, 보다 새롭고 글로벌한 이야기 창작과 유통 방식의 변화가 나타났음을 의미한다.

한국 드라마는 〈오징어 게임〉으로 모습을 드러낸 새로운 시대의 팬덤과 함께 호흡하면서, 보다 글로벌해진 드라마 산업의 구조 속에서, 전 세계에 새로운 창의성을 발현하는 과정에서 진화해갈 것이다. 할리우드가 글로벌 문화 산업의 중심으로서 전 세계의 다양성을 담아내는 방식으로 진화했듯이, 이제 한국의 드라마 산업도 오히려 한국의 모습을 드러내기보다, 다양한 나라의 새로운 취향을 담아내는 그릇으로서 확장해갈 것이다. 〈오징어 게임〉 이후 한국 드라마 산업이 새로운 시대에 맞는 드라마 한류의 확장된 모습을 열어갈 것을 기대해본다.

각주 ────────────────────────────

1) 유재혁, 「"연예기획사는 옛말…종합 콘텐츠 회사로 불러다오"」, 「한국경제」, 2014년 1월 24일.

2) 유건식, 「넷플릭스 한국 드라마 시장을 바꾸다」, 한울, 2021.

3) 김동은, 「가상화된 무대에선 '부캐'가 주역, 고객 관리 노하우 근본부터 수정해야」, 「동아 비즈니스리뷰」 317호, 2021년 3월.

4) 강명구·신혜선·우창쉐·양수영·바이원잉, 「중국 텔레비전 시청자의 드라마 소비 취향 지도」, 「방송문화연구」 25권(1호), 197~233쪽, 2013; 강명구·신혜선·양수영·오창학, 「한국과 중국 시청자의 드라마 취향 프로파일 비교」, 「한중인문학연구」 49집, 169~198쪽, 2015.

5) 이종수, 「미국 드라마 수용의 즐거움과 온라인 팬덤」, 「한국방송학보」 22권(3호), 213~254쪽, 2008; 임정수, 「프로그램 친숙도의 분석을 통해 본 미국 드라마의 수용에 대한 연구」, 「한국언론학보」 52권(3호), 53~75쪽, 2008.

6) 이상원, 「다 같은 한국산인데, 왜 K드라마는 먹히고 한류 드라마는 잠잠하지?」, 「시사IN」 743호, 2021년 12월 15일.

7) Greg Wheeler, 「Why is Squid Game so popular? How Netflix's K-drama took the world by storm」, 「The Review Geek」, October 4, 2021.

8) Henry Jenkins, 「Fans, Bloggers, and Gamers: Exploring Participatory Culture」, New York University Press, 2006.

〈오징어 게임〉의 경제 효과
1조 원이 말하지 않는 것들

김윤지

한국수출입은행 해외경제연구소 연구위원

산업이 된 문화, 숫자가 된 콘텐츠 가치

〈오징어 게임〉이 세계적으로 큰 성공을 거두자 언론에는 이와 관련한 기사가 넘쳐났다. 전 세계 넷플릭스 시청 1위라는 영광스런 기록과 함께 이 드라마에 나온 게임들을 즐기는 세계 여러 나라 사람들의 반응이 이어졌다. 한국 드라마가 얼마나 대단한 일을 해냈는지 '국뽕'을 고취하는 기사들도 더해졌다.

이윽고 이렇게 큰 성공을 거뒀으니 수익은 얼마나 되는지 궁금증을 불러일으키는 기사들이 나오기 시작했다. 그런데 아뿔싸, 넷플릭스라는 해외 OTT에 IP를 통째로 넘긴 탓에 국내 제작사는 달랑 제작비만 받았고, 모든 수익은 넷플릭스가 거둔다는 슬픈 소식이 전해졌다. 언론들은 앞다퉈 허탈감을 이야기했고, 재주는 곰이 부리고 돈은 미국 '왕서방'이 벌었다며 아쉬워했다. 조금 더 나아간 언론들은 넷플릭스가 〈오징어 게임〉으로 거둔 수익을 나름대로 추정하기도 했다.

언론의 이런 반응은 국내 콘텐츠가 해외에서 큰 성공을 거둘 때마다 마치 루틴처럼 나타나는 현상들이다. 언론들은 국내 콘텐츠의 큰 성공에 박수 치며 온 국민의 자부심을 잔뜩 고양시키다가, 그 성공의 경제적 가치가 얼마인지 궁금해한다. 숫자가 크면 그래서 더 대단하다 놀라워하고, 이런저런 원인으로 숫자가 작으면 안타깝다며 구조적인 문제를 훈계한다. 문화적 성공의 크기를 경제적 가치로 환산하는 모습은 우리에게 매우 익숙하다.

우리 사회가 콘텐츠의 경제적 가치나 경제적 효과에 관심을 가지는 관행은 사실 그리 오래되지 않았다. 사회 전반적으로 경제적 가치의 중요성이 대두된 시점과 맞물린다고 생각하면, 대략 1990년대 후반 IMF 구제금융 이후 자리 잡게 된 현상이다. 그 전까지만 해도 '문화'를 '돈'과 연결 지어 생각하는 것은 흔하지 않았다.

특히 IMF 구제금융 이후 들어선 김대중 정부가 '문화 산업'이라는 캐치프레이즈를 내걸면서, 문화도 '산업'이 될 수 있다고 강조한 것이 한 계기가 되었다. 한 부문이 산업으로 자리 잡으려면 당연히 투자에 대한 기대 수익을 산출할 수 있어야 했다. 이때부터 문화의 경제적 가치에 대한 논의가 본격적으로 촉발하기 시작했다. "영화 한 편 잘 만들면 자동차 150만 대 수출을 넘어선다"와 같은 담론들이 등장하기 시작한 것이다.

이런 분위기 속에서 영화 산업에 벤처 투자가 늘어나면서 국내 영화로 수익을 거둔 뉴스들도 하나둘 소개되었다. 사람들 머릿속에 문화에 '투자'하면 경제적으로 '수익'을 거둘 수 있다는 구체적인 이미지가 자리 잡게 된 것이다.

무엇보다 2012년 가수 싸이의 〈강남 스타일〉의 성공이 결정적 계기가 되었다. 아무리 문화 상품의 경제적 가치를 논하려 해도 진짜 성공이 나와야 수치를 환산하는 의미가 있다. 싸이의 〈강남 스타일〉은 유튜브와 같은 SNS를 통해 한국 콘텐츠가 전 세계에 확산될 수 있다는 전대미문의 충격을 안겨준 사건이었다.

이때부터 언론의 전형적인 반응 형태도 만들어졌다. 뜨거운 해외 반응 소개, 대견함, 자부심에 이어 경제적 가치로 넘어가는 것이 하나의 과정으로 등장했다. 하지만 막상 성공은 등장했으나 경제적 가치를 추정하는 방법을 깊이 고민하지 않았던 터라 그 가치를 정확히 산출하는 것이 쉽지 않았다.

결국 "〈강남 스타일〉 경제 효과 1조 원 이상"이라는 형태로 사태는 늘 정리되곤 했다. 이때의 1조 원은 정밀한 추정으로 탄생한 숫자가 아니었다. '어마어마하게 크다'는 의미의 상징적인 숫자였다. 가치 추정에 공인된 방식도 없었고, 직접 추산을 하기도 어려워 '우리가 감히 추정하기 어려울 정도로 매우 크다'는 의미에서 "1조 원이 넘을 것"이라는 추측들로 마무리되었다.

콘텐츠의 경제 효과 추정은 왜 어려울까?

이런 '1조 원' 해프닝들이 이어지게 된 것은 학자들이 게으르거나 무지해서가 아니다. 콘텐츠는 하나의 '상품'이기도 하면서 '문화'라는 특성을 동시에 가진 탓에 기존 산업과 같은 방식으로 경제적 가치를 추정하는 것이 어렵고, 자칫 잘못하면 너무 협소하거나 너무 과장해서 산출할 수 있기 때문이다.

일반적인 제조업 상품이라면 경제학에서는 '산업 연관 분석'이라는 방식을 통해 특정 상품의 경제 효과를 추정한다. 산업 연관 분석은 산업 간의 투입과 산출이 상호 의존 관계가 있다고 보고, 특정 산업이 유발하는 생산, 고용, 소득 등 국민경제의 다양한 파급 효과를 추정하는 것이다.

예를 들어 어떤 과자가 큰 인기를 끌어 그 과자에 대한 수요가 증가했다면, 1) 과자 생산을 늘리기 위한 본원적 생산 요소, 즉 노동과 자본, 밀가루와 같은 중간재 투입 증가분을 더하고, 2) 과자 생산의 연관 산업, 예컨대 과자를 운반하는 데 쓰인 운송 증가량, 판매하는 데 투여된 서비스 증가량 등을 더한 뒤, 3) 연관 산업에서 늘어난 본원적 생산 요소와 중간재 등을 생산하기 위해 발생한 연쇄적 파급 효과를 모두 더해 산출하는 것이다. 이렇게 산출된 경제 효과는 보통 생산 유발 효과, 고용 유발 효과 등으로 표현한다. 1조 원 생산 유발 효과, 10만 명 고용 유발 효과 등과 같은 형태이다.

1930년대에 자리 잡은 방식이지만 이를 따라갈 마땅한 방법이 없어 경제 효과를 추정할 때 가장 많이 쓴다. 우리나라에서는 한국 은행에서 이런 계산을 위해 해마다 산업 연관표를 작성해 발표한 다. 각각의 산업에서 한 단위의 생산을 했을 때 서로 연관된 산업에 서 또 다른 생산을 얼마나 유발하는지를 작성한 표이다. 매우 복잡 하기는 하지만 이 표를 기초로 해서 특정한 분야의 생산량이 늘어 났을 때 연관 효과를 추정할 수 있다.

그런데 이 방식은 〈강남 스타일〉이나 〈오징어 게임〉와 같이 해 외에서 큰 호응을 얻은 문화 상품의 효과를 추정하기는 어렵다. 이 콘텐츠들은 예전처럼 CD나 테이프, DVD 등을 통해 유통하는 것 이 아니어서 상품의 본원적 생산 요소 증가분이 거의 없다는 게 가 장 큰 문제이다. 디지털 음원의 다운로드가 늘거나 영화 스트리밍 횟수가 늘어났다 하더라도 한 번 만든 파일을 추가 생산하는 데 더 들어가는 비용이 거의 없다. 이렇게 추가로 늘어나는 생산이 없으 면 산업 연관에 대한 계산 자체가 불가능해진다.

또 연관 효과가 세계적으로 파급되는 상황이라 우리나라 산업 연관표를 차용하기도 어렵다. 산업 연관표는 기본적으로 한 나라 안에서 발생하는 연관 산업끼리의 유발 관계를 계산하는 것이라 해 외에서 발생하는 유발 효과는 계산할 수 없기 때문이다.

영화와 드라마 같은 영상물은 원래 추가 생산이라는 개념이 없 는 재화라는 특징도 있다. 그래서 보통 영화는 관객 수에 티켓 가격 을 곱한 매출액으로 해당 상품의 수익성을 이야기하곤 했다. 드라 마라면 해외에 판매된 금액을 더해 수출액으로 이야기하기도 한다.

하지만 음악과 영화, 드라마 등은 단순히 '상품'만이 아니라 '문화'라는 속성을 가지고 있어 단순히 매출액과 판매액만으로 경제 효과가 한정되지 않는다는 게 문제이다.

문화 상품은 고유의 판매액과 같은 '직접 경제 효과'보다 이 상품의 인기로 다른 상품의 소비를 유발하거나 다른 행위를 유발하는 '간접 경제 효과'가 높은 것으로 알려져 있다. 한국 드라마를 보면서 한국에 대한 이미지가 좋아지고, 한국 라면을 먹고 싶고, 한국 사람들처럼 옷을 입고 싶고, 한국 소주에 관심을 가지고, 한국에 한번 가보고 싶은 마음이 생기는 것과 같은 효과들이 매우 높다는 것이다. 이것이 바로 단순한 상품은 해낼 수 없는 '문화'의 영향이다.

우리가 경제 효과를 이야기할 때는 문화의 영향에 따른 이런 효과까지 합리적으로 추정했으면 하는 마음이 포함되어 있다. 그래서 이런 부분들을 얼마나, 어디까지 산출할 것인가, 집계는 과연 가능한가 하는 매우 골치 아픈 문제가 남는 것이다.

경제 효과를 이토록 강조했던 이유

이렇게 산출도 어렵고 범위도 명확하지 않은 문화 상품의 경제 효과에 우리는 왜 이토록 집착하고 있는지 한번 생각해봐야 한다. 1990년대 이후 우리는 문화가 산업이 될 수 있다고 이야기해왔지만, 이 산업에는 치명적인 단점이 있었다. 바로 산업 내에 기업들의 규모가 그리 크지 않다는 문제였다. 물론 미국의 할리우드와 같은 곳도 존재하고, 지금은 미디어 기업들의 인수 합병과 실리콘밸리 IT 관련 기업들의 등장 등으로 조금 이야기가 달라지기는 했지만, 전통적으로 문화 산업 내 기업들은 대체로 규모가 작고 영세하다.

문화 산업 내 기업들의 규모가 작은 것은 이 산업의 종사자들이 성실하지 못하거나 문제가 있기 때문이 아니다. 이조차도 문화 산업의 특성 때문이다. 문화 경제학의 토대를 마련했다고 평가받는 윌리엄 잭 보멀William Jack Baumol과 윌리엄 고든 보웬William Gordon Bowen은 이에 대해 '보멀의 비용 압박' 혹은 '비용 질병'이라고 정리했다.[1]

'보멀의 비용 압박'을 간단히 설명하자면 이렇다. 보멀은 우리를 둘러싼 경제 구조가 생산성이 지속적으로 향상될 수 있는 분야와 그렇지 않은 분야로 나뉘어 있다고 보았다. 제조업이 전자에 속한다면 문화 산업은 후자에 속하는 산업이다. 생산성을 지속적으로 높일 수 있는 산업에서는 기계화 등으로 생산 비용을 낮춤으로써 상품 가격도 낮추고 시장의 크기도 키울 수 있다. 대량 생산이 가능하기 때문에 인건비 비중도 높지 않다.

하지만 후자의 산업은 생산성을 높여 비용을 줄이고 상품 가격을 낮추는 것이 어렵다. 1960년대에 이들이 생각한 대표적인 문화 산업은 발레, 연극 등과 같은 공연 예술 산업이었다. 공연 예술에서는 투입되는 노동력의 질에 따라 공연의 수준이 크게 좌우되기 때문에 무작정 인건비를 줄일 수 없고, 티켓 가격을 낮춰 시장을 확대하는 것도 어렵다. 투입 비용을 줄일 수 없는데 시장을 크게 확대하기도 어려우니 '비용 압박'에 직면해 매우 영세한 수준으로 남을 수밖에 없다는 것이다.

그렇다면 이런 산업은 시장에서 도태하는 것이 맞을까? 보멀과 보웬이 했던 중요한 업적은, 이 산업이 '시장 가격을 넘어서는' 가치를 갖고 있기 때문에 단순히 시장 논리만으로 진입과 탈락을 생각해서는 안 된다는 것을 부각시켰다는 점이다.[2] 문화는 단지 시장 가격만으로 환산할 수 없는 '공공재'적 성격이 있어 정부나 공동체가 지원을 해서라도 이 산업이 유지되도록 하는 것이 필요하다는 논리를 정립한 것이다.

'공공재'란 외부 효과 때문에 많은 이에게 편익을 제공하지만, 시장 기능으로는 유지될 수 없는 재화를 뜻한다. 예를 들어 '한류'라면, 어떤 드라마가 큰 성공을 했을 때 생산자들 외의 많은 사람에게도 편익이 발생한다. 공중파 방송에서 제공하는 드라마라면 특별히 비용을 들이지 않고도 광고 몇 편을 보는 대가로 좋은 문화 상품을 즐길 수 있는 것도 시청자들에게는 편익이 된다. 해외 시청자들이 그 드라마를 보고 한국에 호감을 느껴 한국으로 관광을 오고, 드라마에 나온 의류나 식품, 화장품의 판매가 증가하면 해당 사업자들에게도 의도하지 않았던 편익이 발생한다.

그럼에도 정작 그 드라마를 만든 생산자는 적자를 보거나 도산할 수 있다. 과거에는 이런 경우가 정말 많았다. 제작사가 경영 관리에 미흡해 좋은 드라마를 제작하고도 제작비를 거두는 데 실패하는 경우가 종종 있었기 때문이다. 즉, 문화 상품은 여러 사람들이 즐기고 생산자와 무관한 많은 이에게 다양한 사업의 기회를 주는 등 '공공재' 성격을 가진 재화지만, 생산자는 '비용 압박' 등으로 어려움을 겪을 수 있으니 공동체의 편익을 위해 산업이 존속하도록 지원해야 한다는 것을 경제학적으로 정리한 게 보멀과 보웬의 중요한 공로였다.

이러한 논리는 문화를 산업으로 정착시키려 한 우리에게도 매우 요긴했다. 당시의 문화 산업은 가능성이 존재하지만 당장 수익은 높지 않은 분야였다. 대다수의 콘텐츠 기업은 매우 영세하고 성공의 대가도 제대로 챙기지 못했다. 정부는 이러한 분야가 제대로 산업으로 정착하려면 현재 거두는 수익보다 더 큰 경제 효과가 발생할 분야라는 점을 강조하고 싶어 했다. 그런 의도와 맞물려 보멀과 보웬의 논리에서 외부 경제 효과가 높다는 부분을 적극적으로 차용하기 시작했다. 공공재적 성격을 강조하려면 공동체에 돌아가는 편익을 보여야 하는데, 문화적인 측면 외에 경제적인 측면을 함께 강조하는 것이 편익의 구체성을 더 높일 수 있었기 때문이다.

최근 한류의 성공 원인에 대해 많은 외국학자가 "정부의 지원 영향"이라고 이야기하는 것도 이런 부분에 기인하는 바가 크다. 정부가 문화 산업 분야에 어마어마한 정책 자금을 집행하거나 기업들에 특별한 서비스를 제공했다기보다 이 분야가 산업적 가능성이 있음을 줄기차게 강조하고 투자 기반을 정비해 나가고자 한 것이다. 당시의 정부 정책 자료나 생산된 문건들을 보면 이런 정부의 의지를 확인할 수 있다. 물론 그래서 정부가 얼마나 지원했는가를 살펴보면, 쏟아내는 담론에 비해 지원 규모는 그다지 크지 않았다는 게 문제다.

실제로 모태 펀드 활성화 등 벤처 투자 제도를 정비하면서 영화 분야는 성장에 큰 덕을 보기도 했다. 민간 투자를 원활하게 받을 수 있는 구조가 되면서 실제 투자와 수익 회수가 늘어났기 때문이다. 하지만 점차 산업의 성장 가능성이 커지면서 정부의 역할은 축소되었고 시장의 역할이 훨씬 더 커졌다. 시장은 언제나 스스로 돈 냄새를 맡고 움직이기 때문이다. 그럼에도 한국 문화 산업의 성장에 정부의 역할이 컸다고 주장하려 한다면, 문화 산업의 경제 효과를 강조하며 '문화'가 '산업'이 될 수 있다는 레토릭을 꾸준히 유지한 공로를 더 인정하는 게 좋을 것 같다.

그토록 필요하다면, 직접 추정 방식을 만들어보자

2000년대 들어서면서 문화는 실제로 산업으로 변화하기 시작했다. 산업의 규모가 커지면서 사람들은 실제로 경제 효과라는 게 얼마나 되는지 구체적으로 궁금해하기 시작했다. 주식시장에 상장된 엔터테인먼트 기업이 늘면서 기업 수익에 대한 궁금증을 더 노골적으로 표현하기 시작한 측면도 있다. 특정 콘텐츠 뉴스를 신문의 문화면이 아니라 증권 투자를 다루는 경제면에서 다루기 시작한 것이다.

여기에 한류의 성공으로 동남아시아에서 한국의 위상이 달라졌고 한국 화장품, 식품 판매도 크게 늘고 있다는 뉴스가 연일 쏟아지기도 했다. 경제학자로서 나 역시 기업이 얻는 수익과는 별개로 실제로 간접적인 경제 효과가 존재하는지, 존재한다면 그것을 어떤 식으로 추정할지 찾고 싶었다. 해당 기업의 수익은 어차피 기업 매출액으로 잘 집계되겠지만, 그 외의 효과는 추정하는 수밖에 없기 때문이다. 경제 효과에 이토록 많은 관심이 있다면, 추정 방식을 한번 만들어보는 것도 필요하다는 생각이 들었다.[3]

관건은 해외에서 인기를 끄는 한류의 경제 효과를 어떤 식으로 추정할 수 있는지였다. 다행히 앞서간 학자들의 무역 관련 연구 속에서 실마리를 찾을 수 있었다. 일반적으로 두 나라 사이의 무역량은 정치적인 관계나 경제력, 거리 등에 영향을 받는다고 알려져 있다. 물리적으로 더 가까이 있는 나라끼리, 정치적으로 더 친한 나라 사이에서 무역이 더 늘어난다는 것이다.

그런데 이러한 요소들 외에 두 나라 사이의 '문화적 근접성 Cultural Proximity'이 높아도 무역이 늘어난다는 연구들도 있다. 서로 비슷한 문화를 공유하는 나라들은 서로의 무역량을 늘린다는 말이다. 예를 들어 영국 식민지를 경험한 나라들끼리, 같은 언어를 쓰는 나라끼리, 같은 종교를 가진 나라들끼리는 거리가 멀더라도 서로 무역을 늘리는 경향이 있었다.

과거의 이 분야 연구들은 모두 '문화적 근접성과 공유'라는 측면을 언어, 종교, 신뢰, 사회적 네트워크, 식민지 경험, 민족적 네트워크 등 사람들의 선천적 요인을 통해 접근했다. 언어, 종교, 신뢰, 식민지 경험, 민족 등은 한 나라에 살고 있다면 모두 비슷하게 가지는 것이지 특별히 개인의 선택으로 달라지는 것이 아니라는 의미에서 '선천적 요인'이라고 본 것이다.

그런데 최근에는 '문화적 근접성'을 이와 같은 선천적 요인이 아니라 동일한 문화 상품의 소비와 같은 후천적인 요인들로 측정하는 연구들이 등장하고 있다. 즉, 두 나라에서 동일한 문화 상품을 함께 향유한다면 이들의 문화적 근접성이 높아져, 다른 재화의 무역량도 늘리더라는 것이다. 같은 노래를 부르고, 같은 드라마를 보고, 같은 스타를 좋아하면 두 나라 사이의 문화적 친밀도가 높아져 그 국가의 재화를 더 많이 수입한다는 이야기다.

이때 늘어나는 교역 대상은 모든 재화는 아니다. 소비자들의 선호가 중요한 '차별화된 재화'의 무역에서만 이런 현상이 나타난다는 것도 중요했다. 문화적 친밀도를 통해 거래가 늘어나는 재화는, 가격이나 품질의 중요성이 높은 상품들보다 소비자의 선호에 크게 좌우되는 재화들, 즉 기호품이나 취향이 가미된 소비재들이라는 것이다.

이런 연구들은 한류가 세계적으로 인기를 얻으면서 한류 확산 지역에서 한국 화장품, 의류, 식품 등도 함께 판매가 잘 되고 있다는 뉴스들과도 맥이 잘 닿았다. 같은 스타, 같은 음악, 같은 드라마를 향유하면서 두 나라 사이 문화적 근접도가 높아졌다면, 한국에서 판매하는 다른 제품들, 특히 선택을 할 때 취향이 가미되는 소비재에서 한국 제품의 선호도도 높아진다고 예측할 수 있다는 것이다.

이런 연구들의 결과를 배경으로 우리나라 문화 상품 수출 증가가 다른 소비재의 수출을 늘리는지를 직접 추정하는 형태로 한류 콘텐츠의 경제 효과를 추정해봤다. 우리나라가 수출한 영화, 방송, 음악, 출판 수출액과 취향이 중요한 소비재 제품들, 즉 소형 IT 제품, 의류, 화장품, 가공식품의 수출액의 관계를 실증 분석해, 이 사이에 서로 영향을 주는 관계가 통계적으로 의미가 있는지를 살펴본 것이다.

그 결과 실제로 문화 상품의 수출이 늘어나면 소비재들의 수출도 함께 늘어나는 경향이 있다는 것이 검증되었다. 물론 나라 사이의 무역량에 영향을 주는 무수한 다른 요소들도 있기 때문에, 이 요소들의 영향력은 모두 통제하면서 문화 상품의 수출이 소비재 수출에 주는 영향만 걸러낸 결과였다.

2012년 이 연구를 처음 했을 때에는 한류 수출이 100달러 늘어날 때 IT 제품, 의류, 화장품, 가공식품과 같은 소비재 수출액이 약 412달러 증가하는 것을 확인했다.[4] 2019년 한류가 좀 더 성장한 뒤 다시 추정했을 때는 한류 수출이 100달러 늘어날 때 동일한 소비재들의 수출이 약 250달러 증가하는 것으로 나타났다.[5] 한류 수출이 크게 늘면서 효과가 조금 줄어들었지만, 여전히 한류 수출의 소비재 수출 견인 효과가 유효하다는 결과였다.

2012년 이 연구를 처음 발표하자 많은 언론이 연구 결과를 보도했다. 다들 한류의 경제 효과가 궁금했는데 숫자로 처음 추정하자 반가웠기 때문이다. 한류를 경제적으로 접근하는 연구들이 부족했던 까닭에 더 많이 주목받은 측면도 있었다.

이후 한류의 경제 효과 추정은 학자들이 조금씩 변형하긴 했지만 대부분 비슷한 방식으로 다뤄졌다. 특정 콘텐츠의 직접 수출액에 그 콘텐츠의 수출이 견인하는 소비재 간접 수출액을 더하고, 경우에 따라 외국인 관광 유치 효과까지 더해 직간접 수출액과 관광 수익을 먼저 추정한다. 그런 다음 해당 소비재의 수출을 위한 생산 유발액, 외국인 관광 유치에서 파급되는 생산 유발액까지 더해 특정 드라마나 가수의 경제 효과를 산출한다. 즉, 콘텐츠의 직간접 수출액을 구하고, 여기에서 파급되는 생산 유발액을 더해주는 형태가 '콘텐츠 경제 효과 추정'의 일반적인 방식으로 자리 잡게 되었다. 내가 첫 시도를 해보았고, 그 방식의 타당성을 인정받아 이후 연구들의 기준점을 제공했다는 사실이 뿌듯하기도 했다.

넷플릭스가 얻은 1조 원+알파, 시청 1인당 약 8,000원

다시 2021년 〈오징어 게임〉으로 돌아오면, 〈오징어 게임〉도 해외에서 큰 성공을 거두었기에 비슷한 방식으로 경제 효과를 추정할 수 있다고 생각한다. 2016년 KBS가 제작한 드라마 〈태양의 후예〉도 이 방식으로 경제 효과를 추정한 적이 있었다. 당시 〈태양의 후예〉 제작비는 130억 원가량이었는데 직간접 수출액 약 1,730억 원과 관광 수익 약 1,250억 원에 소비재 수출과 관광 유치에서 파급된 생산 유발액 6,000억 원 등을 포함해 약 1조 원의 경제 효과를 추정했다.

그런데 〈오징어 게임〉의 경우에는 또 다른 난제에 부딪혔다. 한류 콘텐츠 수출의 경제 효과를 추정하기 위해서는 일단 해당 콘텐츠의 수출액이 확정되어야 한다. 그래야 그 수출액을 출발점 삼아 콘텐츠 수출이 견인하는 소비재 수출액 등을 추정하고 거기에서 파급되는 생산 유발액 등을 계산할 수 있기 때문이다. 하지만 〈오징어 게임〉은 OTT라는 새로운 글로벌 유통 서비스에 판매하는 형태라 과거처럼 수출액을 확정할 수 없다.

9부작인 〈오징어 게임〉의 제작비는 편당 28억 원씩 전체 약 254억 원(2,140만 달러)으로 알려져 있다. 국내 제작사는 제작 뒤 글로벌 서비스를 하는 넷플릭스에 IP 등을 모두 넘기는 계약을 한 탓에 제작비만큼만 수익을 거두었다. 국내에 유입된 금액은 254억 원 뿐이라는 이야기다.

그러면 이 금액을 〈오징어 게임〉의 총수출액으로 대체할 수 있을까 생각해보면 그렇지 않다. 〈오징어 게임〉은 넷플릭스가 정식 서비스를 하는 83개국에서 모두 시청 1위를 차지했다. 83개국에 대략 100억 원씩 판매했다고 가정하면 수출액은 8,300억 원에 해당한다. 국가마다 수출액의 차이가 있으니 평균 판매액을 50억 원 수준으로 줄인다 해도 4,000억 원이 넘는다. 물론 이런 가정은 정말 부질없다. 과거에도 지역별 판매권을 가진 도매 유통상에게 헐

값으로 판매하는 경우도 많았고, 개별 국가로 직접 수출을 했다면 83개국 수출은 가능하지도 않았을 것이기 때문이다. 드라마 한 시리즈를 각각의 나라에 개별적으로 판매하는 일은 굉장히 어려워 시도조차 하지 않는 경우도 많았기 때문이다.

이런 난관에 해답이라도 주듯 블룸버그는 2021년 10월 16일 넷플릭스가 직접 추정한 〈오징어 게임〉의 경제적 가치가 8억 9,110만 달러(한화로 1조 원)가 넘는 수준이라고 보도했다. 〈오징어 게임〉의 제작비 2,140만 달러의 42배에 달하는 가치였다. 넷플릭스가 내부적으로 개별 작품의 성과를 평가할 때 쓰는 지표인 '임팩트 밸류 impact value'로 산출한 수치라는 넷플릭스의 내부 문건을 분석한 결과였다.

안타깝게도 넷플릭스는 임팩트 밸류를 어떤 방식으로 집계하는지 밝히지 않고 있다. 다만 이 자료는 〈오징어 게임〉을 공개한 지 23일을 돌파하는 시점에 이 작품을 2분 이상 시청한 사람이 1억 3,200만 명에 달한다고 밝혔다. 또 〈오징어 게임〉을 보기 시작한 시청자 가운데 89퍼센트는 에피소드를 적어도 한 개 이상 봤고, 시청자 가운데 66퍼센트는 첫 공개 후 23일 안에 9회까지 모두 '정주행'을 마쳤다는 내용 정도가 있을 뿐이다.

아마도 넷플릭스는 단순히 시청자 수뿐 아니라 해당 콘텐츠를 얼마나 오래 보았는지, 해당 콘텐츠로 신규 가입자가 얼마나 더 늘어났는지, 이렇게 늘어난 가입자들의 데이터 가치는 얼마나 되는지 등을 복합적으로 반영해 경제 가치를 산출했을 것으로 보인다. 실제로 넷플릭스는 2021년 3분기에 전 세계 유료 가입자가 440만 명이나 늘었다. 코로나19 대유행 초기에는 넷플릭스 가입자 증가세가 매우 가팔랐지만, 2021년 들어서는 이 추세가 줄어 2분기에 150만 명밖에 늘지 않았던 상황이었다. 디즈니 플러스 등 막강한 OTT 경쟁자들이 나서면서 경쟁이 심화된 탓이다.

이러던 중 2021년 9월 16일 〈오징어 게임〉이 출시되면서 한국, 일본 등 아시아 태평양 지역의 가입자가 크게 늘었다. 2021년 3분기 넷플릭스 글로벌 신규 가입자의 46퍼센트가 아시아 태평양 가입자들이었다. 힘겨워하던 넷플릭스를 벌떡 일으켜 세운 일등 공신이 〈오징어 게임〉이라는 평가가 과장이 아닌 셈이다.

넷플릭스 나름의 복잡한 계산 방식이 따로 있겠지만, 단순하게 넷플릭스가 발표한 〈오징어 게임〉의 경제적 가치(8억 9,110만 달러)를 추정 당시 시청자 수(1억 3,200만 명)로 나누면 시청 1인당 평균 가치는 6.8달러, 한화로 약 8,000원 정도가 된다. 넷플릭스의 월정액이 8.99~17.99달러라는 점에 비춰 보면 제법 타당한 수준으로 보인다. 즉, 넷플릭스와 같은 OTT 서비스 내에서 성공적인 시리즈에 대한 시청자 한 명의 가치를 대략 6.8달러라고 역산출할 수 있는 것이다. 〈오징어 게임〉의 시청자 수는 그 이후로도 꾸준히 늘어나고 있으므로 넷플릭스에 경제적 가치를 계속 더해줄 것으로 보인다.

넷플릭스가 발표한 한국 투자의 경제 효과,
접근 방식은 우수했으나

〈오징어 게임〉의 성공을 전하는 뉴스가 한국 콘텐츠에 대한 자긍심에서 경제 가치로 넘어가면서 국내에서는 넷플릭스와의 계약 구조에 문제를 제기하기 시작했다. 전 세계에 이렇게 큰 영향을 끼친 작품을 만들었는데, 국내 제작사는 제작비 254억 원만 거두었고 그외 모든 수익은 투자사이면서 IP를 가진 넷플릭스에게 돌아간다는 점 때문이다.

물론 국내 제작사들이 이런 형태의 계약을 할 수밖에 없는 이유, 이런 작품을 알아보지 못하고 투자를 꺼린 국내 투자자들에 대한 자성론, 전 세계 동시 서비스를 하는 넷플릭스가 없었다면 이런 성공을 기대하기 어렵다는 현실 분석도 이어졌다. 하지만 업계 상황을 정확히 알기 어려운 일반 국민에게는 해외 업체인 넷플릭스에 반감이 충분히 생길 수도 있는 부분이었다. 특히 넷플릭스는 국내 인터넷 망 사용료 문제로 통신 사업자들과도 기 싸움을 벌이는 상태였기 때문에 불리한 국내 여론을 잠재우는 것이 필요했을 듯하다.

넷플릭스는 이런 상황에 대비라도 한 것처럼 2021년 9월 말 개최된 국내 미디어 데이에서 넷플릭스의 한국 콘텐츠 투자에 대한 경제 효과를 발표했다. 넷플릭스는 2016년 봉준호 감독의 〈옥자〉에 투자하고 독점 공개하면서 한국에 처음 진출, 2020년까지 모두 7,700억 원을 투자했다. 이후 한국 콘텐츠의 투자 성과가 좋아지자 2021년에는 한 해에만 5,500억 원을 투자하겠다고 밝혔다. 이날 넷플릭스는 「넷플릭스 코리아의 사회 경제적 임팩트 보고서」라는 자료를 통해 2016년부터 2020년까지 한국 콘텐츠 시장에 7,700억 원을 투자해 총 5조 6,000억 원의 경제 파급 효과와 1만 6,000개의 일자리 창출 효과를 거뒀다고 발표했다.[6]

5년 동안의 누적 투자 효과였기 때문에, 2020년만 떼어 보면 경제 파급 효과 2조 3,000억 원, 일자리 창출 효과 5,800명이라고 덧붙였다. 그리고 이 숫자는 국내 언론과 지하철 광고판 등을 통해 대대적으로 소개되었다. 마침 〈오징어 게임〉의 성공이 뉴스를 통해 계속 흘러나오던 상황이었던 터라 이 소식이 나온 시기는 시의적절해 보였다. 넷플릭스가 2017년부터 한국 콘텐츠에 투자를 해왔고, 이렇게 만들어진 약 80여 편의 한국 작품들을 전 세계 80개국 2억 가구가 넘는 넷플릭스 유료 가입자들에게 소개하고 있다는 내용이 빼곡히 잘 정리되어 있었다. 넷플릭스가 한국 콘텐츠 시장의 포획자가 아니라 생태계 성장을 위한 동반자라는 느낌을 주려고 한 것이었다면 매우 잘 준비된 홍보 캠페인 듯싶었다.

지하철역에 걸린 넷플릭스의 경제 효과를 소개하는 커다란 광고판을 보면서 콘텐츠의 경제 효과를 연구하는 학자로서 이 숫자들을 어떻게 추정했을까 궁금했다. 투자액이 있으니 국내 파급 효과는 대략 가능할 것 같은데, 해외 효과에는 어떻게 접근했을지 호기심이 일었다. 동종 업계 관련자로서 괜찮은 방법이라면 나도 한번 차용해보고 싶었기 때문이다.

다행히 넷플릭스는 경제 효과 산정 방법을 공개했다. 경제 효과를 추정하고 발표 자료를 만든 국내 유명 D 컨설팅사가 작성한 자료였다. 경제 효과 추정은 크게 직접 효과와 간접 효과 두 부분으로 나누었다. 우선 직접 효과는 넷플릭스가 5년 동안 우리나라에 진출해 콘텐츠 투자와 배급을 함으로써 우리나라 제작사들과 통신 업자, 셋톱 박스 사업자들에게 유발한 효과였다.

나머지 한 부분인 간접 효과는 크게 국내 효과와 해외 효과로 나눠 산출했다. 국내 효과는 넷플릭스 콘텐츠를 본 국내 시청자들이 영상물과 관련된 원작 웹툰이나 책, OST 음악 등과 같은 연계 콘텐츠를 구매하는 효과, 음식과 화장품, 패션과 같은 소비재를 구매하는 효과, 관련 관광지를 방문하는 효과 등으로 추정했다. 해외 효과도 이와 비슷하게 국내 넷플릭스 콘텐츠를 본 해외 시청자들이 관련 웹툰, OST 등 연계 콘텐츠를 구매하는 효과, 한국 음식과 화장품 등과 같은 소비재를 구매하는 효과, 한국으로 직접 방문하는 관광 효과로 추정했다.

전체 구성 방식으로 보면 훌륭한 접근으로 보였다. 넷플릭스가 투자해서 발생하는 국내 콘텐츠 산업의 유발 효과와 그 영상물을 본 국내 시청자들의 관련 콘텐츠와 소비재 구매, 관광 유발 효과가 국내 효과에 모두 포함되었다. 또 넷플릭스가 투자한 한국 콘텐츠를 본 해외 시청자들에게서 발생하는 관련 콘텐츠와 소비재 구매, 관광 유발 효과 등도 모두 포괄했다. 넷플릭스 회사의 이득이 아닌 한국 경제에 파급되는 직접, 간접 효과를 추정하는 방식으로는 잘

짜였다는 느낌이었다.

생산 유발과 부가 가치 유발 중복 계산, 30퍼센트 이상 부풀린 경제 효과

하지만 이런 추정은 전체 구성이 제대로 되어도 세부적인 부분들이 욕심껏 잘 추산되지 않는 경우가 많아 좀 더 세심하게 보는 게 필요했다. 산출 내용을 꼼꼼히 살펴보니 역시 몇 가지 문제가 있었다. 가장 큰 문제는 생산 유발 효과와 부가 가치 유발 효과를 중복 계산한 부분이었다. 이와 같은 추정을 할 때 콘텐츠를 제작하거나 관련 소비재 구매가 늘어나 판매액이 늘어나면 그 금액에 생산 유발 계수를 곱해 생산 유발 효과를 더해준다. 콘텐츠를 제작하기 위해 사람들이 밥도 사 먹고 차도 타고 숙박도 하는 등 유발된 효과를 더해주는 것이다.

그런데 생산 유발액은 세부적으로 나누면 부가 가치 유발액과 수입 유발액의 합이라 할 수 있다. 우리가 어떤 상품을 국내에서 생산했을 때 우리 국민의 부가 가치가 늘어나는 부분도 있지만 수입을 유발하는 부분도 있기 때문이다. 예를 들어 영화와 같은 콘텐츠의 생산 유발 계수는 2.0 정도고, 부가 가치 유발 계수는 0.8 정도다. 100억 원짜리 영화를 제작하면 주변 산업에서 200억 원의 생산을 유발하고, 그 안에 80억 원 정도의 국내 부가 가치를 유발한다는 의미다. 나머지 120억 원은 각종 기자재나 생산 유발 과정에서 발생한 수입 유발액이다. 즉, 부가 가치 유발액은 생산 유발액 안에 포함되는 개념이라는 점이 중요하다.

그래서 특정 산업에 대한 투자의 경제 효과를 이야기할 때는 생산 유발 효과가 1,000억 원이라면 그 안에 부가 가치 유발 효과가 700억 원 포함됐다고 이야기하는 것이 정확하다. 때로는 각각의 효과를 구분해서 이야기하기 위해 생산 유발 효과는 1,000억 원, 부가 가치 유발 효과는 700억 원이라 병기해 쓰기도 한다. 하지만 두 유발 효과를 합치는 경우는 없다. 하나는 다른 하나 안에 포함된 수치이기 때문이다.

그런데 넷플릭스가 발표한 경제 효과에서는 '생산 유발 효과 + 부가 가치 유발 효과'라고 명시적으로 표현하면서 두 효과를 더해 버렸다. 이럴 경우 포함된 생산물들의 계수가 조금씩 달라 정확한 산출은 어렵지만 대략 30퍼센트 이상 효과가 부풀려진다. 2016년에서 2020년까지 총 5년 동안 경제적 파급 효과가 5조 6,000억 원이라면 이 가운데 30퍼센트 정도는 한 번 더 더해졌다는 이야기다.

여기에 넷플릭스가 발표한 경제 효과에는 넷플릭스의 5년 동안 누적 매출액도 포함되어 있다. 이 부분은 좀 애매하다. 글로벌 기업이 국내에서 거둔 매출을 국내 경제 효과로 볼 수 있는가의 문제이기 때문이다. 물론 매출액과 별도로 이들이 투자한 금액 7,700억 원은 국내 제작사들과 국내 관련 산업에 흘러들어 갔으니 국내 경제 효과로 집계된다. 하지만 국내 유료 가입자들에게서 거둔 매출액은 조금 다르다.

넷플릭스 코리아는 국내에서 2019년 1,858억 원, 2020년 4,154억 원의 매출을 거두었다. 2016~2018년 매출액은 공개되지 않았고 그 수치가 작아 제외할 수 있다 하더라도, 경제 효과 5조 6,000억 원 가운데 적어도 6,000억 원 이상은 넷플릭스 코리아의 국내 구독 수입이다. 이 수치는 국내 경제 효과에서 빼는 것이 맞지 않을까 싶다. 이들이 이 매출액을 모두 국내에서 비용으로 쓴 것이 아니라면 말이다.

이런 식의 오류를 모두 빼고 나면 넷플릭스의 한국 콘텐츠 투자에 대한 경제 효과는 대략 3조 5,000억 원 정도로 보는 게 옳다. 경제 효과라 발표한 5조 6,000억 원에서 넷플릭스 코리아의 매출액 6,000억 원을 빼고, 중복 계산된 부가 가치 유발 효과 30퍼센트를 뺀 금액이다.

물론 7,700억 원을 투자해서 거둔 3조 5,000억 원만으로도 넷플릭스의 한국 콘텐츠 투자 효과는 매우 높다고 생각한다. 일반 제조업에 비해 콘텐츠 산업은 생산 유발 계수나 부가 가치 유발 계수가 상대적으로 높아 국내 투자에 대한 경제 유발 효과가 높게 산출되는 편이기 때문이다. 아울러 넷플릭스는 한국 콘텐츠의 위상을 세계적으로 높여 더 많은 사업 기회를 창출하는 데에도 이바지했다. 이제까지 어느 해외 기업도 한국 콘텐츠에 이 정도 금액을 투자하지는 않았다.

그런데도 왜 굳이 이런 오류를 범했을까 다소 의문이 들기는 한다. 생산 유발 효과와 부가 가치 유발 효과를 더하는 실수는 기본적인 검수만 받았어도 바로 발견할 항목이다. 검수가 부실해 오류를 놓쳤다면 다소 무능했다는 이야기고, 숫자를 부풀리고 싶은 마음에 중복으로 계산했다면 상도에 어긋난다. 아마도 경제 효과를 추정한 컨설팅사로 책임을 돌릴 가능성이 높은데, 그것 역시 올바른 대응은 아닐 것 같다. 보도를 담당했던 언론사들이 오류를 직접 찾아냈다면 빠른 시간 안에 바로잡았겠지만 우리 언론 풍토에서 그런 지적이 쉽지 않았을 터다.

경제 효과 부풀리기의 덫에서 벗어나는 길

문득 이런 실수를 범한 넷플릭스나 경제 효과를 강조해온 한국 정부나 모두 비슷한 욕망을 가지고 있었던 것은 아닌가 하는 생각이 든다. 이 산업 자체의 매력보다 외부 효과가 높다는 것을 빌려 이 산업의 가치나 투자 가치를 조금 확대시키고 싶었던 마음 말이다. 때로는 그런 작업이 필요할 때도 있다. 기업들의 수익이 너무 보잘것없어 산업에 대한 확신이 부족하고, 이런 이유로 산업에 진입하려는 사람이 좀처럼 생기지 않을 때, 혹은 지원해야 할 필요성은 있지만 많은 제약으로 산업의 잠재력을 강하게 주장해야 할 때 등이다.

하지만 그런 담론들은 산업이 어느 정도 자리를 잡게 되면 자연스레 사라지는 것이 옳다. 산업의 잠재력도 산업의 성공 가능성도

드러났고, 산업 진입자들도 충분히 많다. 지원의 필요성은 여전하지만 그것은 산업 내 건강한 성장을 위해서이지 이 산업에 투자가 부족해서가 아니다. 외부 경제 효과를 통해 이 산업의 중요성을 강조하지 않아도 이 산업의 가치는 충분히 드러나고 있다.

우리나라 대표 산업인 반도체나 자동차 산업을 이야기할 때 굳이 외부 경제 효과를 논하지 않는다는 것을 떠올려보면 된다. 그 산업 자체의 경제성을 논하는 것만으로도 산업의 중요성이 잘 드러난다. 오히려 외부 효과를 끌어와 논하면 뭔가 산업이 아직 미숙하고 정착되지 않았음을 반증하는 것일 수도 있다. 돈 잘 버는 형님들 사이에서 "내가 돈은 적게 벌어도 얼마나 의미 있는 일을 하는 줄 아냐"며 허세를 부리는 막냇동생의 자격지심과도 비슷해 보인다. 본인이 당당하고 자긍심이 높다면, 그리고 다른 형제들이 막내를 충분히 존중해주고 있다면 그런 허세는 필요 없다.

2020년 우리나라의 콘텐츠 수출액은 약 119억 달러로 우리나라 총수출액 5,125억 달러의 2퍼센트를 넘어섰다. 몇 년 전만 해도 1퍼센트를 오가는 수준이었는데, 해마다 8~9퍼센트 이상씩 증가해 총수출액의 2퍼센트 대를 넘어섰다. 2020년 가전 수출액은 약 70억 달러였다. 가전은 우리나라 주요 수출 품목 가운데 15위로 수출을 많이 하는 품목이다. 집계 기관과 집계 방식이 달라 직접 비교하는 경우는 많지 않지만, 콘텐츠 수출액이 가전 수출액을 넘어선 지는 조금 되었다. 이 정도 규모라면 콘텐츠 산업은 이미 우리 경제에서 큰 역할을 차지하는 주요 산업이라 할 수 있다. 굳이 외부 경제 효과를 이야기하지 않아도 충분히 그 가치를 인정해줄 때가 된 것이다.

이제는 콘텐츠 산업 '내부'의 경제성을 이야기할 때

오히려 현 단계에서 더 필요한 것은 콘텐츠 산업 '외부' 경제 효과보다 '내부' 경제성을 높일 방법에 대한 논의다. 현재 글로벌 OTT들의 경쟁이 심화되고, 넷플릭스가 〈오징어 게임〉 등 한국 콘텐츠를 통해 아시아 · 태평양 등 세계 시장 확장에 성공하면서 한국 콘텐츠에 대한 수요는 높아지고 있다. 최근 많은 한국의 드라마 제작사들이 넷플릭스 외에 디즈니 플러스, 애플 TV 플러스, 아마존 프라임, HBO 맥스, 아이치이 등 다양한 글로벌 OTT와 앞다퉈 계약을 맺는 것이 이런 인기를 보여준다.

한국 시리즈의 높은 인기 비결은 콘텐츠 자체의 우수성도 있지만 상대적으로 저렴한 제작비로 가성비가 높기 때문이라는 점도 부정하기 어렵다. 언론에서 자주 인용되듯 넷플릭스의 주요 시리즈와 편당 제작비를 비교했을 때 한국 시리즈의 제작비는 매우 싸다. 넷플릭스 시리즈 가운데 제작비가 가장 높은 것으로 알려진 〈더 크라운〉의 편당 제작비는 1,300만 달러(한화 154억 원)다. 〈오징어 게임〉 등장 이전에 넷플릭스에서 가장 많은 시청자가 본 시리즈였던 〈브리저튼〉의 편당 제작비는 700만 달러(한화 83억 원)다. 또 넷플릭스의 성장에 가장 큰 기여를 했다고 손꼽히는 〈기묘한 이야기〉의 편당 제작비는 1,200만 달러(한화 143억 원) 수준이다. 반면에 〈오징어 게임〉의 편당 제작비는 238만 달러(한화 28억 원)로, 넷플릭스 주요 시리즈물의 3분의 1에서 4분의 1 수준이고, 대작과 비교하면 5분의 1 수준에 불과하다.

이 이야기는 우리에게 시사하는 바가 크다. 우리가 이 정도의 비용으로 제작이 가능한 까닭을 이제는 숙고해볼 때가 되었다. 우리의 경우 해외 유수 제작 환경과 비교할 때 일부 스타 배우나 스타 작가를 제외하고 드라마 제작 스태프들의 인건비가 매우 낮다. 아직도 많은 제작 현장에서는 스태프와 정식 근로계약을 체결하지 않고 연장근로를 강요하는 일이 발생한다. 빠듯한 제작비에 맞춰야 한다는 이유로 참여 인력들의 열정 봉사를 강요하는 분위기도 여전히 남아 있다.

낮은 인건비는 이제까지 한국 영상물의 강점이었지만 앞으로는 약점이 될 수 있다. 정당한 비용을 치르고 최고 수준의 상품을 만드는 환경으로 바뀌어야 하는 상황이 된 것이다. 어떤 산업에서든 낮은 인건비를 기반으로 최고 수준의 품질을 유지하는 경우는 드물다. 싸구려 상품을 만들 때는 비용을 낮추는 것이 미덕이지만, 최고의 상품을 만들 때는 합당한 대가를 치러야 선순환이 가능하다. 참여자에 대한 처우가 낮은 산업에 재능 있는 인재들이 계속 뛰어들기 어렵기 때문이다.

보멀과 보웬은 산업의 규모가 커지기 어려워 문화 산업의 인건비가 압박이 된다고 보았다. 그러나 지금은 과거 공연 예술 산업과는 비교하기 어려울 정도로 산업의 규모가 성장하고 있다. 최저 수준으로 묶여 있던 인건비 수준을 다른 산업 수준으로 올려야만 산업의 정상적인 발전이 가능하다는 것을 이제는 인식해야 한다.

OTT 등장으로 달라진 제작비 조달 구조, 그 명과 암

인건비를 지급하는 비용 구조를 정상화하려면 총제작비 규모를 키워야 한다. 이를 위해서는 제작 콘텐츠의 수익성을 높이는 것이 필요하다. 그런데 최근 넷플릭스와 같은 OTT들이 등장하면서 이 부분에 대한 고민이 보다 복잡해졌다.

과거 우리 드라마들은 대부분 방송사의 편성 방영료 중심으로 제작비를 조달해왔다. 드라마마다 조금씩 다르지만 대략 총제작비의 70퍼센트 정도를 방영료로 조달하고, 나머지 30퍼센트를 간접광고PPL나 협찬, OST 수익 등으로 보충하곤 했다. 영화의 경우 흥행에 따라 티켓 판매 수익을 올려 수익성을 높일 수 있으나, 방송 드라마는 인기가 많아져도 방송사의 광고 수입을 늘리는 것 외에는 수익을 높일 방법이 거의 없었다. VOD나 해외 수출 등을 통해 수익을 높일 수도 있으나, 대부분 이 수익이 크지 않고 과거에는 완성된 드라마의 판권이 방송사로 귀속되는 경우가 많아 제작사가 이 수익을 제대로 챙기지 못했다.

드라마 제작비의 큰 비중을 차지하는 방송사 방영료는 현재 드라마 편당 대략 5억 원 내외, 높아도 6억 원 수준이다. 스마트폰 등 다양한 매체가 등장하면서 시청자의 방송 시청 시간이 줄고, 광고 수입도 떨어져 방송사가 드라마에 더 높은 방영료를 제공하기는 어렵다. 16부작 시리즈라면 대략 100억 원 정도가 방영료로 제공할 수 있는 최대 수준인데, 그럴 경우 총제작비는 140억 원 정도를 벗어나기 어렵다. 그나마도 그 수준에 맞추려면 방송 후반부에 많은 비난을 감수하고 엄청난 PPL들을 드라마 속에 넣어야만 한다. 9부작에 254억 원의 제작비가 투입된 〈오징어 게임〉 정도의 드라마를 방송사 방영료에 의지해서 만들기는 어렵다는 이야기다.

그런데 OTT가 등장하면서 이 구조가 바뀌었다.[7] 드라마 제작사들은 방송사 방영료 외에 OTT 방영료를 드라마 제작비에 추가로 투입할 수 있어 과거보다 더 높은 제작비를 조달하게 되었다. 요즘 국내 방송 채널에서 방영되는 드라마들은 대부분 웨이브와 티빙 같은 국내 OTT나 넷플릭스와 같은 글로벌 OTT 방영을 전제로 제작한다. 덕분에 제작사들은 그만큼 제작비를 더 유치할 수 있다. 또 이와는 별개로 아예 OTT에서 제작비를 모두 받고 해당 OTT에서만 방영하는 OTT 오리지널 형태로 제작할 수도 있다. 〈오징어 게임〉이 그런 예다.

제작사의 입장에서는 작품을 방영하는 곳이 늘어 더 많은 제작비를 조달할 수 있게 된 점이 분명 긍정적인 현상이다. 참신한 기획안을 가진 제작사라면 어디에서 제작비를 조달받아 드라마를 만들지 생각할 것이다. 제작사는 당연히 더 많은 제작비나 더 좋은 제작 조건을 제공하는 곳에 판매할 것이다. 현재 환경에서 본다면 글로 벌 OTT의 오리지널 시리즈로 제작하는 것이 가장 매력적이다.

글로벌 OTT는 세계 시장에 시리즈를 공급하기 때문에 조달할 수 있는 제작비 규모가 넉넉하다. 국내 방송사나 국내 OTT들이 제 공하는 제작비와 비교해 순제작비에 약 10~30퍼센트 정도의 마진 을 조금 더 보장해주는 이점도 있다. 무엇보다 국내 방송사나 국내 OTT들이 국내 서비스만 하는 것과 달리 해외에 작품을 선보인다 는 장점도 있다. 또 국내 방송에서 다루기 힘든 다양한 소재 등을 다 룰 수 있는 점도 무시할 수 없다.

이런 상황이 계속 이어진다면 제작사들의 글로벌 OTT 쏠림 현 상이 나타날 가능성이 크다. 성공 가능성이 더 높은 작품일수록 글 로벌 OTT에서 제작비를 받아 제작하지 않을까. 물론 이 과정에서 해외 OTT들의 경쟁이 심화돼 국내 제작사들이 OTT와 수익을 나 누는 등 제작비를 더 보장받는 형태도 늘어날 것이다. 제작사들의 수익성은 더 개선할 여지가 높아진 것이다.

하지만 성공 가능성이 높은 작품들이 글로벌 OTT 앞으로 향하 는 관행이 늘어남에 따라 우리 콘텐츠의 글로벌 성공은 오롯이 글 로벌 OTT가 좌우할 수도 있다. 글로벌 자본에만 의지해 성공하려 고 하는 것은 어느 산업에서도 리스크가 크다. 국내 자본이라고 제 작사들에 늘 우호적인 것은 아니지만, 글로벌 자본은 상황이 변화 면 언제든 손을 떼기도 쉽기 때문이다. 1980년대 전성기를 누렸던 홍콩 영화 산업이 한순간에 몰락한 것은 홍콩 반환을 기점으로 해외 자본들이 투자를 중단했던 점도 컸다.

실제로 지난 2021년 11월 25일 서울 국회의원회관에서 개최된 '망 이용 대가 이슈의 합리적인 해결 방안 모색을 위한 전문가 간담회'에서 토마스 볼머 넷플릭스 글로벌 콘텐츠 전송 부문 디렉터는 "만약 한국 시장이 망 이용료를 강제한다면 더 이상 한국 현지화를 진행하지 않을 수 있다"고 밝히기도 했다. 넷플릭스의 반대에도 불구하고 망 이용료 법제화를 강행할 경우 현재 진행 중인 한국 콘텐츠에 대한 투자를 철수할 수도 있다는 의미였다. 2021년 한 해에만 5,500억 원의 투자를 약속했던 넷플릭스는 이 투자금을 지렛대 삼아 이와 같은 주장을 강력하게 펼칠 수 있게 됐다. 실제로 넷플릭스가 그런 움직임을 보였다고 생각해보자. 아마도 국내 제작사들은 당장 방송통신위원회로 달려가 '콘텐츠 제작 기반을 파괴하는 망 이용료 부과를 반대한다'는 성명을 발표해야 할지도 모른다.

국내 투자 구조 정착해 콘텐츠 산업의 '스마일 커브' 살려야

이런 점들 때문에 해외 자본을 적절히 활용하고 돈독한 제휴 관계를 유지하는 것이 중요하다. 하지만 전적으로 이에 의지하는 것은 산업 전체의 측면에서 볼 때 매우 위험하다. 글로벌 OTT 투자금에만 의

존하다가는 드라마를 제작하는 하청 기지로 전락할 수 있다는 주장
이 제기되는 이유도 그 때문이다. 현재는 우수한 K-콘텐츠 확보 경
쟁이 치열해 글로벌 OTT들이 높은 투자비를 감당하지만, 시장 구
도의 변화나 정치적, 사회적 이슈에 따라 상황은 늘 달라질 수 있다.

산업 전반적으로 제작 환경을 우호적으로 유지하기 위해서라도
국내에서 지속적으로 콘텐츠에 투자하는 자본 역량을 키워야 한다.
현재 시장의 재편 과정을 고려한다면, 국내 OTT 가운데 하나쯤은
글로벌 사업을 직접 영위하면서 투자와 제작을 순환해 나가는 구조
로 자리 잡는 것이 필요하다. 해외 자본 없이도 K-콘텐츠를 지속적
으로 제작하고 유통하는 환경이 존재해야 해외 자본이 갑자기 손절
하는 것을 막을 수 있기 때문이다. 우리 제작사들의 협상 경쟁력이
높아지는 것도 물론이다.

한국의 주요 산업이 성장하는 과정에서 주문 제작에 의존하던
다수의 OEM(주문자 상표 부착 생산) 기업이, 보장되는 단기 수익에
만족하지 않고 OEM에서 탈피하기 위해 노력했던 것도 이런 점들
때문이다. 아무리 품질이 우수한 제품을 생산하더라도 하청 제작만
으로는 기업이 성장하는 데 한계를 느껴, 자체 브랜드가 필요하다
는 것을 절감했기 때문이다. K-콘텐츠도 고유 브랜드 가치를 유지
해줄 판매처와 함께 성장할 자본이 있을 때 자기 목소리를 더 유지
할 수 있다.

특히 산업 전체적으로 수익성과 경제성을 높이는 것이 중요한
목표라면, 단순히 제작에서 벗어나 기획과 개발, 판매, 유통 역량 등

을 반드시 함께 키워야 한다. 모든 산업에서 기업은 수출 활동을 통해 글로벌 경쟁력을 키운다. 이때 높아지는 경쟁력은 단순히 상품의 품질만이 아니다. 시장에서 더 필요한 상품을 발굴하고 시장이 원하는 형태로 개선하는 기획·개발 역량과 판매 과정을 더 효율적으로 개선하는 마케팅 역량 등이 수출 활동을 통해 총체적으로 성장한다. 언제나 더 높은 부가 가치는 단순 제작이 아니라 이런 역량을 축적하는 과정에서 나온다.

예컨대 일반적인 상품이라면 상품 개발에서부터 부품·소재 생산, 제조, 판매, A/S로 이어지는 일련의 과정을 거치며, 이를 가치 사슬이라고 한다. 가치 사슬의 각 단계에서 발생하는 부가 가치를 살펴보면 최고의 부가 가치는 가치 사슬의 양 끝단인 기획·개발과 핵심 부품·소재 생산, 그리고 마케팅에서 나온다. 중간 단계인 제조에서는 부가 가치가 가장 낮다. 각 단계별 부가 가치를 그래프로 이어 그리면 마치 웃는 모습과 같이 높았다가 낮아지고 다시 높아지는 곡선이 그려져 이를 '스마일 커브'라 부른다. 어느 산업에서든 제작 능력만 보유해서는 부가 가치를 높이기가 어렵다는 사실을 스마일 커브는 보여준다.

콘텐츠 산업 역시 비슷한 상황으로 전개된다. 제작 이외의 부분에서 더 높은 부가 가치를 창출하는 상황이 이미 나타나고 있다. 드라마를 제작하는 역량이 있더라도 IP를 가지고 있어야 다양한 형태의 2차, 3차 제작이 가능하다. 제품을 유통하는 과정에서 제작비의 몇십 배 이상 수익이 나온다. 〈오징어 게임〉의 성공에서도 이런 현상이 나타났으며, 비슷한 성공이 이어질 때마다 이 문제를 더 안타깝게 여길 것이다. 그때마다 언론은 그 콘텐츠의 경제 가치를 논하면서 곰은 재주만 부렸다는 이야기를 되풀이해서 쓸 것이다.

물론 이런 역량을 축적하는 것은 제작 역량을 키우는 것보다 훨씬 어렵다. 막강한 자본력이 있어야 하고, 어마어마한 해외 네트워크를 연결해야 하며, 풍부한 글로벌 사업 경험도 필요하다. 하지만 우리 제작 역량이 이 정도로 성장할 것을 예측한 사람은 많지 않았다. 다른 역량 역시 마찬가지다. 한걸음에 달성하기는 어렵지만 꾸준히 축적하고자 하는 노력과 시도가 있어야만 어느 정도 성취가 가능하다.

참고로 국내 영화 산업이 성장했던 과정을 한번 떠올려보자. 우리나라 영화 시장은 전 세계에서 미국과 인도를 제외하고는 국내 영화 상영 비중이 가장 높은 곳이다. 하지만 처음부터 이런 것은 아니었다. 1990년대 이후 영화 산업에 민간이 투자하는 구조가 정착하기 시작했고, 자본이 꾸준히 유입되면서 영화 산업의 양과 질이 대폭 성장했다. 그 과정에서 탄탄한 국내 배급사 체제를 갖췄고, 전문 투자자들도 늘어났다.

물론 영화 산업의 경우 지나치게 국내 시장에 천착해 글로벌화까지 나아가지 못한 한계도 있다. 하지만 인구 5,000만 명인 나라에서 해마다 1,000만 관객 영화가 몇 편씩 탄생할 만큼 기획, 제작, 투자, 배급 역량을 키웠다. 그리고 이 역량이 밑거름되어 최근 글로벌 OTT에 우수한 한국 시리즈물이 늘어나게 되었다. 〈오징어 게임

〉의 제작사와 황동혁 감독도 영화 산업에서 필모그래피를 키워왔고, OTT 시리즈물은 첫 도전이었다.

국내 영화 산업에서와 같이 시리즈물들도 산업적으로 성장하려면 국내 투자 자본들이 뒷받침되어야 한다. 국내 투자자들의 수익은 다시 국내로 재투자할 가능성이 높아 산업 내에 든든한 성장 기반이 될 수 있기 때문이다. 투자자들을 유인하기 위해서는 투자할 수 있는 구조가 마련되어야 하고, 더 높은 투자 수익도 약속해야 한다.

다양한 형태가 가능하겠지만 현재 수준에서는 국내 OTT가 구조를 재정비해 민간 투자도 받고 해외 시장을 직접 공략하는 형태로 변신하는 것을 생각해볼 수 있다. 즉, 영화 산업의 전략적 투자자인 주요 배급사들이 했던 것처럼 국내 OTT가 투자와 제작 중심에 서서 투자 유치도 하고 해외 판매도 담당하면서 제작사들을 발굴해 나가는 것이다. OTT가 세계적인 디지털 배급망 역할을 하는 셈이다.

그런 길로 가는 데에는 많은 어려움들이 존재한다. 국내 OTT를 통할 경우 넷플릭스와 같은 파급력이 부족해 세계적인 성공이 어렵다는 현실론이 가장 먼저 제기된다. 국내 OTT들이 아직 해외에 첫발도 내딛지 못한 상태라는 점도 있다. 국내 OTT들이 해외 망을 효율적으로 구축하고, 그 위에서 국내 자본들이 결합해 성공작들을 만들어내는 모습이 실제로 보일 때까지 많은 시간이 걸릴 수도 있다. 그런 시간 동안 글로벌 OTT를 통해 우리 작품들을 꾸준하게 소개하는 것도 계속 필요하다.

하지만 영상 산업이 OTT 중심으로 전환되어감에 따라 국내 산업의 경제성을 높이기 위해 새로운 구조를 구축하는 것을 미룰 수만은 없다. 국내 OTT의 글로벌 사업으로 모든 문제를 해결할 수는 없겠지만, 적어도 이런 구조가 하나쯤은 존재해야 국내 투자 자본들도 사라지지 않고 유지될 것이다. 자본이 존재해야 지속적인 투자가 이뤄지고, 그런 과정에서 기획력도 마케팅력도 축적된다. 산업은 점점 커지고 있는데 스마일 커브의 양 끝단을 계속 놓치고 있을 수만은 없다.

2012년 〈강남 스타일〉 1조 원 vs 2021년 〈오징어 게임〉 1조 원

코로나19 이후 OTT 산업이 크게 성장하면서 영화와 드라마 등 영상 산업은 OTT를 빼놓고는 이야기하기 어려울 정도가 되었다. 코로나19의 영향이 사라진 이후에도 우리 삶 깊숙이 자리 잡은 OTT의 영향력은 계속 이어질 가능성이 높다. 그런 산업 재편기에 〈오징어 게임〉의 큰 성공이 나타났다.

우리가 과거 TV를 통해 보던 드라마와 형태도 분량도 비슷해 보이지만 〈오징어 게임〉의 경제 가치는 과거와 완전히 다르다. 과거에는 상품 자체로 올릴 수 있는 수익이 높지 않아 외부 경제 효과에 초점을 두어 설명해야만 했다. 하지만 이제는 콘텐츠는 OTT라는 구독 서비스를 통해 제공됨에 따라 사업자에게 엄청난 경제 가치를 안겨주는 상품이 되었다. 2021년 넷플릭스가 추정한 〈오징어 게임〉 경제 효과 1조 원과 2012년 싸이의 히트곡 〈강남 스타일〉의 경제 효과 1조 원은 수치는 비슷해 보여도 전혀 차원이 다른 개념이라는 이야기다.

가치는 이렇게 상승했지만 그 상품의 가치를 온전히 우리가 거둘 수 있는가라는 문제는 여전히 남는다. 이 때문에 OTT 시대에 맞춰 우리 산업 구조도 다시 재편해야 한다. 지금은 제작 능력을 통해 세계에 우리 상품의 우수성을 알리는 것만으로도 충분해 보이지만, 조금 더 성공이 쌓이면 안타까움이 늘어갈 가능성이 높다.

조금 시간이 걸리더라도 기획, 투자, 제작, 마케팅, 유통까지 수행하는 역량을 모두 갖출 수 있어야 산업의 가치를 키워 나갈 수 있다. 이런 역량을 갖추고 있어야 글로벌 OTT와의 교섭도 조금 더 대등해진다. 어려운 길이겠지만 놓치고 갈 수는 없다. 〈오징어 게임〉의 대성공이 결코 유쾌하지만은 않았다면, 그런 성공의 준비를 갖추지 못했던 우리 탓이기 때문이다.

각주 ──

1) William J. Baumol & William G. Bowen, 『Performing Arts: The Economic Dilemma』, New York: Twentieth Century Fund, 1966.
2) Michael Hutter & David Throsby(eds.), 『Beyond Price』, Cambridge University Press, 2008.
3) 이 부분에 대한 보다 자세한 설명은 김윤지, 『박스오피스 경제학』, 어크로스, 2016 참조.
4) 김윤지, 「한류 수출 파급 효과 분석 및 금융 지원 방안」, 한국수출입은행 해외경제연구소, 2012.
5) 김윤지, 「한류 문화 콘텐츠 수출의 경제 효과」, 한국수출입은행 해외경제연구소, 2019.
6) 「콘텐츠의 힘은 어디까지일까요?」, 넷플릭스 미디어센터, 2021년 9월 28일.
7) 김윤지, 「OTT 산업과 K콘텐츠 수출: K드라마, K무비를 중심으로」, 한국수출입은행 해외경제연구소, 2020.

드라마 산업적 관점에서 본
〈오징어 게임〉

유건식

KBS 공영미디어연구소 소장

최초, 최장 1위, 〈오징어 게임〉의 화려한 등장

〈오징어 게임〉은 빚에 시달리는 456명의 사람들이 상금 456억 원(1인당 1억 원)을 얻기 위해 의문의 생존 게임을 하면서 벌어지는 이야기이다. 황동혁 감독이 연출하고 싸이런픽쳐스(대표 김지연)가 제작해 글로벌 OTT인 넷플릭스에서 2021년 9월 17일 개봉한 9부작 드라마이다. 총 러닝 타임은 485분으로, 회별 평균 53.9분이고, 짧게는 32분(8화)에서 길게는 62분(2화)이다.

넷플릭스가 밝힌 바에 따르면, 〈오징어 게임〉은 전 세계 94개국에서 1위를 했다. 한국 콘텐츠 최초의 기록이다. 첫 출시 이후 28일 동안 최소 2분 이상 시청한 가입자는 총 가입자의 66퍼센트인 1억

4,200만 명이다. 또한 국가별 OTT 플랫폼에서 콘텐츠의 순위를 파악하는 플릭스패트롤에 따르면, 전 세계에서 52일간 1위를 차지했다. 넷플릭스 사상 최장 1위를 기록한 것이다.

이 작품은 2021년 11월 29일 미국 인디펜던트 필름메이커 프로젝트IFP가 주최한 제31회 고담 어워즈에서 한국 작품 최초로 '획기적인 시리즈(40분 이상)' 부문상을 수상했고, 12월 7일 미국 샌타모니카에서 열린 2021 피플스 초이스 어워즈에서도 올해의 정주행 시리즈 부문을 수상했다. 조연 오영수 씨는 제79회 골든 글로브 TV 부문에서 남우조연상을 수상했고, 위키피디아 일일 페이지뷰에서도 1위를 했다. 또한 3월 19일 열리는 제33회 미국 제작자 조합 PGA TV드라마 부문에서 비영어권 드라마 최초로 최우수상 후보에 올랐다.

〈오징어 게임〉은 넷플릭스가 2016년 한국에 진출한 이후 한국 드라마 산업의 가장 대표적인 게임 체인저 역할을 보여주었다. 이에 이 글은 넷플릭스가 제작한 〈오징어 게임〉이 기존 한국 드라마와 어떻게 다르게 제작되고, 어떠한 영향을 미쳤는지에 초점을 맞춰 살펴본다.

〈오징어 게임〉이 나오기까지, 10년 사이 달라진 시선

2008년 황동혁 감독은 데뷔작인 〈마이 파더〉가 좋은 평가를 받았지만 상업적으로 실패하고 경제적으로도 힘들게 보냈다. 이 시기에 그는 어머니, 할머니와 함께 살며 대출을 받고 마이너스 통장에 의지하면서 생활하고 있었다. 황 감독은 일본 후쿠모토 노부유키의 만화 『도박묵시록 카이지』에서 빚을 진 사람들이 거액의 상금이 걸린 게임을 하는 걸 보고 '나라도 이런 게임이 있으면 참가해야 하는 것 아닌가' 하며 감정이입을 깊게 하고, 자신의 방식대로 만들어보자는 생각에서 시나리오를 썼다.[1] 2009년 대본을 완성했으나 "당시만 해도 낯설고, 어렵고, 생경하고, 잔인해서 상업성이 있겠느냐"며 "투자도 잘 안 되고 캐스팅도 안 되어" 이를 묵혀두었다.[2]

2019년에 황동혁 감독은 〈오징어 게임〉 시나리오를 다시 꺼내서 주위에 이야기했다. 10년 전과 달리 '너무 재밌고 현실감 든다'는 반응이 많아서 다시 내용을 확장해 시나리오를 썼다. 보통 시나리오가 영화로 나오기까지는 20~30회 고쳐 쓰는 일이 다반사이고, 젊었을 때 습작했던 스토리를 꺼내어 영화화하는 감독도 많다. 그렇지만 〈오징어 게임〉처럼 빛을 보는 경우는 매우 희박하다.

〈오징어 게임〉의 제작사인 싸이런픽쳐스의 대표는 소설 〈남한산성〉을 쓴 김훈 작가의 딸이자 한국 무협 소설의 대부 격인 소설가 김광주의 손녀다. 싸이런픽쳐스는 영화 〈남한산성〉(2017)과 〈도굴〉(2020)을 제작했으며, 황동혁 감독도 〈도굴〉에 공동 제작자로 참여했다. 그런 인연으로 황동혁 감독은 김지연 대표에게 시나리오를 건넸다.

김 대표는 황동혁 감독의 시나리오가 황당했지만 끌어당기는 무언가가 있었고, "처음부터 모 아니면 도라고 생각했다. 흥행 여부도 부담이었다. 그러나 시나리오를 처음 봤을 때의 느낌, 황 감독의 저력을 믿었기에" 제작을 하게 되었고, 10여 년 전이었다면 몰라도 이젠 가능하겠다고 생각했다. 김 대표는 〈오징어 게임〉의 잔인한 장면 등 수위가 높은 표현이 국내 방송사에 편성하기가 어렵다고 판단해 황 감독에게 넷플릭스행을 제안했다. 그 판단은 적중했다. 전 세계 시청자는 〈오징어 게임〉을 거북해하기보다 오히려 게임처럼 즐겼으며, 세계 각국에서 최고의 흥행을 이끌어냈다. 물론 청소년까지는 보지 못하도록 권고했다.[3]

김민영 넷플릭스 한국 콘텐츠 총괄 디렉터는 〈남한산성〉 등의 다른 영화를 통해 황동혁 감독의 재능을 일찍 알아보았다. 그는 〈오징어 게임〉의 대본을 살펴본 뒤 드라마로 제작해도 될 것이라고 판단했다. 그는 전통적으로 제작하던 것과는 차별화된 쇼를 찾고 있었으며, 〈오징어 게임〉이 바로 그것이었다고 언급했다.[4]

보통 넷플릭스는 알고리즘에 따라 사용자에게 콘텐츠를 제공하는 것으로 알려져 있다. 하지만 넷플릭스가 서비스하는 국가 중 40개국의 로컬 오리지널 제작을 관장하는 벨라 바자리아Bela Bajaria 글로벌 TV 책임자는, 넷플릭스 사용자들이 알고리즘에 따르지 않고 직관과 인간적 판단으로 작품을 결정한다고 생각했다. 그는 〈오징어 게임〉이 대담한 비전을 가진 황 감독의 작품이기 때문에 잘 될 것임을 알았다고 밝혔다.[5]

넷플릭스와의 조율

넷플릭스는 싸이런픽쳐스와 협의 과정에서 시나리오를 풀어낼 분량이 많아 120분가량의 영화 포맷보다 드라마 시리즈로 전환할 것을 요청하고, 9부작 드라마로 확정했다. 황 감독도 분량에 여유가 생겨 인물들 간의 관계와 인물들이 가졌던 스토리에 초점을 두면서 황준호(위하준 분)를 비롯한 캐릭터와 세부적인 줄거리를 추가로 넣었다.

잡코리아에 따르면 싸이런픽쳐스는 2017년 매출이 149억 원이고, 영업 적자 4,770만 원, 당기순이익 1억 8,450만 원인 회사이다. 직원이 한 명뿐인 싸이런픽쳐스가 〈오징어 게임〉 같은 200억 원 규모의 대작 드라마를 만들어냈다는 것도 한국 드라마 산업만의 아이러니다.[6]

넷플릭스는 2019년 9월 2일 황동혁 감독이 '라운드 식스Round Six'를 제작하기로 했다고 공지했다.[7] 처음에 넷플릭스는 '오징어 게임'이라는 제목이 한국 시청자에게는 친숙하겠지만 해외 시청자들은 알아듣지 못할 것이라고 판단해 '라운드 식스'를 사용했다. 그러나 황 감독이 끝까지 '오징어 게임'을 사용할 것을 주장해, 황 감독이 생각한 원래 제목으로 정해졌다. 황 감독은 오늘날 경쟁 사회를 반영하는 가장 상징적인 게임이어서 이 드라마의 제목을 '오징어 게임'으로 선정했다고 밝혔다.[8]

3일 뒤인 2019년 9월 5일 제14회 아시아 드라마 컨퍼런스에서 넷플릭스는 한국 오리지널 신작 일곱 편을 공개했다. 〈범인은 바로 너!〉 시즌2, 〈인간수업〉, 〈킹덤〉 시즌2, 〈나 홀로 그대〉, 〈박나래의 농염주의보〉, 〈보건교사 안은영〉 등과 〈오징어 게임〉을 라인업에 포함시켰다.[9]

넷플릭스가 이날 발표한 제목은 '라운드 식스'에서 '오징어 게임'으로 수정되었고, 내용도 "다양한 이유로 인생의 패배자로 살아가던 사람들이 100억 원의 상금이 걸린 수수께끼의 서바이벌 게임에 초대받아 모이면서 벌어지는 이야기"로 되어 있다. 이를 보면 2년여의 제작 과정에서 상금은 100억 원에서 456억 원으로 늘어났지만, 다른 내용은 큰 차이가 없다.

〈오징어 게임〉은 황 감독이 여러 인터뷰에서 밝혔듯이 개인 경험을 바탕으로 쓴 작품이다. 그는 쌍문동에서 태어나 홀어머니 밑에서 자랐다. 극중 성기훈(이정재 분)과 조상우(박해수 분)는 황 감독의 인간적인 모습과 때로는 차갑고 합리적인 모습이 나뉘어 있어, 감독은 두 사람을 자신의 '내면의 클론'이라고 부른다. 두 주인공 성기훈과 조상우의 이름은 오랜 친구의 이름을 따서 지었다. 황준호도 어린 시절 실제 친구 이름이다. 기훈도 쌍용자동차 해고자를 연상시키듯 드래곤 모터스 해고자로 나오고, 상우도 황 감독이 서울대학교를 다닌 것을 반영했다. 그런 만큼 드라마의 사실성이 뛰어나 관객과의 호흡이 다른 어떤 작품보다 잘 이루어졌다고 생각한다.

황 감독은 직접 시리즈 전체의 대본을 썼으며, 처음 2화를 혼자 쓰는 데 약 6개월이 걸렸다. 그 이후에는 친구들에게 자문을 구하고, 반응을 보면서 보완해갔다. 작품을 시작하면 그 스트레스는 엄청나다. 영화가 아니라 드라마 시리즈여서 더 힘들었다. 그렇기 때문에 황동혁 감독도 〈오징어 게임〉을 제작하며 치아가 여섯 개나 빠졌다고 한다. 그만한 고통이 있으니 좋은 작품이 나왔다고 생각한다. 황 감독은 이 에피소드들을 완성한 이후 처음에는 후속작에 확신을 두지 않았으나, 잠재적으로 후속작을 염두에 두는 엔딩을 쓴 것으로 알려졌다.[10]

〈오징어 게임〉은 어떻게 만들어졌나?

넷플릭스는 프리 프로덕션에서 포스트 프로덕션까지 기존 한국 드라마 제작 방식과 많이 다르다. 사전 제작이나 횟수의 유연성, 밀도 있는 포스트 프로덕션, 캐스팅에 대한 상대적 무관심, 촬영 영상 공유 시스템, 제작진에 대한 자율성, 제작비 사전 지급, 실비 정산 등이 그렇다.

　프리 프로덕션 단계를 보면, 국내 드라마는 대체로 모든 연령을 타깃으로 하지만, 넷플릭스는 특정 선호층을 목표로 한다. 국내 드라마는 작가나 배우가 매우 중요하지만, 넷플릭스는 그렇지 않다. 넷플릭스는 모든 권리를 확보하는 것을 전제로 제작을 한다. 제작비 지급도 국내 드라마는 방송 회별로 하지만, 넷플릭스는 제작 진행에 따라 제작비를 지급하고 약 2년이 소요된다.

프로덕션 단계를 보면 국내 드라마는 회별로 제작해 일주일에 2회를 방송하고 PPL이나 협찬이 많지만, 넷플릭스는 사전 제작을 완료한 뒤 한 번에 공개하며 PPL이나 협찬이 없다. 포스트 프로덕션 단계를 보면, 국내 드라마에 비해 넷플릭스가 화질을 더욱 강조하고 공개하기 전에 더빙이나 자막을 제작해 전 세계에 공개한다.[11] 넷플릭스는 망 사용료를 내지 않기 때문에 망 사용료를 내는 국내 OTT에 비해 고화질을 서비스하는 데 아무 부담이 없다.

이러한 점을 염두에 두고 넷플릭스가 제작한 〈오징어 게임〉의 제작 과정을 정리했다. 특히 기존의 한국 드라마 제작 과정과 어떻게 다른지 비교했다.

창의성

〈오징어 게임〉의 창의성은 넷플릭스가 추구하는 제작 정책이 일조했다고 볼 수 있다. 넷플릭스는 작품이 정해지면 대체로 제작진에게 자율성을 준다.[12] 황동혁 감독도 제작 발표회장에서 "서바이벌 게임을 표현하면서 잔인한 요소가 빠질 수 없는데, 제작 과정에서 넷플릭스가 수위에 제약을 두지 않아서 창작자로서 자유롭게 작업할 수 있었다"고 말했다.

창작자의 자율성을 보장하는 것은 무엇보다 중요하다. 이러한 면 때문에 할리우드의 창작자들이 기존 스튜디오를 떠나 넷플릭스를 비롯한 OTT로 떠나갔다. 2014년 6월 스토리라인 엔터테인먼트의 비트리스 스프링본Beatrice Springborn이 훌루로 옮기기 시작했다. 본격적으로는 〈코스비 가족〉의 주연 애덤 샌들러Adam Sandler가 소니에서 넷플릭스로 옮기면서 이러한 경향이 급격하게 증가하기 시작했다. 폭스와 일하던 라이언 머피Ryan Murphy는 2018년 2월 넷플릭스와 계약했고, 〈그레이 아나토미〉와 〈스캔들〉 등 ABC의 대표 드라마를 관장하던 숀다 라임스Shonda Rhimes도 2018년 8월 넷플릭스로 갈아탔으며, 피비 월러브리지Phoebe Waller-Bridge는 2019년 아마존 스튜디오와 계약했다.

이런 점들을 보면 한국 드라마의 창작성을 높이기 위해서는 지상파 방송사나 케이블 방송사에 대한 지나친 규제와 심의 문제를 고민해볼 필요가 있다.

스토리의 구성

기존 한국 드라마 미니시리즈의 전형적인 포맷은 16부작을 기본으로 한다. 18부작, 20부작, 24부작까지 변주를 하고, 인기가 있으면 2회 정도 늘리는 전략을 썼다. 작품이 길수록 세트 제작 등에 들어가는 비용을 더 나눌 수 있어 회당 제작비가 줄어들고, 인기가 있으면 그에 따라 안정적인 광고료와 협찬, 국내외 판매 수익도 증가하므로 수익을 더 창출할 수 있기 때문이다. 그러다 보니 드라마의 스토리가 제자리걸음이거나 질질 끌기도 해 마지막으로 갈수록 드라마의 힘이 떨어지고는 한다.

넷플릭스가 국내에서 드라마를 제작하면서 이러한 경향이 깨지고 있다. 〈킹덤〉은 시즌1과 시즌2가 6부작이었고, 〈좋아하면 울리

는〉은 시즌1이 8부작, 시즌2를 6부작으로 제작했다. 〈D.P.〉와 〈지옥〉
도 6부작이었고, 〈무브 투 헤븐: 나는 유품 정리사입니다〉는 10부작
이었다. 이러한 추세에 따라 〈오징어 게임〉은 9부작으로 제작되었
다. 황 감독은 제작 발표회에서 "사람들이 재미있게 보고, 끊지 않
고 몰아 볼 수 있는 시리즈를 만들어보고 싶었다"고 말했다. 이를
보면 황동혁 감독은 한 번에 공개하는 것도 정확히 이해하고. 그에
맞춰 〈오징어 게임〉을 제작했다고 볼 수 있다.

　방송은 편성 시간이 정해져 있어 그에 맞춰야 한다. 대체로 지상
파 방송의 드라마는 미국의 경우 본편만 회당 42~44분 정도이고,
국내는 60분 정도 된다. 지상파가 편성 시간을 일정하게 하는 것은
프로그램의 제작 시간에 따라 편성 시간을 바꿀 수 없고, 대부분의
국가가 유사한 편성을 하고 있어 국제적인 원칙을 따르기 때문이
다. 실제로 드라마 촬영을 너무 많이 한 경우에는 잘라내야 하는데,
이렇게 되면 제작 시간과 비용을 낭비하게 된다.

　반면에 OTT 오리지널은 방송이 끝나고 이어지는 편성도 없고,
해외에 판매하지도 않기 때문에 시간의 제약 없이 자유롭게 제작
할 수 있다. 〈킹덤〉 시즌2를 보면 1화 52분, 2화 39분, 3화 48분,
4화 42분, 5화 36분, 6화 52분으로 36분~52분까지 편차가 있다.
〈오징어 게임〉은 1화(무궁화 꽃이 피던 날) 60분, 2화(지옥) 63분, 3
화(우산을 쓴 남자) 54분, 4화(쫄려도 편먹기) 55분, 5화(평등한 세상)
52분, 6화(깐부) 62분, 7화(VIPS) 58분, 8화(프론트맨) 32분, 9화
(운수 좋은 날) 56분으로, 편마다 차이가 있다.

영화감독의 드라마 진출

대체로 TV 드라마 PD는 TV 드라마만 제작하고, 영화감독은 영화만 연출하는 관행이 상당히 오래 지속되었다. 할리우드와 달리 한국은 두 영역이 높다란 벽을 친 것처럼 공고히 유지되었다. 서로 문법이 다르다고 생각한 것이다. TV 드라마는 영화에 비해 작품성을 따지기보다 편성 시간에 맞춰 상대적으로 빨리 찍어야 하지만, 영화는 상당히 공을 들여 제작한다. 그래서 TV 드라마 쪽에서는 영화감독을 보고 '예술한다'고 비난하고, 영화 쪽에서는 드라마 PD를 향해 '예술을 모른다'고 비난하고는 했다.

이러한 경향이 깨지기 시작한 것은 1990년대 후반부터다. 1991년 드라마의 외주 제작이 의무가 되면서 지상파 PD가 하나둘 프리랜서를 선언하기 시작한 것도 어느 정도 영향을 주었다. 드라마 PD가 영화 쪽으로 먼저 진출했다.

이진석 PD는 〈체인지〉(1997), 황인뢰 PD는 〈꽃을 든 남자〉(1997), 이장수 PD는 〈러브〉(1999), 이상훈 PD는 〈돈 텔 파파〉(2004)와 〈마파도2〉, 안판석 PD는 〈국경의 남쪽〉(2006)을 연출했으며, 〈다모〉(2003) 폐인을 만들었던 이재규 PD는 〈인플루언스〉(2010)와 〈역린〉(2014), 〈완벽한 타인〉(2018)을, KBS의 김석윤 PD는 〈조선 명탐정: 각시투구꽃의 비밀〉(2011, 2014)을 연출하는 등 1990년대 후반부터 드라마 PD들의 영화계 진출이 상당히 활발하게 이루어졌다.

영화감독이 드라마를 연출한 사례는 많지 않다가 최근 급격히 늘어나고 있다. 윤상호 감독이 일찍부터 드라마 쪽으로 넘어가 연출했다. 〈태왕사신기〉(2007) 공동 연출부터 〈비천무〉(2008), 〈버디버디〉(2008), 〈백년의 신부〉(2014), 〈사임당, 빛의 일기〉(2017), 〈이몽〉(2019), 〈달이 뜨는 강〉(2021) 등 꽤 많은 작품을 연출했다. 이후 한지승 감독은 〈일리 있는 사랑〉(2014), 미스트리스(2018), 〈날씨가 좋으면 찾아가겠어요〉(2020)를 연출했으며, 〈극한 직업〉의 이병헌 감독은 JTBC 〈멜로가 체질〉(2019, 극본)을, 〈부산행〉의 연상호 감독은 〈방법〉(2020 극본)을 연출하거나 극본을 썼다.

영화감독의 TV 드라마 진출은 넷플릭스나 애플 TV플러스 등 글로벌 OTT 오리지널에 몰리고 있다. 넷플릭스에서는 〈터널〉의 김성훈 감독이 〈킹덤〉(2019), 박인제 감독이 〈킹덤 2〉(2020), 연상호 감독이 지옥(2021, 극본, 연출)을 연출했으며, 김지운 감독은 애플 TV플러스에서 〈닥터 브레인〉(2021)을 연출했다.

〈오징어 게임〉은 영화 〈도가니〉(2011), 〈남한산성〉(2017)을 연출한 황동혁 감독이 연출했다. 대본도 직접 썼다. 황동혁 감독뿐 아니라 다수의 영화감독이 대작을 연출하고 오랜 시간 영상을 파고들었던 경험을 바탕으로 글로벌 OTT 작품에 주로 참여하고 있다. 코로나 팬데믹으로 영화 시장이 힘든 상황에 처한 영화감독의 입장에서 보면, OTT 제작 드라마는 하나의 시즌이 10부작 이내로 길지 않고, TV 드라마는 글로벌 OTT의 진출로 공급이 부족해져 자연스럽게 영화계에서 드라마 쪽으로 진출하는 것 같다.

대본 완성 후 촬영

한국의 드라마 제작은 대체로 대본을 4회분 정도 써서 방송사의 편성을 받고, 편성이 확정된 이후에 대본을 쓰면서 촬영이 이루어진다. 그러다가 방송 마지막으로 갈수록 대본과 촬영 간격이 좁혀지면서 쪽대본이나 당일 촬영 당일 방송도 이루어지곤 했다.

사전 제작을 한다고 하는 미국의 시즌 방송도 한 번에 다 제작하여 방송하는 것이 아니다. 먼저 파일럿 대본을 쓰고 이것의 제작을 확정한 뒤 파일럿 제작에 들어간다. 이렇게 완성한 파일럿을 보고 시즌을 이어갈지 정한다. 시즌 오더가 떨어지면 이때부터 대본을 쓰면서 제작을 한다. 다만, 방송 2개월 전에 촬영을 완료한다.

넷플릭스가 한국 오리지널을 제작하면서 한국 드라마의 제작 관행을 바꿔놓았다. 하나의 시즌을 한꺼번에 공개하기 때문이다. 촬영도 대본 전체를 써놓아야만 들어갈 수 있다. 게다가 제작 계약이 마무리되기 전에는 촬영에 못 들어간다. 대본을 다 써야 정확히 제작비 예산을 산정할 수 있기 때문이다.

그동안 지상파 드라마 제작에서 문제 중의 하나가 제작비였다. 지상파 드라마는 전체 대본이 완성되어 있지 않은 상태에서 제작비 협상을 하고 촬영에 들어간다. 제작비를 실비 정산하기도 하지만, 대체로 한 번 정한 제작비는 변동되지 않으니 방송사 PD가 연출하면서 제작비를 더 쓸 경우 갈등의 여지가 존재한다.

〈오징어 게임〉은 대본을 9화까지 다 쓰고, 제작 계약을 체결한 뒤 촬영을 시작했다. 기존 방송사와는 완전히 다른 제작 시스템이 이루어진 것이다. 넷플릭스는 2020년 3월 11일 이정재, 박해수 두 주연 배우의 캐스팅을 발표했고, 2020년 6월 17일 허성태, 위하준, 김주령, 정호연의 출연을 확정지었다.

게임과 세트의 구성

드라마를 제작하려면 촬영장 밖에서 실제 경치를 배경으로 촬영하는 로케이션과 세트 제작이 필수이다. 전부 로케이션으로 할 수 없는 이유는 날씨 등 통제할 수 없는 상황이 발생해 안정적인 제작을 할 수 없기 때문이다. 세트로 전부 제작할 수 없는 이유는 세트 제작에 소요되는 시간과 비용 부담이 크고, 무엇보다 생동감을 주지 못하기 때문이다.

〈오징어 게임〉도 로케이션과 세트에서 촬영했다. 물론 CG도 상당히 많이 들어갔다. 〈오징어 게임〉의 게임 장면을 촬영하기 위해서는 통제를 해야 하므로 세트 촬영이 필수였다. 〈오징어 게임〉에 등장하는 게임은 모두 여섯 가지다. 1화에서는 '무궁화 꽃이 피었습니다'가 나오고, 2화는 '달고나 뽑기', 3화는 '줄다리기', 4화는 '구슬치기', 5화는 '징검다리 건너기', 6화는 '오징어 게임'이 나온다.

초기 대본이 영화용으로 고안되면서, 복잡한 규칙의 게임을 사용하는 다른 생존형 영화들과 달리 설명하기 쉬운 단순한 규칙의 어린이 게임을 사용했다. 황 감독은 오징어 게임을 어린 시절 자신이 가장 좋아하고 즐겼던, 가장 육체적으로 공격적인 어린이 게임으로 회상했다.

황 감독이 '무궁화 꽃이 피었습니다' 게임을 첫 번째 게임으로 선정한 이유는 짧은 시간에 많은 탈락자를 만들기 위한 것이었다. 또한 이 게임이 임의로 움직이고 멈추는 수많은 사람으로 채워진 장면이 우스꽝스럽게 보일 수도 있지만, 슬픈 그룹 댄스로 보였기 때문이었다고 밝혔다.

황 감독은 〈킹덤〉이 인기를 끌자 아마존에서 갓이 인기리에 판매된 것처럼 '달고나 뽑기' 게임에 나왔던 달고나도 인기리에 판매될 것을 예상했다. 특히 달고나를 핥아서 모양을 완성하는 일은 황 감독이 어렸을 때 직접 했던 것이어서 실감나게 담아냈다. 실제로 촬영을 하면서 숙소에서 직접 실험까지 했다. 황 감독은 이외에도 '공기놀이', '동, 동, 동대문', '우리 집에 왜 왔니?'와 같은 게임을 고민했다. 아마도 시즌2에서 활용되지 않을까 한다.

의상과 세트 디자인

〈오징어 게임〉은 다채로운 세트와 의상을 판타지 세계와 같이 보이도록 디자인했다. 채경선 미술감독은 전체적인 게임과 대형 공간을 만들 때 '길 위에 버려져 있는 사람들'이라는 단어를 생각했다고 한다. 미로와 같은 복도와 계단들은 마우리츠 코르넬리스 에서의 작품을 오마주했다고 말했다.

그는 "〈오징어 게임〉 속 참가자들의 합숙소 모양이 처음부터 지금 같지는 않았다. 처음에는 일반적인 2층 침대 형태를 염두에 뒀는데, 살기 위해 위로 올라가야 하는 경쟁 사회를 상징하는 오브제로서 계단과 사다리를 넣어서 숙소를 디자인하고 싶었다. 게임장으로 이동할 때 거치는 미로 복도의 복잡한 계단도 '누굴 밟고 올라간다는' 경쟁 사회를 보여주고자 했다"고 밝혔다.[13]

드라마를 제작할 때 의상은 협찬을 많이 받는 분야다. 제작비를 절감하고 수익을 올릴 수 있기 때문이다. 드라마 〈지리산〉이 네파에서 의상 협찬을 받은 것처럼, 〈오징어 게임〉도 단체가 나오기 때문에 스포츠 웨어나 의류 업체에서 충분히 협찬받을 수 있는 조건이었다. 그러나 〈오징어 게임〉은 의상을 직접 제작해 간접광고 논란의 소지를 없앴다.

〈오징어 게임〉에 등장하는 의상은 단순하면서도 독특하다. 어떻게 보면 〈종이의 집〉에 나오는 의상 같다. 이에 대해 황동혁 감독은 처음에는 스카우트 옷 같은 걸 생각했지만 체형이 잘 드러나고 개미 집단의 한 마리 같은 느낌을 주기가 어려울 것 같아 포기했고, 온몸을 가려야 하기에 어쩔 수 없이 점프슈트를 선택했다고 말했다.[14]

여러 인터뷰에서 밝힌 대로 참가자들과 요원들은 차이를 명확하게 하기 위해 색을 구별해서 입게 했다. 참가자들이 입은 초록색 트레이닝복은 1970년대 운동복에서 착안한 것이다. '무궁화 꽃이 피었습니다'의 인형은 게임이 1970년대와 1980년대 골목길에서 아이들이 하던 놀이였다는 점에 착안해, 당시 교과서에 나왔던 영희 일러스트를 참고해서 제작했다.

촬영

드라마에서 촬영 장소는 매우 중요하다. 촬영 장소는 대체로 섭외 담당자가 대본을 보고 후보지를 물색해 추천하면 감독이 확정한다. 〈오징어 게임〉은 2020년 6월에서 10월 사이에 촬영을 진행했다. 이 기간 동안 코로나19로 8월 21일부터 1개월 동안 제작진의 안전을 위해 제작을 중단했다. 로케이션 촬영은 성기훈의 현주소인 쌍문동 인근에서 많이 촬영했고, 서울 여의도와 마포, 인천 옹진군의 선갑도 등에서 진행했다. 줄다리기와 구슬치기, 달고나 등 대부분의 게임 장면은 대전의 스튜디오큐브에서 세트를 제작해 촬영했고, 침대가 있는 장면은 안성에 있는 동아방송예술대학교에서 촬영을 진행했다.

한국의 드라마는 부족한 제작비를 메우기 위해 협찬이나 간접광고를 적극적으로 유치한다. 그래서 간접광고가 들어가면 드라마 시작 전에 간접광고가 있음을 고지해야 한다. 가끔 간접광고 고지 의무를 이행하지 않아 방송통신심의위원회의 제재를 받기도 한다.

〈오징어 게임〉은 이 규정을 적용받지 않기 때문에 간접광고 고지 의무가 없다. 넷플릭스는 간접광고를 하지 않는 것이 원칙이다. 글로벌로 나가기 때문에 자칫 문제가 발생할 수 있기 때문이다. 무엇보다 제작비를 전액 지급하기 때문에 작품에 해를 줄 수 있는 간접광고를 굳이 할 필요가 없다. 드라마 〈지리산〉이 시청 흐름을 방해하는 간접광고로 많은 비판을 받은 것과 비교가 된다.

한국의 드라마는 간접광고가 아닌 상호나 제품의 로고가 찍히면 촬영 후에 지우지만, 〈오징어 게임〉은 그럴 필요가 없기 때문에 실제 거리를 그대로 촬영할 수 있다. 또한 간접광고가 없기 때문에 스토리를 간접광고에 맞게 설정할 필요도 없다.

음악

드라마에서 OST는 필수다. 음악을 넣지 않고 영상만 볼 때와 음악을 입힌 다음 볼 때는 천지 차이다. 대체로 음악은 음악감독이 드라마에 맞게 작곡한다. 이것을 음원으로 출시해 별도의 수익 사업을 한다. 문제가 되는 경우는 기존 음악을 사용할 때다. 국내 음악은 계약에 따라 신탁 단체에 사용권료를 내면 된다. 하지만 외국 곡은 항상 문제가 된다. 외국 곡을 국내에서 사용할 때는 음악을 사용하고 계약에 따라 사용료를 내면 아무 문제가 없지만, 해외에 영상이 나갈 때는 문제가 된다. 외국 곡을 해외에서도 사용하려면 곡당 1~2억 원 정도의 상당한 비용이 들어간다.

〈오징어 게임〉은 처음부터 해외에 유통하는 것을 전제로 했기 때문에 음악 저작권 문제를 해결했다. 음악은 영화 〈기생충〉의 사운드트랙을 작곡한 정재일 감독이 맡았다. 정 감독은 음악이 지루해지는 것을 막기 위해 박민주, 김성수 뮤지컬 음악감독(작곡가로 일할 때는 '23'이라는 이름을 씀)과 함께 〈Way Back then〉(정재일), 〈Pink Soldiers〉(23), 〈Round 1〉(정재일) 등을 작사 작곡했다.

편집, 자막/더빙

기존 드라마는 방송 일정에 맞추기 위해 촬영을 시작하면 편집도 같이 시작한다. 〈오징어 게임〉은 한 번에 전체를 공개하기 때문에 촬영하면서 편집도 진행하지만, 본격적인 편집은 시즌 전체를 촬영하고 이루어진다. 편집 기간은 보통 4~5개월이며, 완성한 편집본은 공개 3개월 전에 넷플릭스에 납품하도록 한다.

기존 한국 드라마는 자막과 더빙을 고려하지 않고 제작한다. 편성 일정에 맞춰 방송하면 방송사의 콘텐츠 사업 부서나 계열사에서 자막 업체를 담당한다. 더빙은 작품을 수입하는 국가의 방송사가 담당한다.

넷플릭스는 자막과 더빙을 끝낸 뒤 전 세계에 동시에 공개하는데, 전 세계 170개가 넘는 스튜디오에서 34개 언어로 더빙을 하는 것으로 알려졌다. 〈오징어 게임〉은 2021년 9월 17일 공개했다. 영어, 프랑스어, 포르투갈어, 태국어 등 13개 언어로 더빙했고, 31개 언어로 자막을 제작했다.

넷플릭스는 작품을 190개국에 동시에 공개한다. 이런 방식 때문에 한 번에 전 세계에서 화제가 되는 일도 가능해졌다. 2016년 넷플릭스가 전 세계에 동시에 오픈하기 전까지는 영화와 음악만이 가능했다. 영화는 극장 개봉에 며칠 시차가 있지만 비슷한 시기에 전 세계에 공개하고, 음악도 유튜브를 통해 동시에 접한다. 이런 동시성은 콘텐츠의 인기가 급속하게 확산되는 데 한몫한다.[15]

오리지낼리티

넷플릭스에서 인기를 끈 한국 드라마 가운데에는 웹툰을 원작으로 한 작품이 많다. 〈킹덤〉, 〈스위트홈〉, 〈첫사랑은 처음이라서〉, 〈보건교사 안은영〉, 〈D.P.〉, 〈지옥〉 등이 그렇다. 반면에 〈오징어 게임〉은 오리지널 드라마다. 그렇기 때문에 〈오징어 게임〉은 웹툰, 영화 등 다른 장르로 확장이 가능하다.

〈오징어 게임〉이 나오면서 일본 《소년 매거진》에 2011년 3월부터 연재된 데스 게임 만화와 영화로 만들어진 『신이 말하는 대로』(글 카네시로 무네유키, 그림 후지무라 아케지)와 맥락이 유사해 표절 의혹에 휩싸이기도 했다. 이 영화는 고교생들이 '달마 인형 멈추기', '고양이 목 농구대 골 넣기', '목각 인형 이름 맞추기', '거짓말 안 하기', '깡통 차기', '아이스크림 뽑기' 등 여섯 개의 게임을 하면서 최종 한 명이 살아남는 내용이다.

표절이 되려면 황동혁 감독이 이 작품을 봤어야 한다. 그러나 〈오징어 게임〉은 2009년에 이미 시나리오가 완성되었기 때문에 표절 시비가 발생할 여지가 없다. 실제로 황동혁 감독은 "만화 『도박묵시록 카이지』, 영화 〈헝거 게임〉 등에서 영감을 받았다"라고 말한 바 있지만, 〈오징어 게임〉은 본인의 오리지널이라고 밝혔다.

시즌제

미국 드라마의 가장 큰 특징은 드라마를 시즌으로 제작한다는 점이다.[16] 한국에서는 미국처럼 시즌제가 활성화되어 있지 않다.[17]

최근 들어 시즌제를 시도하고 있기는 하지만, 아직은 걸음마 단계다. 드라마 산업이 확장되려면 시즌제가 정착되어야 한다.

시즌제의 힘은 넷플릭스가 공개하는 주간 시청 시간 기준 톱10을 보면 알 수 있다. 2021년 9월 6일부터 9월 12일까지를 기준으로 보면, 〈종이의 집〉 시즌 다섯 개가 올라와 있다. 〈종이의 집〉 시즌 5가 9월 3일에 공개되었기 때문이다. 새로운 시즌이 공개되면 이전 시즌도 자연스럽게 같이 본다는 것이다. 시즌이 계속될수록 드라마의 생명력은 지속된다. 그동안 한국 드라마가 하나의 시즌으로 끝나 너무 아쉬웠다.

황동혁 감독도 제작 발표회에서 "혹 게임에 참가해 상금을 받게 된다면, 456억을 써서 시즌2를 혼자서라도 만들 생각이 있다"고 말했다.

시즌2에 대한 기대감이 커지는 가운데, 황 감독은 CNN과의 인터뷰 등에서 시즌2에 담길 내용 일부를 밝혔다. 시즌1에서 시즌2를 위해 열어놓은 부분도 있고, 시즌1에서 설명이 안 된 것들에 대한 이야기를 하고 싶다고 말했다. 즉, 프론트맨(이병헌 분)의 과거, 준호(위하준 분)의 이야기, 가방에 딱지를 들고 다니는 남자(공유 분)의 이야기 같은 것들이다. 그러면서도 황동혁 감독은 "이건 약속하겠다. 성기훈이 돌아와 세상을 위해 뭔가를 할 것"이라고 귀띔했다. 시즌2에서는 '팽이치기', '우리 집에 왜 왔니' 등이 게임이 등장할 것으로 예상한다.

황 감독은 2021년 11월 8일 AP 통신과의 인터뷰에서 시즌2

가 확정되었다고 밝혔다. "시즌2를 향한 너무나 큰 사랑과 수요, 압박이 있다. 우리에게는 선택의 여지가 없는 것처럼 느껴진다"고 말했다. 2021년 1월 21일 넷플릭스 공동 CEO인 테드 사란도스는 2021년 4분기 실적발표회에서 시즌2 제작을 공식화했다. 시즌2를 기대한다. 그러나 넷플릭스의 제작 스타일로 봐서 2년은 걸리지 않을까 싶다.

마케팅

드라마 제작이 끝나면 마케팅에 신경을 쓴다. 톱 배우나 톱 작가의 작품일수록 화제성이 높기 때문에 비용을 많이 써서 마케팅을 활발하게 한다. 방송사는 자체 채널이 있으므로 마케팅 비용을 별로 쓰지 않는다. 자사 채널은 추가 비용이 들어가지 않으므로 변동비용variable cost이 거의 '0'이다. 예고 등의 스팟, 다른 TV 프로그램이나 라디오 프로그램에서 홍보할 수 있는 장점도 있다.

반면에 넷플릭스는 방송 채널이 없기 때문에 비용을 많이 들여야 한다. 지하철역이나 지하철 내 광고, 지상파 TV 광고, 옥외 전광판 광고, 버스나 택시 외관 등을 활용한다. 2021년 9월 5일 넷플릭스는 이태원역에 팝업 체험 존인 오겜 월드를 설치했다. 그러나 드라마가 인기가 있으면서 오겜 월드에 방문자가 늘어나 코로나19 방역 수칙 위반 우려로 9월 24일 운영을 조기 중단했다. 9월 15일에는 456명만 참여하는 온라인 제작 발표회 겸 시사회를 열었다. 〈오징어 게임〉 참가 인원이 456명이라는 점을 마케팅 포인트로 활용했다.

넷플릭스의 최고경영자CEO인 리드 헤이스팅스Wilmot Reed Hastings Jr.는 10월 20일 초록색 트레이닝복을 입고 2021년 3분기 실적을 발표했고, 디 가필드 넷플릭스 정책총괄 부사장도 11월 4일 동대문스퀘어에서 열린 '넷플릭스 미디어 오픈 토크'에서 오징어 게임 트레이닝복을 입고 발언했다.

넷플릭스는 해외에서도 다양한 행사를 마련했다. 2021년 9월 22일 필리핀에서 게임 속 술래인 '영희' 인형의 복제품을 케손시티 오티가스 애비뉴에 전시했다. 프랑스 파리에서는 오징어 게임 팝업 스토어가 10월 2일과 3일 문을 열었으며, 달고나 모양을 1분 30초 안에 올바른 모양으로 분리해내면 넷플릭스 1개월 무료 구독권을 지급했다. 또 네덜란드 마스트리흐트와 로테르담 거리에서 '무궁화 꽃이 피었습니다' 게임을 개최해 사람들이 즐기도록 했다. 행사에는 복제 인형을 전시하고 직원들이 요원 복장을 했으며, 승리자는 오징어 게임 기념품을 받았다.

드라마가 인기를 끌면 알아서 홍보를 해주는 경우가 발생한다. 대표적인 사례로, 한국관광공사가 미국 뉴욕 한복판에서 개최한 행사가 있다. 〈오징어 게임〉 속 놀이를 따라 하는 '오징어 게임과 함께하는 뉴욕 속 한국 여행'이라는 테마로 행사를 열었는데, 80명 모집에 3,114명이나 참석했다.

유통

드라마의 유통은 대체로 제작 과정이나 제작 이후에 이어진다. 방송사가 저작권을 갖는 경우에는 방송사가 케이블 TV나 VOD 등의 판매에서 나오는 수익과 해외 판매를 담당하고 여기에서 나온 수익의 일정 비율을 제작사에 지급한다. 제작사가 저작권을 갖는 경우에는 제작사가 방송사에서 적은 제작비를 받고 모든 유통을 주도한다. CJ나 JTBC는 제작사에 제작비 전액과 일정 비율의 수익을 보장하는 대신 저작권을 소유하는 형태를 취했다.

〈오징어 게임〉은 넷플릭스가 저작권을 100퍼센트 갖는 대신 제작사에 제작비의 10퍼센트 정도를 수익으로 보장하고, 넷플릭스 플랫폼을 통해서만 공개했다. 넷플릭스는 방송사와 달리 더 이상 다른 곳에 유통하지 않는다. 그렇기 때문에 작가나 배우는 재방이나 판매에 따른 수익이 발생하지 않는다.

〈오징어 게임〉의 흥행에도 불구하고 추가적인 수익이 없다는 기사가 꽤 화제가 됐다. 물론 황 감독은 연출료로 충분한 보상을 받았겠지만, 작품이 잘 되어도 추가 수익이 없다면 합리적이지 않다고 본다. 이에 대한 비판 기사가 나가자 넷플릭스는 황동혁 감독과 제작진에게 일회성 보너스를 지급했다고 한다. 그렇지만 『블룸버그』에 따르면 〈석세션〉의 인기 배우 1회 출연료보다 적은 금액이라고 한다.[18]

〈오징어 게임〉의 성과

제작 발표회에서 황동혁 감독은 드라마에서 기훈이 "'나는 말이 아니야. 그래서 궁금해. 당신들이 왜 이런 짓을 하는지?'라는 대사가 있는데, 그 질문을 모두에게 던져보고 싶었다"고 말했다. 영화 〈기생충〉이 제92회 아카데미 시상식에서 작품상 등 네 개 부문에서 상을 받을 정도로 세계인의 공감을 얻은 것처럼, 〈오징어 게임〉도 한국적 특성 같지만 어느 나라에나 있을 법한 설정이어서 세계인의 호응을 얻었다고 본다.

〈오징어 게임〉은 공개한 지 6일 만인 2021년 9월 23일부터 11월 7일까지 연속 46일 동안 1위를 했고, 이후 11월 11~13일, 17~19일까지 합쳐 총 52일 동안 1위를 했다. 〈오징어 게임〉은 〈퀸즈 갬빗〉이 세운 46일을 누르고 넷플릭스 역사상 가장 오랫동안 1위를 한 드라마라는 기록을 세웠다.

넷플릭스에서 밝힌 시청 시간을 기준으로 보면 〈오징어 게임〉의 성과는 훨씬 더 대단하다. 9월 17일 공개한 주부터 비영어 TV 시리즈 중에서 1위를 했다. 3주차에는 전 세계에서 5억 7,000만 시간을 봤다. 영어 TV 시리즈 1위인 〈오티스의 비밀 상담소〉가 기록한 7,290만 시간보다 7.8배나 많다.

〈오징어 게임〉은 제작비가 200억 원으로 알려졌다. 『블룸버그』가 밝힌 바에 따르면, 넷플릭스 직원이 회사 기밀을 유출했는데 〈오징어 게임〉에 총 2,140만 달러(약 253억 원)를 제작비로 투자했고,

8억 9,110만 달러(약 1조 6,500억 원)에 달하는 가치를 창출했다고 전했다. 회당으로는 240만 달러(약 28억 4,000만 원)이다.

넷플릭스는 작품의 성과를 AVSAdjusted View Share로 측정하는데, 이는 얼마나 많은 사람이 봤느냐가 아니라 시청한 사람들이 얼마나 가치 있게 여기는지를 평가하는데, 〈오징어 게임〉은 353점이다. 이 점수는 9~10점만 되어도 높은 점수이기 때문에 〈오징어 게임〉은 엄청나게 높은 것이다. 또한, 넷플릭스는 가격 대비 시청자로 효율성을 측정하는데 1X만 되어도 높은데 〈오징어 게임〉은 41.7X이다. 이는 사펠Dave Shappelle의 〈뼈때리는 이야기Sticks & Stones가 0.8X이므로 52배나 높은 효율성을 보여주는 것이다(Shaw, 2021.11.17).

넷플릭스는 강력한 오리지널이 탄생하면 신규 가입자가 증가한다. 〈오징어 게임〉 공개 이후 한국에서는 순 이용자가 2021년 8월 863만 명에서 10월 1만 1,086만 명으로 223만 명이 증가해, 두 달 만에 25.8퍼센트가 증가했다. 넥플릭스는 10월 19일 3분기 실적을 발표했는데, 유료 가입자가 438만 명 증가했다고 밝혔다. 로이터와 블룸버그 등 외국의 언론들은 이 실적이 〈오징어 게임〉의 인기에 힘입었다고 분석했다.

넷플릭스는 〈오징어 게임〉의 가치를 8억 9,110만 달러(약 1조 원)로 평가했다. 2021년 말 기준 넷플릭스 글로벌 가입자는 2억 2,434만 명이다. 〈오징어 게임〉 때문에 가입자가 증가했을 것이고, 최소 1퍼센트인 200만 명이 새로 가입했다고 가정하자. 가입자당 매출을 보면 북미 지역은 14.56달러, 유럽과 중동은 11.63달러, 남미는 7.73달러, 아시아는 9.56달러이므로 평균 10달러라고 계산한다. 이를 기준으로 〈오징어 게임〉의 1년간 효과를 계산하면 200만 명×10달러×12월=2억 4,000만 달러이다. 넷플릭스가 추정한 8억 9,110만 달러의 기준은 밝히지 않았다. 이 추정치를 감안하면 적용 기간을 확장해야 하므로 넷플릭스가 밝힌 금액은 약간 과도하다는 생각이 든다.

그렇다면 싸이런픽쳐스는 얼마나 벌었을까? 넷플릭스는 마케팅 비용까지 포함해서 제작비를 밝혔을 듯한데, 초기에 알려진 제작비가 200억 원이라면 싸이런픽쳐스는 20억 원 정도 벌었을 것이다. 현재 직원이 두 명인 제작사가 2019년부터 2021년까지 3년 정도 이 작품에 투자했다면 결코 나쁜 수익이 아니라고 생각한다.

문화 상품은 인기가 있으면 입소문을 통해 많은 화제를 낳으며 시너지 효과가 난다. 〈오징어 게임〉은 많은 밈을 만들어냈다. 그중에서 압권은 유튜버 미스터 비스트MrBeast(본명 지미 도널드슨)가 제작한 콘텐츠다. 그는 3,500만 달러(약 40억 원)를 들여 〈오징어 게임〉과 똑같은 세트를 제작하고, 456명을 모집해 동일하게 게임을 진행하며, 1등에게 45만 6,000달러를 지급하는 과정을 제작해 11월 25일 유튜브로 공개했다.[19]

이 콘텐츠는 2022년 2월 18일 현재 2억 2천만 뷰를 기록하고 있다. 인플루언서 마케팅 허브는 평균적으로 영상 재생 횟수 1,000회당 유튜버들은 4.18달러를 버는 것으로 계산한다. 이 공식을 대입

해보면 산술적으로 미스터 비스트는 나흘 만에 〈오징어 게임〉 영상 하나로, 약 92만 달러(약 11억 원)를 벌어들였다는 계산이 나온다. 미스터 비스트는 이 영상을 올리기 전에 구독자가 7,600만 명이었는데, 영상 공개 후인 2022년 2월 18일 현재 9,050만 명으로 1,450만 명이 증가한 것으로 보아 수지맞는 장사를 한 셈이다.[20]

〈오징어 게임〉의 한계

〈오징어 게임〉은 이처럼 엄청난 성공을 했음에도 씁쓸한 구석이 있다. 바로 드라마를 기획한 황동혁 감독과 제작한 싸이런픽쳐스는 저작권이 없어 이를 통한 추가 사업을 할 수도 없고, 추가 수익이 전혀 없다는 것이다.

할리우드에서는 영화·TV 스튜디오가 감독, 작가, 배우와 수익금의 일부를 나눠 갖는 백엔드Back End 계약을 체결한다. 일반적으로 러닝 개런티라고 알려진 방식으로, 작품의 흥행 성적에 따라 출연료를 더 지급하는 제도이다. 반면 넷플릭스는 해당 프로젝트가 성공한다는 가정 아래 많은 돈을 미리 주는 방식을 채택했다. 해당 프로젝트가 성공할 경우 수익을 모두 갖는 대신, 실패하더라도 그 책임을 개별 제작자들에게 지우지 않고 넷플릭스가 떠안겠다는 의미다. 대부분의 영화나 TV 프로그램이 성공하지 못한다는 점을 감안하면, 이런 모델이 넷플릭스와 협력하는 제작자들에게 이득이 된다. 하지만 〈오징어 게임〉처럼 큰 성공을 거둘 때는 그 결실을 공유하지 않는다는 단점이 있다.

미국은 OTT 오리지널 콘텐츠라도 저작물을 재사용하면 그에 대한 대가를 작가에게 지급하는데, 이를 리지듀얼Residuals이라고 한다.[21] 2007년 미국작가조합Writer Guild of America이 파업을 하면서 얻은 결과로, 작가들이 인터넷 저작물에 대한 관할권을 갖게 되었다. 고예산 SVOD(예약 주문형 비디오)는 2017년 저작물부터 미국과 해외에서 재사용하면 최저 기준에 따라 고정된 리지듀얼을 작가에게 지급한다. 고예산 SVOD의 재사용료는 최저 기준과 가입자 수, 서비스 연한에 따라 금액이 달라진다. 뉴미디어 프로그램을 전통 미디어(극장, 지상파 TV, 베이직 케이블 TV, 유료 DVD 등)에서 재사용하면, 기존 미디어의 리지듀얼을 적용받는다. 또한 넷플릭스, 아마존 프라임, 디즈니 플러스처럼 글로벌로 유통하는 경우 재사용에 대한 미국 내 리지듀얼의 일정 비율을 추가로 지급한다.

부가 사업

〈오징어 게임〉의 인기와 더불어 각종 부가 사업이 일어났다. 대표적인 것이 드라마에 나온 의상 판매다. 특허 정보 검색 사이트(kipris.or.kr)에서 '오징어 게임'으로 검색하면 세 건이 나오며 모두 심사중으로 나온다. 넷플릭스 스튜디오스에서 2021년 10월 13일 출원한 것은 드라마에서 나오는 것과 같은 상표이고, 지정상품은 USB 플래시 드라이브, 게임 소프트웨어와 하드웨어, 내려 받기 가능한 TV 시리즈/게임 소프트웨어/벨소리/모바일 애플리케이션, 라디오, 안경, 오디오북, 이어폰, 전자출판물, 카메라, 헤드폰 등 50개 상품이다. 〈오징어 게임〉에 나오는 원, 삼각형, 사각형, 그리고 세 도형의 위치와 도형 요소와 연결되는 문자에 대한 다섯 개의 도형 코드도 포함되어 있다. 넷플릭스는 〈오징어 게임〉과 관련해 드라마 분야 상표권 등록을 했지만, 의상과 소품에는 디자인 출원 등의 조치를 하지 않았다.[22]

넷플릭스와 한국 창작자들의 공생을 기대하며

〈오징어 게임〉은 넷플릭스가 한국 내에서 제작한 오리지널이다. 2021년 9월 17일 공개된 이후 꽤 오랫동안 인기가 있다. 블룸버그는 한국 창작자들이 미국 중심의 할리우드와 경쟁할 수 있는 콘텐츠 제작 능력을 입증했다고 평가했고, 영국 BBC도 영어권 국가에서 성공하기 위해 영어로 제작할 필요는 없다는 사실을 증명했다고 보도했다.

이처럼 〈오징어 게임〉은 한국 드라마 산업에서 기념비적인 작품이다. 넷플릭스 홍보 홈페이지에 보면 넷플릭스는 "이야기를 통해 우리는 더 많은 감정을 느끼고, 새로운 관점을 접하고, 서로에 대한 이해를 높일 수 있습니다"라는 비전을 내세우고 있다. 그 하나의 역할을 〈오징어 게임〉이 충실히 수행해냈다. 앞으로 넷플릭스는 이러한 성과와 더불어 저작권 문제나 망 이용료 등의 문제를 원만하게 해결하면서 창작자들과 윈윈하는 관계를 지속하길 바란다.

각주 ───────────────

1) 이지영, 「말도 안 된다 했는데…〈오징어 게임〉 10년 만에 빛 본 슬픈 이유」, 「중앙일보」, 2021년 10월 4일.

2) 양소영, 「이정재 박해수 〈오징어 게임〉, 상금 456억의 생존 경쟁」, 「스타투데이」, 2021년 9월 15일.

3) 김인구, 「〈오징어 게임〉 제작 김지연 대표 "무한경쟁 사회 풍자가 히트 비결"」, 「문화일보」, 2021년 9월 27일.

4) Yvonne Lau, 「Netflix exec behind 'Squid Game' wants to invest more in the 'K-Wave' – and hints at a possible season 2」, 「Fortune」, October 21, 2021.

5) Martine Paris, 「Everything to know about 'Squid Game', the surprise Netflix hit series」, 「Forunne」, October 3, 2021.

6) '싸이런픽쳐스', 잡코리아, 2021년 12월 31일 검색.

7) 「Director Hwang Dong-hyuk to produce new Korean original series, Round Six」, Netflix, September 2, 2019.

8) Hanna Park, 「Inside the real kids' games in 'Squid Game」, 「NBC News」, October 8, 2021.

9) 「2019 아시아 드라마 컨퍼런스에서 한국 오리지널 신작 10편 이상 발표」, Netflix 뉴스룸, 2019년 9월 5일.

10) Patrick Frater, 「'Squid Game' Director Hwang Dong-hyuk on Netflix's Hit Korean Series and Prospects for a Sequel」, 「Variety」, September 24, 2021.

11) 유건식, 「넷플릭스 한국 드라마 시장을 바꾸다」, 한울, 2021, 181~182쪽.

12) 유건식, 「넷플릭스 한국 드라마 시장을 바꾸다」, 한울, 2021, 143~145쪽.

13) 박준호, 「〈오징어게임〉 히트의 공신, 미술… "미로 복도와 숙소의 계단식 침대, 경쟁 사회의 오브제"」, 「서울경제」, 2021년 10월 5일.

14) 유튜브 〈오징어 게임〉 코멘터리, 찐이다!! 오겜 연출, 미술, 연기의 비밀 폭로', 넷플릭스 코리아.

15) 김현경, 「외신이 찾아낸 〈오징어 게임〉 대박 비결」, 한국경제TV, 2021년 11월 14일.

16) 유건식. 「미드와 한드 무엇이 다른가」, 한울, 2013, 40쪽.

17) 유건식 · 정해룡, 「지상파 TV의 시즌제 드라마 도입 방안 연구」, 「방송과 커뮤니케이션」 20권(1호), 2019.

18) Lucas Shaw, 「'Squid Game' Team Didn't Get Rich From Season 1. What About Season 2?」, Bloomberg, November 21, 2021.

19) Amanda Silberling, 「MrBeast's 'Real Life Squid Game' and the price of viral stunts」, TC, December 4, 2021.

20) 오원석. 「현실판 〈오징어 게임〉 1억 명 봤다…40억 썼지만 '남는 장사'」, 「중앙일보」, 2021년 11월 29일.

21) 「Residuals: Residuals for High-Budget Subscription Video on Demand(HBSVOD) Programs」, Writers Guild of America West(WGAW).

22) 조기현, 「〈오징어 게임〉 굿즈 판매, 저작권 문제는?」, 「문학뉴스」, 2021년 11월 23일.

황동혁 감독 인터뷰

서정민

『한겨레』 문화부 기자

넷플릭스가 공개한 인터뷰

황동혁 감독은 1971년 서울 쌍문동에서 태어났다. 〈오징어 게임〉의 극 중 배경인 쌍문동은 그가 나고 자란 곳이다. 서울대학교 신문학과를 졸업하고, 미국 서던캘리포니아대학교USC에서 영화제작학 석사학위를 받았다. 2007년 장편 영화 〈마이 파더〉로 데뷔했다. 이후 청각장애학교에서 벌어진 실화를 그린 영화 〈도가니〉(2011)로 커다란 사회적 반향을 일으켰다. 코미디 영화 〈수상한 그녀〉(2014)는 860만 관객을 모은 건 물론 중국, 베트남, 일본, 태국 등 8개 국가에서 리메이크되기도 했다. 김훈 소설을 영화화한 〈남한산성〉(2017)은 백상예술대상 영화 부문 작품상, 청룡영화상 각본상 등을 수상했다.

이후 그는 영화 대신 넷플릭스 오리지널 시리즈 〈오징어 게임〉을 만들며 새로운 도전에 나섰다. 그 결과 세계적인 흥행 감독의 반열에 올랐다. 다음은 〈오징어 게임〉 공개 당시 넷플릭스가 보도 자료를 통해 공개한 황동혁 감독 인터뷰 내용이다.

Q. 〈오징어 게임〉 기획의 시작과 과정

A. 게임 소재 만화를 탐닉하던 중 한국적인 서바이벌물을 만들어보면 어떨까 하는 생각이 들었다. 어린 시절 친구들과 즐거운 시간을 보냈던 단순한 놀이들을 목숨 걸고 하게 되는 상황이 온다면 얼마나 아이러니할까라는 생각이 들었고, 그렇게 〈오징어 게임〉의 대본을 쓰게 됐다. 어느 날 갑자기 가장 아름답던 추억이 가장 끔찍한 현실로 변해버리는 아이러니. 그것이 〈오징어 게임〉의 기획 의도다.

Q. 〈오징어 게임〉을 제목으로 설정한 이유

A. 한국의 경제 성장이 궤도에 오르던 1970~1980년대, 오징어 게임은 어린아이들이 즐기던 골목의 놀이였다. 그리고 가장 몸을 많이 쓰는 경쟁적이고 폭력적인 놀이였다. 현재 이 시대를 살아가는 모두가 극한의 경쟁으로 내몰리는 것을 보며 이 놀이의 이름을 그대로 제목으로 쓰기로 했다.

Q. 게임 선택의 기준

A. 경쟁이나 생존으로부터 자유로웠던 어린 시절에 했던 놀이를 나이가 들어 모든 것을 걸고 하게 되는 상황에서 오는 아이러니에 역설적인 재미를 느꼈다. 그래서 어린 시절의 게임들로 구성해보고 싶었다. 게임은 처음 접하는 사람도 직관적으로 이해할 수 있고 비주얼적으로도 힘이 있는 놀이들을 선택했다. 게임의 룰이 단순할수록 오히려 게임에 걸린 리스크와 충돌하며 더 큰 아이러니와 긴장감을 불러일으킬 거라고 생각했다. 그리고 개인으로 하는 게임과 팀을 이루는 게임들을 조합해 참가자의 변화를 보여주려 했다.

Q. 생존 서바이벌을 통해 전달하고자 한 것

A. 참가자들은 그저 살아남고자 한다. 지금 이 세상을 살아가는 많은 사람처럼 살아남고자 하는 것뿐이다. 〈오징어 게임〉 안의 사람들은 뉴스에서 그리고 우리 주변에서 흔히 볼 수 있는 사람들이다. 서바이벌 게임에 참가한 이들과 우리 자신이 크게 다르지 않다는 것을 전달하고 싶었다. 그리고 곧 그게 우리 자신의 모습이 될지도 모른다는 걸 전달하고 싶었다.

Q. 전체적인 작품의 콘셉트

A. 현실의 세계는 거칠고 사실적으로, 게임 속의 세상은 동화적이면서 판타지스럽게 묘사했다. 그런 이질감들이 충돌하면서 오는 부조리한 세상을 표현하려고 했다. 우스꽝스럽고 슬프고 잔인하고

거칠지만 아름다워 보이기를 바랐다.

Q. 관전 포인트

A. 첫째는 다음 게임이 무엇이고 참가자들은 과연 어떻게 해결해 나가느냐는 것이다. 게임이 발표되고 사투를 펼치는 참가자들을 보는 재미가 있을 것이다. 둘째는 사람들의 변화다. 참가자들은 게임을 거듭하면서 화합과 갈등을 겪는다. 그리고 자신 내부에서, 또 사람과의 관계에서 큰 변화를 겪는다. 이들을 보면서 과연 나라면 어떤 선택을 할 것인가 생각해볼 수 있을 것이다.

Q. 전 세계 넷플릭스 시청자에게 한마디

A. 한국의 게임을 소재로 하지만 어린 시절 누구나 비슷한 놀이를 하고 자란 기억이 있을 것이다. 게임에서 볼 수 있는 인물들과 그들이 처한 상황은 언어와 국적을 뛰어넘어 지금 현시대를 살아가는 모두가 공감할 수 있을 것이라 믿어 의심치 않는다. 여러분이 상상하는, 상상할 수 있는 그 모든 것이 들어 있으며, 또 무엇을 상상하셨든 그것을 뛰어넘는 것이 담겨 있을 것이다. 재미있게 봐주셨으면 좋겠고 이 작품을 통해 지금 우리가 사는 세상을 움직이고 있는 것은 무언가에 대해 한번쯤 생각해볼 수 있으면 좋겠다.

한겨레 인터뷰 기사와 인터뷰 전문

〈오징어 게임〉이 2021년 9월 17일 공개된 이후 전 세계 1위에 오르는 등 큰 화제를 모은 가운데 9월 28일 황동혁 감독 언론 인터뷰가 있었다. 인터뷰는 여러 매체 기자들이 동시에 참여한 가운데 온라인 화상 플랫폼 줌으로 진행됐다. 당시 내가 쓴 『한겨레』 인터뷰 기사와 인터뷰 전문을 싣는다.

> ## "〈오징어 게임〉 속 달고나 뜬다고 농담했는데 진짜 떠서 얼떨떨"
> ### 극본 쓰고 연출한 황동혁 감독 인터뷰
>
> 영웅 한 명이 이끄는 게 아닌, '루저들의 이야기'가 가장 차별점
> 승자들은 패자들의 주검 위에 서 있어…그 패자들 기억해야
> 스트레스로 치아 여섯 개 빠졌는데 '시즌2' 하면 틀니 낄까 걱정

"대부분의 국가에서 〈오징어 게임〉이 넷플릭스 1위를 차지하고 있다. 지금 추이를 보면 넷플릭스 비영어권 작품 중 가장 큰 작품이 될 것으로 보인다. 넷플릭스의 모든 작품 중 가장 큰 작품이 될 가능성도 있다."

넷플릭스 공동 최고경영자CEO이자 최고콘텐츠책임자CCO인 테드 서랜도스가 2021년 9월 27일(현지 시각) 미국에서 열린 '코드 컨퍼런스 2021'에서 한 말이다. 앞서 넷플릭스 공동 최고경영자이자 창립자인 리드 헤이스팅스는 SNS 인스타그램에 〈오징어 게

임〉의 초록색 운동복을 입고 자신이 457번 참가자임을 인증한 바 있다. 외국 온라인 쇼핑몰에서는 주인공 기훈(이정재)의 번호 456번이 적힌 티셔츠, 달고나 만들기 재료 등이 팔리고 있다. 10여 년 전 작품을 처음 구상해 끝내 세상에 내놓은 황동혁 감독은 이런 반응을 예상이나 했을까?

"방탄소년단, 싸이 〈강남 스타일〉, 봉준호 감독의 〈기생충〉처럼 가장 한국적인 것이 세계적인 것이라고 하죠. 작품 속 단순한 놀이들이 세계적인 소구력이 있을지 모른다는 가능성을 보고 넷플릭스와 작업했지만, 이 정도까지 될 줄은 몰랐어요. '〈킹덤〉으로 갓이 뜬 것처럼 달고나도 뜨는 거 아냐?'라는 농담을 했는데, 실제로 그런 일이 일어나서 얼떨떨합니다."

황 감독은 9월 28일 진행한 온라인 화상 인터뷰에서 얼떨떨한 표정으로 이렇게 말했다. 그러면서도 "이왕 여기까지 온 거, 계속 잘 돼서 넷플릭스 역사상 가장 흥행한 작품이 됐으면 하는 욕심도 생겼다"고 솔직한 바람을 숨기지 않았다.

그는 〈오징어 게임〉의 성공 비결로 게임의 심플함을 들었다. "전세계 남녀노소 누구나 게임을 쉽게 이해할 수 있었기에 그 안의 인물들 감정에 몰입할 수 있었다"는 것이다. 과거 만화방에서 『라이어 게임』『도박묵시록 카이지』 등 '데스 게임'을 다룬 일본 만화를 보며 영감을 떠올렸다는 그는 "다른 작품들에서는 게임이 어렵고 복잡해서 천재 같은 주인공이 진행하지만, 〈오징어 게임〉은 단순해서 보는 이들이 게임보다 사람에 집중하게 된다는 것이 차이점"이라고 설명했다.

"다른 작품들처럼 한 명의 영웅이 이끄는 게 아니라 '루저'의 이야기"라는 것도 차별점으로 꼽았다. "루저인 기훈도 남의 도움을 받아 간신히 한 단계씩 나아가는 사람"이라는 점을 강조한 황 감독은 극 중 징검다리 게임 얘기를 했다.

"징검다리 게임에서 살아남은 기훈과 상우(박해수)가 이런 대화를 해요. 상우는 '난 내가 죽도록 노력해서 내 능력으로 여기까지 왔어' 하고, 기훈은 '우린 그 많은 사람들의 희생과 헌신으로 여기까지 온 거야'라고 해요. '이 사회의 승자들은 패자들의 주검 위에 선 것이다. 그 패자들을 기억해야 한다'는 의미의 게임이어서 이 작품의 주제에 가장 잘 닿는다고 생각해요."

황 감독은 10여 년 전 작품을 처음 구상했을 때와 달라진 현실도 성공 요인으로 꼽았다. "10년 전에는 난해하다는 반응이 많았는데, 그 사이 세상이 바뀌면서 현실감이 생겼어요. 슬프게도 세상이 바뀐 게 성공 원인이 된 거죠. 비트코인, 부동산, 주식처럼 일확천금을 노리는 게임이라는 소재가 공감과 관심을 불러온 것도 같고요."

기훈은 쌍용차를 연상시키는 '드래곤모터스' 해고자로 나온다. 실제 쌍용차 해고자인 이창근 씨는 페이스북에 이에 대한 언급을 하며 황 감독에게 감사하다는 인사와 함께 기회가 되면 만나서 얘기를 나눠보고 싶다는 글을 남겼다. 이에 대해 황 감독은 "쌍용차를 레퍼런스로 삼은 게 맞다. 평범했던 기훈이 어떻게 바닥까지 갔는지를 그 사건을 레퍼런스 삼아 만들면 어떨까 생각했다"고 말했다.

"자본주의 사회에서 누구나 어느 순간 기훈과 같은 처지에 놓일 수 있어요. 잘 다니던 직장이 도산하거나 해고되는 일은 지금도 많죠. 기훈이 이후 치킨집 하다 망하는데, 지금 코로나로 자영업자들이 위기입니다. 그런 사람들을 대표하는 인물로 그리고 싶었어요. 여기까지가 아티스트로서 제가 할 수 있는 일이고, 실제 이창근 씨를 만나 얘기하는 건 다른 차원이라, 창작자로서 적절한 일인지 말씀드리긴 어렵습니다."

호평 일색인 국외와 달리 국내에선 호불호가 갈리기도 한다. 이에 대해 그는 "남녀노소, 세대, 인종 가리지 않고 모두 좋아하는 작품을 만들겠다는 야심이 있었는데, 국내에선 불호 반응이 꽤 있다고 해서 '역시 모두를 만족시킬 수는 없는 거구나' 하고 생각했다"며 "그래도 외국에선 좋은 반응이 많다고 해서 '의도가 먹히고 알아준 분들이 있구나'라는 생각을 했다"고 말했다.

작품이 화제가 되면서 몇몇 논란이 벌어지기도 했다. 극 중 노출된 전화번호로 많은 이가 장난 전화를 하면서 실제 이용자가 피해를 호소한 게 대표적이다. 그는 "없는 번호, 안전한 번호라고 해서 썼는데, 실제로 걸면 앞에 010이 자동으로 붙는 걸 제작진이 예측하지 못했다"며 "제작진이 문제를 해결하기 위해 노력하고 있는 걸로 안다. 피해 입은 분들에게 죄송하다"고 고개를 숙였다. 이어 "극중 계좌번호는 제작진 것이다. 요즘 통장으로 456원이 자꾸 들어오고 있다고 하더라. 아예 그 계좌도 정리하기로 했다"고 덧붙였다.

극 중 한미녀(김주령)가 목적을 위해 몸으로 남자를 유혹하는 장면, 게임을 관전하는 VIP실에 보디 페인팅을 한 여성의 몸을 인테리어처럼 활용한 장면을 두고 '여성 혐오' 논란도 일었다. 이에 대해 황 감독은 "한미녀의 그 장면은 극한 상황에 놓인 인물들이 무슨 짓이든 할 수 있는 걸 보여주려 한 것으로, 여성 비하·혐오 의도는 없었다"고 해명했다. 또 "보디 페인팅 장면도 VIP들이 사람을 어디까지 경시하고 도구화하는지를 보여주기 위한 설정"이라고 설명했다.

글로벌 플랫폼 넷플릭스가 아니었다면, 이런 결과가 나오기 힘들었다는 의견이 나온다. 황 감독도 적극 동의했다. "넷플릭스가 아니었으면 어디서 이런 제작비로 이런 걸 자유롭게 했겠어요? 처음 아이디어를 듣고 전적으로 밀어준 데 대해 감사하게 생각합니다. 전 세계에 동시 공개할 수 있는 것도 큰 이점입니다. 그래서 일주일 안에 말도 안 되는 반응이 나올 수 있었어요. 넷플릭스와의 작업은 최선의 선택이었습니다."

한편으론 아무리 대박을 터뜨려도 넷플릭스로부터 애초 받은 '제작비 플러스 알파' 말고는 추가 수익이 없다는 점이 지적되기도 한다. "아쉬움이 없으면 사람이 아니겠죠. 하지만 어차피 알고 시작한 거니 아쉬워하면 뭐 하겠어요. 지금 얻는 뜨거운 반응만으로도 창작자로서 감사하고 축복받은 거라 생각합니다."

이전까지 〈도가니〉, 〈수상한 그녀〉, 〈남한산성〉 등 영화를 연출해온 그는 이번 〈오징어 게임〉이 자신에게 주는 의미에 대해 이렇게 말했다. "(영화만 하다) 처음 해본 시리즈였는데, 말도 안 되는 성공을 거둬서 평생 훈장과 꼬리표로 남을 것 같아요. 부담이자 영광

이죠. 앞으로 뭘 하든 〈오징어 게임〉과 비교될 겁니다."

벌써부터 시즌2에 대한 기대감이 높다는 말에 그는 시즌1을 만들 당시의 어려움부터 토로했다. "〈오징어 게임〉을 쓰고 연출하고 제작하는 과정이 정신적·육체적으로 너무 힘들었어요. 애초 이 작품은 모 아니면 도, 걸작 아니면 망작이라고 생각했기에 작업 내내 긴장을 한시도 놓을 수 없었죠. 스트레스 지수가 계속 100에 차 있어서 이가 여섯 개나 빠졌어요."

그러면서도 "너무 많은 분이 좋아해주셔서 시즌2 안 한다 하면 난리 날 분위기"라며 "머릿속에 떠올리는 그림은 몇 가지 있다"고 여지를 남겼다. "우선은 아이디어가 떠오른 영화를 먼저 하고요, 시즌2는 넷플릭스 쪽과 얘기해봐야 해요. 하게 된다면, 시즌1을 여러 방향으로 열려 있게 마무리한 터라 내용을 더 고민해봐야 할 것 같아요. 근데 시즌2를 혼자 해낼 수 있을지, 이러다 틀니를 껴야 하는 건 아닌지 걱정이네요.(웃음)"

다음은 인터뷰 전문이다.

Q. 〈오징어 게임〉의 엄청난 반응에 대한 소감은?

A. 인기 비결은 심플함이라 생각한다. 놀이들이 심플해서 다른 게임 소재 장르와 다르게 관객이 감정을 몰입해서 응원할 수 있도록 함으로써 몰입도를 높인 점이 주효했다. 가장 한국적인 것이 세계적인 것이라는 말이 있다. 방탄소년단, 싸이, 봉준호 감독의 〈기

생충〉이 그랬다. 극 중 게임이 단순한 놀이지만 세계적인 소구력이 있을지 모른다는 가능성을 보고 넷플릭스와 작업했다. 그런데 이 정도까지 잘 될지는 몰랐다. 〈킹덤〉 때문에 갓이 유행했는데, 이거 찍으면서 '달고나가 잘 팔리는 거 아냐? 달고나 장사 선점할까?' 하는 농담을 했다. 그런데 실제로 그런 일이 벌어져서 얼떨떨하다.

Q. 넷플릭스 CEO도 관심을 보였다.

A. 넷플릭스가 순위 공개를 안 해서 어느 정도 잘 되는지 감이 없었는데, 넷플릭스 CEO가 옷(초록색 운동복)도 입어주고 수치에 기반한 예상치를 발표한 것이 놀랍다. 이왕 여기까지 온 거 계속 잘 돼서 역사상 가장 흥행한 작품이 됐으면 하는 욕심도 생겼다.

Q. 호불호가 갈리는 국내 반응과 호평 일색인 해외 반응의 차이를 보며 든 생각은?

A. 한국에서 최대한 반응을 안 보고 있었는데, 주변에서 불호 반응이 꽤 있다고 알려주더라. 남녀노소 세대 인종 모두 좋아하는 작품을 만들겠다는 야심이 있었는데, 불호가 나와서 '역시 모두를 만족시킬 수는 없는 거구나' 생각했다. 외국에선 좋은 반응이 많다고 해서 '의도가 먹히고 알아준 분들이 있구나' 생각했다.

Q. 연출에 가장 신경 쓴 부분은?

A. 판타지이면서 현실처럼 보이고 싶었다. 거기에 중점을 뒀다.

Q. 이야기를 처음 구상했을 때와 지금의 차이는?

A. 10년 전에는 난해하다는 반응이었다. 그런데 10년 사이 세상이 바뀌면서 현실감이 생겼다. 슬프게도 세상이 바뀐 게 원인이다. 게임 요소에 남녀 모두 열광한다. 요즘 코인, 부동산, 주식이 보편화되면서 일확천금을 노리는 게임이라는 소재가 공감과 관심을 얻게 된 것이다. 놀이 구성은 10여 년 전 그대로다. 그때부터 첫 게임은 '무궁화 꽃이 피었습니다'로 정했다. 시작부터 쇼킹한 대량 학살로 큰 충격을 주고자 했다.

Q. 극 중 게임 가운데 가장 애착을 가진 게임은?

A. 징검다리 게임이다. 전통 놀이는 아니고 제가 만든 게임이다. 어릴 때 개천 징검다리에서 착안했다. 이 게임의 방식은 단순하다. 앞 사람이 희생하는 것이다. 이 사회의 승자들은 패자들의 시체 위에 선 것이다. 그 패자들을 기억해야 한다는 의미의 게임이다. 이 작품의 주제와 가장 잘 닿는다. 처음에 공유와 이정재가 하는 딱지치기 대신 실뜨기를 시켜볼까도 생각했다. 그런데 룰을 이해하지 못할 거 같아서 그만뒀다. 여자들에게 유리할 것 같은 게임, 예컨대 고무줄놀이나 공기놀이도 생각했다. 그런데 긴장감 면에서 어떨까 해서 뺐다. 공기놀이도 룰이 좀 어렵다. 제일 단순한 걸 가지고 하다 보니 이런 게임들은 뺐다.

Q. 기훈의 번호인 456과 상금 456억 원이라는 숫자에 대한 의미는?

A. 처음 구상할 땐 1,000명 참가자에 각각 1,000만 원씩 해서 100억 원을 상금으로 걸었다. 그런데 지금은 100억 원도 적은 돈이다. 로또 큰 당첨액이 400억 원이라고 하더라. 그걸 좀 넘는 돈으로 책정하고자 했다. 한 명당 1억 원씩 쳤고, 그래서 1~10의 중간에 있는 기억하기 좋은 숫자 456을 생각해냈다.

Q. 극 중 기훈은 쌍용차 해고자를 연상시키는 인물로 나온다. 실제 쌍용차 해고자 이창근 씨는 페이스북에 이에 대한 언급을 하며 감독님께 고맙다는 인사와 함께 한번 만나서 얘기를 해보고 싶다고 했다. 기훈을 이런 인물로 설정한 이유는 무엇이며, 이창근 씨와 만나 대화를 나눌 의향은 있나?

A. 기훈은 '드래곤모터스'라는 가상의 회사 해고자다. 쌍용차 레퍼런스가 맞다. 평범했던 기훈이 어떻게 바닥까지 갔는지 그 사건을 레퍼런스 삼아서 만들면 어떨까 생각했다. 누구나 어느 순간에 자본주의 사회에서 기훈과 같은 입장에 놓일 수 있다. 잘 다니던 직장이 도산하거나 해고 위기에 처하는 경우가 지금도 많다. 이후 치킨집 하다 망하고…. 지금도 코로나로 자영업자들이 위기다. 그런 사람들을 대표하는 인물로 그리고 싶었다. 여기까지가 아티스트로 제가 할 수 있는 거고, 실제 이창근 씨를 만나서 얘기하는 건 다른 차원이다. 창작자로서 적당한 일인지 말씀드리긴 어렵다.

Q. 막판에 기훈은 빨간 머리를 한다. 이유가 뭔가?

A. 내가 생각할 수 있는 가장 미친 짓이다. 빨간 머리에는 내재된 분노가 있다. 직관적으로 떠올린 설정이다.

Q. 정호연 배우에 대한 반응이 뜨겁다. 어떻게 섭외했나?

A. 오디션도 많이 보고 했다. 참신한 배우를 많이 쓰고 싶었다. 정호연의 오디션 테이프를 보는 순간 '이 친구다' 했다. 이미지, 목소리 톤 등을 접하고 '이 친구였구나' 했다. 탈북자 새벽 역을 계속 못 찾다가 마지막에 정호연의 테이프가 날아왔다. 뉴욕에서 찍어 보낸 것이었다. 이후 직접 만나서 오디션을 봤는데, 연기 경험은 없지만 동물적인 느낌, 때 묻지 않은 야생마 같은 느낌이 있더라. 신인이 가진 불안감마저 신선하게 느껴졌다.

Q. 공유, 이병헌의 특별출연에 깜짝 놀란 시청자가 많다. 둘의 출연은 어떻게 성사시켰나?

A. 공유는 친해서 개인적인 자리에서 슬쩍 부탁했더니 바로 오케이 했다. 어떤 역을 맡길까 고민하다 시작과 끝을 장식하는 딱지남으로 등장시켰다. 이병헌은 〈남한산성〉을 같이 작업한 이후 좋은 자리에서 슬쩍 부탁하니 "하죠" 하고 흔쾌히 수락하더라.

Q. 미술도 인상적이다.

A. 보통은 레퍼런스가 있는데 일남이 만든 섬은 레퍼런스가 없

어서 상상에 의지했다. 처음엔 기계 산업 구조물 같은 인더스트리얼을 생각했다가 결국 반대로 갔다. 일남이 자기가 동심으로 돌아가고 싶은 마음으로 지은 것이라 아이들이 좋아할 만하게 가는 게 좋겠다고 생각했다. 아름다운 계단과 색상도 그렇게 했다. 계단의 레퍼런스는 에셔의 계단 그림이다.

Q. 극 중 한미녀가 목적을 위해 몸으로 남자를 유혹하는 장면, VIP실에 여성의 몸을 인테리어처럼 활용한 장면을 두고 온라인에서 여성혐오 논란이 일고 있다. 이런 설정을 한 이유는 무엇이며, 논란에 대해선 어떻게 생각하나?

A. 캐릭터 구축 단계에서 만든 것이다. 극한 상황에 놓인 인물들이 무슨 짓이든 할 수 있는 걸 보여준 것이다. 여성 비하 혐오 의도는 없었다. 인간이 가장 최악의 상황에 놓였을 때 할 수 있는 상황이라 생각했다. 여성들의 보디페인팅도 VIP가 사람을 어디까지 경시할 수 있는지, 사람을 사물화하는 걸 보여주는 것이다. 인간을 도구화하는 걸 보여주기 위해 그렇게 설정했다.

Q. 일본 작품 『신이 말하는 대로』, 『도박묵시록 카이지』 등 비슷한 설정의 콘텐츠들이 언급되기도 한다. 짜깁기 논란도 이는데, 이에 대해 어떻게 생각하나?

A. 예전에 만화방에 많이 갔는데 『라이어 게임』 『도박묵시록 카이지』 이런 거 보고 영감을 떠올렸다. 이런 장르의 설정은 클리셰

같은 것이다. 다만 〈오징어 게임〉의 차이점은 두 가지다. 우선 게임 보다 사람이 보이는 작품이라는 것이다. 다른 작품은 게임이 어렵고 복잡해서 천재 같은 주인공이 나와서 진행한다. 〈오징어 게임〉의 게임들은 아이들 놀이 중 가장 단순한 것들이다. 전 세계 남녀노소 다 이해한다. 그래서 게임보다 사람의 감정에 몰입할 수 있었다. 두 번째로, 다른 작품의 게임은 한 명의 영웅이 이끈다. 〈오징어 게임〉은 루저의 이야기다. 어떤 위너도 영웅도 천재도 없다. 기훈도 남의 도움을 받아 간신히 한 단계씩 나아가는 사람이다. 징검다리 게임이 가장 상징적이다. 여기서 상우와 기훈이 대화한다. 기훈은 "왜 그 사람을 밀었냐? 그 사람들 덕에 우린 끝까지 간 거다"라고 한다. 상우는 "난 내가 죽도록 노력해서 여기까지 왔어"라고 한다. 관점의 차이다. 상우는 "나는 승자이며 내 능력으로 왔어"라고 하고, 기훈은 "우린 그 많은 사람들의 희생과 루저들의 헌신, 희생으로 올 수 있었다. 그걸 잊으면 안 된다"고 한다. 그게 큰 차이다.

Q. 극 중에 노출된 전화번호 사용자가 심각한 피해를 호소하고 있다. 이런 상황을 예상했나?

A. 예상 못했다. 없는 번호, 안전한 번호라고 해서 썼는데 휴대폰으로 전화하면 앞에 010이 자동으로 붙는 걸 제작진이 예측 못했다. 연출자로서 끝까지 체크 못한 거 죄송하다. 제작진이 문제 해결을 위해 노력하고 있는 걸로 알고 있다. 다시 한 번 피해 입은 분들에게 죄송하다. 극 중 노출되는 통장 계좌번호는 제작진 것이다. 지

금도 456원이 계속 들어오고 있다고 하더라. 아예 그 계좌도 정리하는 걸로 얘기했다.

Q. 넷플릭스와의 작업은 어땠나?

A. 넷플릭스가 아니었으면 어디서 이런 제작비로 이런 걸 자유롭게 했겠나. 처음에 아이디어 듣고 계속 밀어줬다. 전적으로 밀어줘서 감사하게 생각한다. 전 세계 동시에 공개할 수 있는 것도 커다란 이점이다. 그래서 일주일 안에 말도 안 되는 반응을 얻었다. 넷플릭스와의 작업은 최선의 선택이었다.

Q. 〈오징어 게임〉이 이렇게 잘 돼도 추가 수익이 없다. 아쉬움은 없나?

A. 아쉬움이 없으면 사람이 아니겠지. 어차피 알고 시작한 거니 아쉬워하면 뭐하겠나. 제가 얻는 뜨거운 반응이 창작자로서 너무 감사하다. 이런 경험 언제 다시 해보겠나. 그것만으로 감사하고 축복받았다고 생각한다.

Q. 〈오징어 게임〉이 본인에겐 어떤 의미인가?

A. 처음 해본 시리즈였는데 말도 안 되는 성공을 거뒀다. 평생 훈장과 꼬리표, 부담이자 영광이 될 것이다. 뭘 하든 〈오징어 게임〉과 비교될 것이다.

Q. 시즌2에 대한 기대가 높다. 어떤 계획을 갖고 있나?

A. 시즌1 하면서 너무 힘들었다. 극본, 제작, 연출 다 하다 보니 정신적, 육체적으로 힘든 과정이었다. 당분간 바로 또 할 수는 없다. 하지만 너무 많은 분이 좋아해주셔서 시즌2 안 한다 하면 난리 날 분위기다. 머릿속에 떠올리는 그림은 몇 가지 있다. 우선 아이디어 떠오른 영화 먼저 하고, 시즌2는 넷플릭스와 좀 더 얘기해봐야 한다. 시즌1 하면서 이 여섯 개가 빠졌다. 시즌2를 혼자 해낼 수 있을까, 틀니 껴야 하는 건 아닌지 걱정된다.

Q. 이가 빠질 정도의 어려움은 무엇이었나?

A. 이 작품은 모험이었다. 모 아니면 도, 걸작 아니면 망작, 괴작이다. 중간이 없을 것 같았다. 그래서 긴장을 한시도 놓을 수 없었다. 너무 긴 작업이어서 밤에도 대본 작업 계속하고 내일 찍을 거 고민하고 그랬다. 스트레스 지수가 계속 100에 차 있었다. 모험지수 100에 가까운 작업이었다.

Q. 시즌2를 한다면 어떻게?

A. 죄송하지만 노코멘트다. 더 고민해봐야 할 것들이 있어서다. 여러 방향으로 열려 있게 마무리해서 더 고민해봐야 한다.

Q. K-콘텐츠만의 저력은 무엇이라고 생각하나?

A. 한국은 다이내믹한 나라다. 유일한 분단국가로, 전쟁을 겪고

짧은 기간에 발전했다. 경쟁도 심하다. 그게 한발 더 앞서 나갈 수 있는 동력을 만들어주는 것 같다. 그래서 작은 나라에서 문화적으로 앞서 나가는 것들이 계속 생산되는 것 아닌가.

이후 황동혁 감독은 몇몇 언론과 한 인터뷰에서 다음 시즌에 대해 언급했다. 그는 2021년 10월 초 미국 CNN 필름스쿨과 한 인터뷰에서 "시즌2를 하게 된다면 어떤 얘기를 할지 열어놓은 구석이 있다. 아직 설명이 안 된 것들에 대한 이야기를 하고 싶다"고 밝혔다. 이어 "프론트맨(이병헌)의 과거, 경찰 준호(위하준)의 이야기 등을 시즌1에서 설명하지 않았다. 시즌2를 하게 되면 이에 대해 설명하고자 한다"고 말했다. 또 "가방에 딱지를 넣고 다니는 남자(공유)의 이야기도 하고 싶다"고 덧붙였다.

황동혁 감독은 또 11월 초 미국 로스앤젤레스에서 열린 한 행사에서 AP 통신과 한 인터뷰에서 "시즌2에 대한 너무나 많은 압박과 수요, 사랑이 있었다"며 "우리에게는 선택의 여지가 없는 것처럼 느껴진다"고 말했다. 이어 "후속작은 지금 내 머릿속에 있다. 현재 구상 단계"라며 "후속작이 언제 어떻게 나올지를 말하기에는 너무 이르다고 생각한다"고 밝혔다. 그러면서도 "이건 약속하겠다. 기훈이 돌아와 세상을 위해 뭔가를 할 것"이라고 덧붙였다. 시즌1 마지막 장면에서 비행기를 타고 미국으로 가려다 되돌아오는 기훈이 이후 펼치는 이야기를 암시한 것이다.

황동혁 감독은 12월 28일 KBS와의 인터뷰에서 "넷플릭스와

〈오징어 게임〉시즌2와 3에 대해 같이 논의하는 중"이라며 "조만간 어떤 결론이 나오지 않을까 싶다. 많은 분이 기다리고 있는 걸 알기에 다들 긍정적으로 다음 시즌을 준비하려 노력하고 있다"고 밝혔다. 시즌2뿐 아니라 시즌3까지 제작을 논의 중이라는 것이다.

그는 앞으로 펼쳐질 전개에 대해 "성기훈이 풀어 나가는 이야기 위주일 것"이라며 "기훈이 만나는 사람들, 쫓게 되는 사람들에 대한 이야기가 시즌2의 큰 줄거리"라고 설명했다. 시즌2가 시즌1의 후속 이야기임을 밝히면서, 그다음 시즌은 어떤 내용이 될지 궁금증을 자아낸다. 황동혁 감독이 이전 인터뷰에서 밝힌 것처럼 프론트맨(이병헌)과 경찰 준호(위하준), 딱지남(공유)의 이야기가 될 가능성도 있다. 뭐가 됐든 분명한 건, 이제 전 세계인이 다음 이야기를 즐길 준비가 돼 있다는 사실이다.

오징어 게임과 콘텐츠 혁명

ⓒ 정길화 외, 2022

초판 1쇄 2022년　2월 28일 펴냄
초판 2쇄 2022년 10월 14일 펴냄

지은이 | 정길화 외
펴낸이 | 강준우

기획·편집 | 박상문, 김슬기
디자인 | 최진영
마케팅 | 이태준
관리 | 최수항
인쇄·제본 | 제일프린테크

펴낸곳 | 인물과사상사
출판등록 | 제17-204호 1998년 3월 11일

주소 | (04037) 서울시 마포구 양화로7길 6-16 서교제일빌딩 3층
전화 | 02-471-4439
팩스 | 02-474-1413

ISBN 978-89-5906-628-5 03300
값 17,000원